Geld und
Geldpolitik

Vorwort

Geld ist präsent im täglichen Leben von uns allen. Wir verdienen es, wir ziehen es aus dem Geldautomaten, wir bezahlen damit. Wir nutzen es als Bargeld oder als Guthaben auf unserem Bankkonto.

Doch was ist eigentlich Geld? Wie kommt Geld in Umlauf? Wer achtet darauf, wie viel Geld geschaffen wird? Was ist Inflation? Wann spricht man von Deflation? Was sind Leitzinsen? Studien haben gezeigt: Viele Menschen in Deutschland können solche Fragen nur schwer beantworten. Dafür werden vor allem zwei Gründe angeführt: Erstens hat Wirtschaftswissen erst seit kurzem Eingang in die breitere Schulbildung gefunden. Zweitens befassen sich viele Menschen offenbar nur ungern mit wirtschaftlichen Zusammenhängen, weil sie ihnen als zu kompliziert erscheinen.

Vorrangige Aufgabe der Zentralbanken ist, den Wert des Geldes zu schützen. Die Deutsche Bundesbank nimmt diese Aufgabe seit 60 Jahren wahr – erst als Hüterin der D-Mark, seit 1999 im Verbund der Zentralbanken im Euro-Währungsgebiet für den Euro.

Mit diesem Buch wollen wir dazu beitragen, dass mehr Menschen die Grundlagen der Geldwirtschaft, die Ziele der Geldpolitik und die Funktionsweise des Europäischen Systems der Zentralbanken vertieft kennenlernen. Dabei wird deutlich, welche Rolle die Bundesbank in der europäischen Geldpolitik spielt, ferner auch, welche weiteren Aufgaben sie wahrnimmt – beispielsweise in der Bargeldversorgung, im Zahlungsverkehr oder in der Bankenaufsicht.

Um für stabiles Geld im Euro-Währungsgebiet zu sorgen, braucht die Deutsche Bundesbank das Vertrauen und die Unterstützung der Bevölkerung. Deshalb wünschen wir uns, dass möglichst viele Bürgerinnen und Bürger möglichst viel über die Voraussetzungen für Geldwertstabilität wissen.

Dr. Jens Weidmann
Präsident der Deutschen Bundesbank

Übrigens: Den Text dieses Buchs finden Sie in einer digitalen Version auch auf der Internetseite der Bundesbank. Dort finden sich auch weiterführende Informationen, unter anderem ein Glossar, interaktive Medien sowie Materialien für den Schulunterricht (www.bundesbank.de/bildung).

Inhalt

Kapitel 1
Begriff und Aufgaben des Geldes

1. Begriff und Aufgaben des Geldes

Geld begegnet uns überall im täglichen Leben. Bei dem Wort „Geld" denken die meisten zunächst an Münzen und Banknoten. Wir reden von „Geld verdienen", wenn es um unser Einkommen geht. Wir sprechen von „Geld ausgeben", wenn wir einkaufen. Bei größeren Anschaffungen kommt es vor, dass wir uns „Geld leihen", also einen Kredit aufnehmen müssen – sei es im Bekanntenkreis oder bei einer Bank. Geld bezeichnet also Einkommen, Zahlungsmittel, Vermögen, Kredit …

Diese recht unterschiedliche Verwendung des Begriffs „Geld" kommt nicht von ungefähr: Sie ist Ausdruck der universalen Rolle, die Geld im Wirtschaftsleben spielt.

1.1 Rolle des Geldes in der arbeitsteiligen Wirtschaft

Moderne Volkswirtschaften zeichnen sich durch einen hohen Grad an Arbeitsteilung und damit an Spezialisierung aus, denn nicht jeder kann jede Ware für sich selbst herstellen. Dies hat zur Folge, dass Güter, d. h. Waren und Dienstleistungen, ständig gegeneinander getauscht werden müssen. Gäbe es kein Geld, wäre man gezwungen, Güter direkt zu tauschen. In einer reinen Tauschwirtschaft besteht aber immer die Schwierigkeit, gerade denjenigen zu finden, der genau das anbietet, was man selbst sucht, und der gleichzeitig genau das benötigt, was man selbst anbietet. Das Suchen nach passenden Tauschpartnern ist enorm aufwendig. Findet man keinen direkten Tauschpartner, entstehen unter Umständen lange Tauschketten, bis endlich jeder das in Händen halten

Ohne Geld gäbe es eine Tauschwirtschaft.

kann, was er ursprünglich eigentlich haben wollte. Eine weitere Schwierigkeit in einer Tauschwirtschaft ist es, die Austauschrelation jedes Gutes zu jedem anderen zu bestimmen. In einer Tauschwirtschaft ist das Wirtschaftsleben also komplizierter, der Handel träge oder fast unmöglich.

Um die Schwierigkeiten der Tauschwirtschaft zu überwinden, kamen die Menschen schon frühzeitig darauf, nicht mehr Ware gegen Ware zu tauschen, sondern etwas dazwischenzuschalten: Geld. An die Stelle des einfachen Tausches „Ware gegen Ware" trat der doppelte Tausch „Ware gegen Geld" und „Geld gegen Ware". Die „Zwischentauschware" Geld erleichtert das Handeln, da Kauf und Verkauf zeitlich und örtlich auseinanderliegen können und es zudem einen allgemeinen Maßstab gibt, in dem der Wert jedes Gutes ausgedrückt werden kann.

Geld- und Güterkreislauf

Geld spielt in einer arbeitsteiligen Wirtschaft eine wichtige Rolle. Das zeigt sich in einem einfachen Ausschnitt des Geld- und Güterkreislaufs, in dem sich zwei Marktteilnehmer gegenüberstehen:

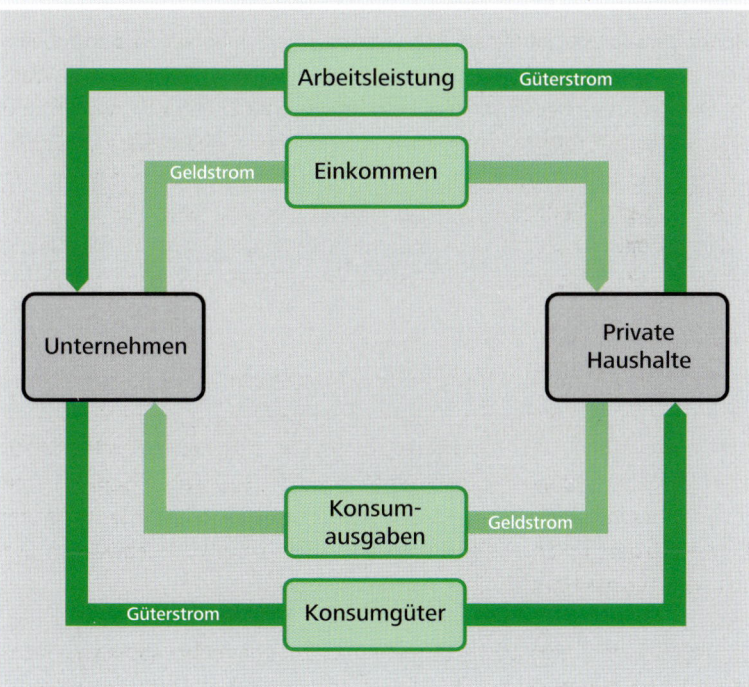

Vereinfachter Geld- und Güterkreislauf
(Einfacher Wirtschaftskreislauf)

Auf der einen Seite stehen die privaten Haushalte, die ihre Arbeitskraft anbieten und Konsumgüter nachfragen. Auf der anderen Seite befinden sich die Unternehmen, die Konsumgüter anbieten und Arbeitskräfte nachfragen. Zwischen den Unternehmen und den Haushalten fließen so verschiedene Ströme. Dem Kreislauf von Gütern und Arbeitsleistung ist ein Geldkreislauf entgegengerichtet. Die Haushalte erhalten von den Unternehmen für ihre Arbeitsleistung Einkommen in Form von Geld, das sie für den Kauf von Konsumgütern verwenden können.

Diese Modellvorstellung ist zwar stark vereinfacht, da sie das Ausland, den Bankensektor, den Staat sowie den Austausch zwischen den Unternehmen und den Haushalten untereinander nicht berücksichtigt. Dennoch verdeutlicht sie die „Allgegenwart" des Geldes im Wirtschaftsleben.

1.2 Funktionen des Geldes

Die Vorteile des Geldes zeigen sich in den wesentlichen Funktionen, die dem Geld zugesprochen werden. Um diese Funktionen zu erfüllen, muss es allerdings auch gewisse Eigenschaften mitbringen.

Die Funktionen des Geldes im Überblick

Zahlungsmittel	Recheneinheit	Wertaufbewahrungsmittel
Geld erleichtert den Warentausch.	Güterwerte lassen sich in einer Bezugsgröße ausdrücken und vergleichen.	Gelderwerb und Geldausgabe können zeitlich auseinanderfallen.
Auch Finanztransaktionen wie die Vergabe von Krediten sind möglich.	Geld fungiert als Wertmaßstab.	Sparen ist möglich.

Um diese Funktionen erfüllen zu können, muss der Gegenstand, der als Geld verwendet wird, gut teilbar, wertbeständig und allgemein akzeptiert sein.

Geld als Tausch- und Zahlungsmittel

Geld ist in erster Linie ein Tauschmittel, das den Austausch von Gütern vereinfacht. Geld wird aber auch benutzt, um Kredite zu gewähren und Schulden zu begleichen. In diesen Fällen geht es nicht um einen Austausch von Gütern, sondern um Finanztransaktionen. Man spricht von der Geldfunktion als Zahlungsmittel. Dazu muss die jeweilige Form des Geldes allgemein akzeptiert werden.

Geld als Recheneinheit

Die abstrakte Einheit „Geld" erlaubt es, Güter- und Vermögenswerte in einer allgemeinen Bezugsgröße auszudrücken und dadurch vergleichbar zu machen. Das Geld hat damit die Funktion einer Recheneinheit bzw. eines Wertmaßstabs. Es müssen dann nicht mehr die zahllosen Austauschverhältnisse aller Güter untereinander bestimmt werden. Beispielsweise existieren bei 100 Gütern 4.950 Austauschverhältnisse (allgemein: $n(n-1)/2$ Austauschverhältnisse bei n Gütern). Dank der Recheneinheit Geld muss man nicht 4.950 Austauschverhältnisse, sondern nur 100 Preise beachten. Damit Geld diese Funktion wahrnehmen kann, muss es ausreichend teilbar sein.

Geld als Wertaufbewahrungsmittel

Geld bietet den Vorteil, dass Kauf und Verkauf zeitlich auseinanderliegen können, wenn Waren nicht direkt getauscht werden müssen. In Geld lässt sich somit ein gewisser Wert „speichern" und zu einem späteren Zeitpunkt wieder eintauschen. Das Geld hat somit eine Wertaufbewahrungsfunktion. Voraussetzung für diese Funktion ist, dass Material und Wert des Geldes beständig sind. Auf diese Funktion wird insbesondere beim

Das Vertrauen in die Wertbeständigkeit des Geldes bildet die Grundlage des Geldwesens.

Sparen gesetzt. Wer spart, „konserviert" den Wert über die Zeit und bildet sich so eine Reserve, über die er später bei Bedarf verfügen kann. Das „Spar-Geld" kann man so in der Zwischenzeit anderen überlassen (z. B. einer Bank). Dafür bekommt man Zinsen, die gewissermaßen eine Entschädigung dafür sind, dass man für eine bestimmte Zeit auf die Verfügbarkeit seines Geldes verzichtet.

1.3 Erscheinungsformen des Geldes im Wandel der Zeit

Was in einer Wirtschaft als Geld dient, hat sich im Laufe der Geschichte oft geändert. Sprechen wir von Geld, denken heute die meisten zuerst an Münzen und Banknoten. Aber auch andere Gegenstände galten und gelten als Geld. Heutzutage spielt „unsichtbares" Geld auf Konten und Karten eine große Rolle. Obwohl wir es in dieser Form nicht einmal anfassen können, akzeptieren wir es als Geld, weil wir seinem Wert vertrauen. Geld ist letztlich das, was als Geld allgemein akzeptiert wird: Geld ist, was als Geld gilt …

> *Geld ist, was letztlich als Geld allgemein akzeptiert wird.*

Warengeld

Eine einfache Form des Geldes ist das Warengeld (auch: Naturalgeld). Beispiele dafür sind Kaurischnecken, Salzbarren, Felle, Federn oder Vieh. Das lateinische Wort für Geld heißt „pecunia" und wurde aus dem Wort „pecus" für Vieh abgeleitet. Auf der pazifischen Insel Yap gelten mit einem Loch versehene Steinscheiben unterschiedlicher Größe als Zahlungsmittel (Steingeld).

Kaurischnecken

Steingeld (Yap)

Im Laufe der Zeit übernahmen Edelmetalle wie Bronze, Silber und Gold die Funktion von Geld. Sie bieten den Vorteil, dass sie relativ knapp, haltbar und leicht teilbar sind. Mit der Einführung von Metallgeld konnten die Probleme überwunden werden, die mit der Verwendung verderblicher Waren als Geld einhergingen.

Der Gebrauch von Warengeld ist weder auf eine Zeitepoche noch auf einen Kulturkreis beschränkt. So kommt man wieder auf Warengeld zurück, wenn beispielsweise nicht genügend Kleingeld für den täglichen Handel zur Verfügung steht oder wenn die offizielle Währung das Vertrauen der Menschen verloren hat. So nutzte man in Deutschland kurz nach dem Zweiten Weltkrieg auf den Schwarzmärkten Zigaretten anstelle der wertlos gewordenen Reichsmark als Zahlungsmittel. Mit der Einführung der D-Mark 1948 (Währungsreform) verschwand der Schwarzmarkt und mit ihm die „Zigarettenwährung".

Münzen

Warengeld wie Gold oder Silber kann man viel leichter als Geld verwenden, wenn man sie in einheitlichen, genormten Stücken in Umlauf bringt, anstatt dauernd Metallklumpen oder Barren abzuwiegen. Wenn eine befugte Autorität Regeln für einheitliche Metallstücke aufstellt, sie nach diesen Regeln herstellt, durch ein Bildmotiv beurkunden und dann in Umlauf bringen lässt, ist eine Münze entstanden.

Die ältesten Münzen kennen wir aus der Mitte des 7. Jahrhunderts vor Christi Geburt aus dem Königreich Lydien in der

Frühform der Münze aus dem 7. Jh. v. Chr. (Phanes-Stater)

heutigen West-Türkei. Damals waren es noch Metallklümpchen, die mit einer Prägung versehen worden waren. Im Laufe der Zeit wurden die geprägten Metallstücke zunehmend breiter, flacher und immer besser gerundet.

Die Idee von genormten und geprägten Münzen verbreitete sich schnell. Die ersten Münzen zeigten Symbole aus der Natur oder der Mythologie. Später prägte man oft Herrscherporträts auf die Münzen. Der Münzherr, der das „Münzregal" (d.h. das Recht, Münzen zu prägen) innehatte, garantierte mit seinem Abbild oder Zeichen, dass die Münzen gemäß den Münzregeln hergestellt waren.

Römische Münze mit
dem Bildnis Cäsars

Münzgesetze legten meistens fest, dass der Wert von ausgeprägten Goldmünzen und großen Silbermünzen ein wenig höher lag als der Preis des in der Münze enthaltenen Edelmetalls. Dennoch sollte dafür gesorgt sein, dass in jeder Münze genügend von der Geldware Gold oder Silber enthalten war. Der etwas höhere Preis gemünzten Edelmetalls gegenüber ungemünzten Metallstücken deckte die Kosten der Münzherstellung, verhinderte aber auch, dass die mühsam „in Geldform" gebrachten Münzen schnell wieder als Rohstoffe eingeschmolzen wurden. Weil Edelmetalle schon immer besonders wertvoll waren, war auch der Wert einer einzelnen Großsilber- oder gar Goldmünze so hoch, dass man damit kleinere Beträge gar nicht begleichen konnte. Dafür benötigte man „Kleingeld". Dieses Kleingeld bestand aus sogenannten Teil- oder Scheidemünzen, deren Wert deutlich höher lag als der Preis für die enthaltenen Rohstoffe und die Herstellung. Solche Scheidemünzen machen überwiegend das moderne Münzgeld aus.

Papierne Geldzeichen

Papierne Geldzeichen haben im Unterschied zu Münzen aus Metall wie Gold oder Silber kaum einen Warenwert. Dennoch lassen sich mit ihnen große Geldbeträge sehr viel leichter, sicherer und damit billiger und schneller weitergeben – von Hand zu Hand wie von Stadt zu Stadt.

Das älteste Papiergeld gaben vor über Tausend Jahren Staatsbehörden in China aus. Ihre Kaufkraft erhielten die chinesischen Geldscheine nur durch kaiserlichen Erlass.

Im mittelalterlichen Europa waren es die Kaufleute, die sich mit Wechselbriefen eigene Zahlungspapiere schufen. Der Bezogene (z. B. ein Warenkäufer) verpflichtete sich in einem Wechselbrief, dieses Papier bei Vorlage zu einem bestimmten Zeitpunkt mit einem bestimmten Geldbetrag bar in Gold oder Silber einzulösen. Indem die Kaufleute und Bankiers Wechselbriefe ausstellten, diese sich gegenseitig verkauften und miteinander austauschten, benötigten sie für den Warenhandel deutlich weniger bares Gold oder Silber. Sie konnten damit leichter, schneller und sicherer zahlen – und gewährten sich überdies

Käsch-Schein aus China

gegenseitig Kredit. Neben Wechselbriefen verwandte man in Europa für den kaufmännischen Zahlungsverkehr später auch andere Zahlungsversprechen wie Depositenscheine. Bankiers oder Goldschmiede nahmen Edelmetall ihrer Kunden in sichere Verwahrung und stellten ihnen darüber einen Depositenschein aus. Gegen Vorlage des Depositenscheins wurde das Edelmetall wieder ausgezahlt.

Banknoten

Staatspapiergeld, wie es in China lange umlief, konnte sich in Europa trotz der Versuche verschiedener Regierungen nie dauerhaft durchsetzen. Hinter Staatspapiergeld stand kein Warenwert, sondern nur die Macht und die Glaubwürdigkeit des Staates. Die geldartig genutzten Papiere Europas wie Wechsel oder Depositenscheine hatten mit dem Staat kaum etwas zu tun und waren durch Warengeschäfte oder Edelmetall gedeckt. Allerdings konnte man sie nicht so formlos weitergeben wie etwa Münzen, weil sie als Kreditpapiere an Personen oder Orte gebunden waren. Seit dem 17. Jahrhundert breiteten sich deshalb Banknoten aus, die von privaten Banken ausgegeben wurden.

Als erste Notenbank Europas gilt der „Stockholms Banco". Wegen Silbermangels prägte man in Schweden ab 1644 Kupferplatten als Geld. Da die bis zu 20 kg schweren Platten für den praktischen Gebrauch sehr unhandlich waren, konnte man sie beim Stockholms Banco hinterlegen und erhielt dafür einen „Credityf-Zedel", der jederzeit wieder in Metallgeld eingewechselt werden konnte. Diese „Zettel" gelten als die ersten Banknoten Europas.

„Credityf-Zedel" des Stockholms Banco

Dieses Prinzip wurde zur Grundlage des Notenbankwesens, das sich dann vor allem im 19. Jahrhundert in ganz Europa durchsetzte. Notenbanken kauften Gold und Silber, aber auch sichere Wechselbriefe der Kaufleute an und gaben dafür im Gegenzug Banknoten aus. Wer bei der Bank die Banknote einlösen wollte, bekam den Betrag der Note jederzeit in Edelmetall ausgezahlt. Banknoten konnten genauso leicht wie Münzen umlaufen, erleichterten aber den Umgang mit großen Geldbeträgen.

Während noch bis weit ins 20. Jahrhundert Währungen zumindest teilweise durch Gold gedeckt waren, sind die Währungen der meisten Volkswirtschaften heute sogenannte Fiat-Währungen ohne Edelmetalldeckung. Die Bezeichnung Fiat-Währung leitet sich vom lateinischen „fiat" („es werde") ab und deutet darauf hin, dass „Fiatgeld" allein durch Beschluss der gesetzgebenden Organe eines Staates entsteht, der dieses Geld als gesetzliches Zahlungsmittel bestimmt.

Der Wert von Papiergeld ist unabhängig vom Material.

Die Einführung von Papiergeld löste den Geldwert vom Material des Geldstoffes. Geld ist in Form von Banknoten nicht nur bequemer zu transportieren, sondern auch erheblich billiger herzustellen. Theoretisch könnten unbegrenzt Banknoten hergestellt werden. Die Kontrolle über den Geldumlauf haben deshalb staatliche Zentralbanken erhalten.

Buchgeld (Giralgeld)

Neben dem Papiergeld bildete sich in den großen Handelsstädten in Norditalien, aber auch in Amsterdam, Hamburg und Nürnberg nahezu gleichzeitig das Buchgeld bzw. Giralgeld heraus – Geld also, das nur in den Kontobüchern der Banken verzeichnet ist. Bei den „Girobanken" konnten Kaufleute Konten eröffnen, um dann Guthaben von Konto zu Konto zu bewegen. Zugleich begannen die Banken, ihren Kunden über Kredite zusätzliches Buchgeld zur Verfügung zu stellen.

Buchgeld wird „stofflos" von Konto zu Konto übertragen.

Banknoten und Münzen sind daher heute nur noch ein kleiner Teil des umlaufenden Geldes. Das „stofflose" Buchgeld hat sich durchgesetzt. Mit jedem Kontoauszug können wir sehen, wie viel Buchgeld wir besitzen. Heute wird das Geld aber nicht mehr durch Zu- und Abschreiben in echten Kontobüchern bewegt, sondern in Computern oder über elektronische Medien.

Vertrauen als Grundlage

Geld wird nur akzeptiert, wenn alle Besitzer von Geld darauf vertrauen können, dass es seinen Wert behält. Bei vollwertigen Münzen lag der Wert des Geldes in seinem Warenwert, hauptsächlich Gold oder Silber. Bei Banknoten und Buchgeld gibt es keinen Warenwert mehr. Deshalb haben Staaten über die Jahrhunderte Geldordnungen entwickelt, die den Wert des Geldes sichern sollen.

Man muss auf den Wert des Geldes vertrauen können.

Eine moderne Geldordnung bestimmt u. a. das gesetzliche Zahlungsmittel, sie enthält drastische Strafen für das Fälschen von Geld und sie regelt die Buchgeldschöpfung der Banken. Meist wird die Aufgabe, den Geldumlauf zu kontrollieren und Geldwertstabilität zu gewährleisten, politisch unabhängigen Zentralbanken übertragen. In Deutschland war dies bis Ende 1998 die Deutsche Bundesbank. Mit der Einführung des Euro als Gemeinschaftswährung im Jahre 1999 hat im Euro-Währungsgebiet das Eurosystem die Zentralbankfunktion übernommen. Es besteht aus der Europäischen Zentralbank (EZB) und den nationalen Zentralbanken der Euro-Länder, darunter die Bundesbank. Die vorrangige Aufgabe des Eurosystems ist es, mit seiner Geldpolitik Preisstabilität zu sichern, d. h. den Wert des Euro stabil zu halten.

Das Wichtigste im Überblick:

– Geld ist für die heutige arbeitsteilige Wirtschaft von großer Bedeutung. Ohne Geld gäbe es nur eine Tauschwirtschaft, die das Wirtschaftsleben schwieriger macht.

– Geld hat mehrere wichtige Funktionen. Es ist Tausch- und Zahlungsmittel, Recheneinheit und Wertaufbewahrungsmittel. Um diese Funktionen erfüllen zu können, muss das Geld vor allem wertbeständig sein.

– Die Erscheinungsform von Geld hat sich im Laufe der Zeit geändert. Eine einfache Form von Geld ist das Warengeld, also Gegenstände, die als Geld verwendet werden.

– Während Metalle zunächst als Warengeld dienten, kam man später darauf, es in eine einheitliche Form zu bringen. Geprägte Metallstücke, also Münzen, werden noch heute verwendet.

– Neben den Münzen setzte sich das Papiergeld durch. Papiergeld erleichtert den Umgang mit großen Geldbeträgen, ist aber auch leichter zu vermehren. Das gilt erst recht für das stofflose Buchgeld, das im heutigen Wirtschaftsleben quantitativ die größte Rolle spielt.

– Geld wird nur akzeptiert, wenn alle Besitzer von Geld darauf vertrauen können, dass es seinen Wert behält.

– In der heutigen Zeit haben Zentralbanken die Aufgabe, den Wert des Geldes zu sichern. Im Euro-Währungsgebiet sorgt dafür das Eurosystem, das aus der Europäischen Zentralbank und den nationalen Zentralbanken der Euro-Länder – darunter die Deutsche Bundesbank – besteht.

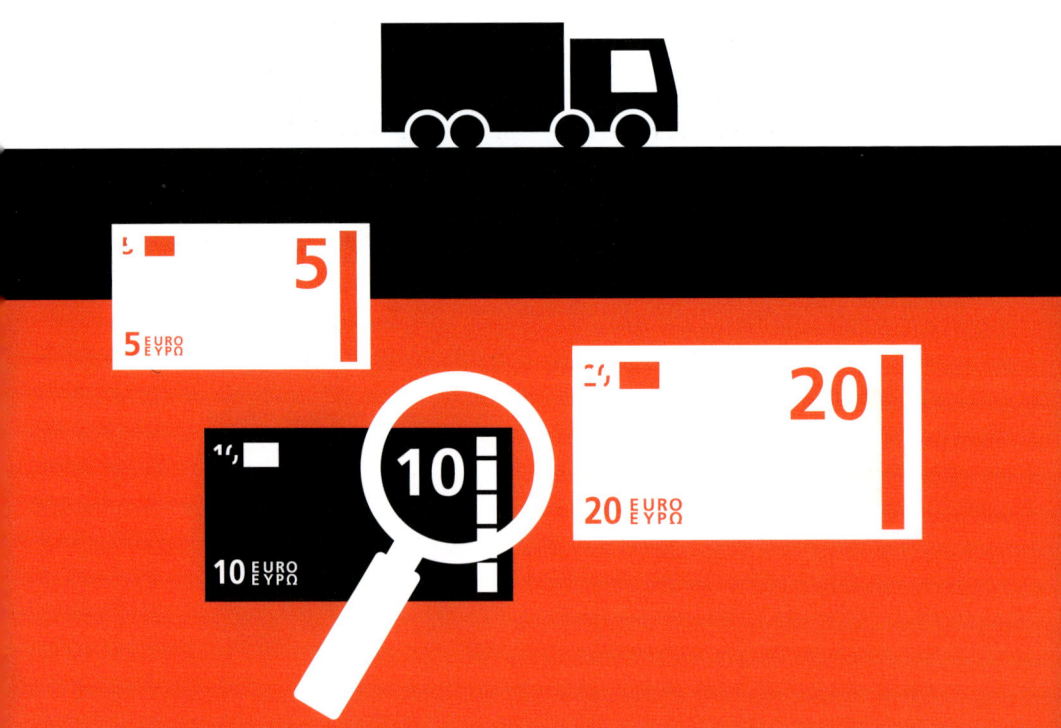

Kapitel 2
Das Bargeld

2. Das Bargeld

Unter Bargeld versteht man Banknoten und Münzen. Banknoten sind Geld-scheine (Papiergeld) und Münzen geprägte Metallstücke (Hartgeld). Sie lauten beide auf einen bestimmten Betrag in einer bestimmten Währung, in Deutschland bis Ende 2001 auf D-Mark, seit Anfang 2002 – wie im gesamten Euroraum – auf Euro. Münzen stellen eine Ergänzung des Banknotenumlaufs für kleine Zahlungen dar. Ihr Nennwert ist im Allgemeinen – so auch bei den Euro-Münzen – höher als der Metallwert. Solche Münzen nennt man Schei-demünzen.

Euro-Bargeld ist gesetzliches Zahlungsmittel im Euro-Währungsgebiet.

Banknoten sind im Euro-Währungs-gebiet das einzige unbeschränkte gesetzliche Zahlungsmittel. Jeder Gläubiger einer Geldforderung muss vom Schuldner Banknoten in unbe-grenztem Umfang als Erfüllung seiner Forderung annehmen, sofern beide nichts anderes vereinbart haben. Die Vertragsparteien können sich darauf verständigen, dass der Gläubiger bestimmte Banknoten-Stückelungen nicht entgegennehmen muss.

Im Gegensatz zu den Banknoten sind die Münzen nur in beschränktem Um-fang gesetzliches Zahlungsmittel. Im Euro-Währungsgebiet ist ein Gläubiger nicht verpflichtet, mehr als 50 Münzen pro Zahlung anzunehmen. Das deut-sche Münzgesetz regelt zudem, dass in Deutschland niemand verpflichtet ist, Münzen im Wert von mehr als 200 Euro zu akzeptieren.

2.1 Ausgabe von Bargeld

Da das Vertrauen in die Währung beim Bargeld beginnt, hat der Staat ein Interesse daran, den Umlauf des gesetzlichen Zahlungsmittels „Bargeld" zu kontrollieren. Banknoten werden deshalb nicht wie anfangs von privaten Banken ausgegeben, sondern von einer staatlich befugten unabhängigen Stelle, der Zentralbank (Notenmonopol). Münzen gibt dagegen nach wie vor die Regierung aus (Münzregal).

Notenmonopol

Im Euroraum sind die Europäische Zentralbank und die nationalen Zentral-banken zur Ausgabe der Banknoten berechtigt. In Deutschland besitzt die Deutsche Bundesbank das ausschließliche Recht zur Notenausgabe. Sie gibt die Banknoten – von wenigen Aus-nahmen abgesehen – über die Ge-schäftsbanken in Umlauf. Das Vo-lumen der in Umlauf gegebenen Banknoten wird allein durch die Nachfrage bestimmt. Das heißt, die Deutsche Bundesbank zahlt alle Beträge aus, die von den Geschäftsbanken nachgefragt werden. Um diese Banknoten erwerben und ihre Kunden mit Bargeld versorgen zu können, nehmen die Ge-schäftsbanken in der Regel Kredite bei der Zentralbank auf. Dadurch entsteht der Bundesbank üblicherweise ein Zinsgewinn.

Banknoten gibt die Zentralbank, Münzen der Staat aus.

Münzregal

Die Zuständigkeit für die Herstellung der Euro-Münzen liegt – anders als bei den Banknoten – bei den Regierungen der Euro-Länder. Dies ist ein Relikt aus alter Zeit, als es ausschließlich Münzen gab. Damals schon lag das Recht zur Regelung des Münzwesens beim Landesherrn bzw. beim Staat (sog. Münzre-gal). In Deutschland lässt das Bundesministerium der Finanzen Euro-Münzen herstellen. Die Bundesbank bringt sie in den Umlauf. Die Bundesbank kauft der Regierung die Münzen jeweils zum Nennwert ab. Die Regierung zieht aus dem Münzregal Gewinne (früher auch „Schlagschatz" genannt), da die Herstellungskosten der Münzen unter ihrem Nennwert liegen. Im Verhältnis zu den gesamten Einnahmen des Staates sind diese Gewinne allerdings wenig bedeutend. Um über diesen Weg aber eine indirekte Staatsfinanzierung durch die Zentralbank zu verhindern, unterliegt der Ankauf von Münzen der vorhe-rigen Genehmigung durch den EZB-Rat, der jährlich einen Gesamtbetrag für die geplante Umlauferhöhung festlegt.

Keine Einlösungsverpflichtung in andere Werte

Der Euro ist eine sogenannte Fiatwährung: Die Zentralbanken des Eurosys-tems sind nicht verpflichtet, den Gegenwert einer vorgelegten Banknote in Gold oder andere Vermögenswerte zu tauschen. Das Eurosystem kann deshalb alle seine Euro-Verbindlichkeiten immer bedienen, in Euro also nicht zahlungsunfähig ("illiquide") werden.

Bei den Münzen garantiert der ausgebende Staat den aufgeprägten Nennwert. Nationale Zentralbanken wie die Bundesbank nehmen auch Euro-Münzen wieder zum Nennwert entgegen und wandeln sie beispielsweise in Banknoten oder Buchgeld um. Auch hier ist ein Umtausch in andere Vermögenswerte nicht möglich.

Keine Deckungsvorschriften

In früheren Zeiten waren Währungssysteme üblich, die Notenbanken verpflichteten, ihre emittierten Banknoten gegen Gold oder Silber einzutauschen. Deshalb mussten die ausgegebenen Banknoten häufig zu einem bestimmten Prozentsatz durch das entsprechende Edelmetall "gedeckt" sein ("gebundene Währung"). Insofern war die Banknotenausgabe durch die vorhandenen Edelmetallvorräte begrenzt. Die Reichsbank beispielsweise tauschte bis zum Ersten Weltkrieg ihre Banknoten auf Verlangen in Goldmünzen um.

Die Ausgabe des Euro-Bargeldes ist an keine Deckungsvorschrift gebunden.

Inzwischen weiß man, dass derartige Regelungen für die Werterhaltung des Geldes nicht erforderlich sind. Die Ausgabe von Bargeld durch das Eurosystem ist deshalb nicht an Deckungsvorschriften gebunden.

2.2 Bargeldumlauf

In Deutschland ist der Bargeldumlauf von 1950 bis Ende 2000 von 8,5 Milliarden DM (4,3 Mrd. Euro) auf 274,2 Milliarden DM (140,2 Mrd. Euro) gestiegen. Diese Zunahme stand in engem Zusammenhang mit der Entwicklung der Einkommen und der Wirtschaftsumsätze. Hinzu kam 1990 ein Anstieg durch die Erweiterung des Währungsgebietes der D-Mark im Zuge der deutschen Wiedervereinigung. Darüber hinaus war die D-Mark auch im Ausland ein begehrtes Zahlungsmittel. Auf lange Sicht ist der Bargeldumlauf in ähnlichem Ausmaß gewachsen wie das Bruttoinlandsprodukt, die Summe aller in Geld bewerteten Waren und Dienstleistungen, die in unserem Land erschaffen werden. In den Jahren 2001 und 2002 kam es aufgrund der Einführung des Euro-Bargeldes zu einem starken Rückfluss von D-Mark-Bargeld. Nach der Umstellung auf den Euro hat der Bargeldumlauf aber wieder deutlich zugenommen. Dies beruht im Wesentlichen auf seiner Beliebtheit als Wertaufbewahrungsmittel und einer erhöhten Auslandsnachfrage nach Banknoten (aus Ländern der EU ohne Euro und vor allem aus Ländern außerhalb der EU).

Zwar verliert das Bargeld gegenüber bargeldlosen Zahlungsformen beständig an Bedeutung, doch zahlten Privatpersonen – 2014 ähnlich wie 2011 und 2008 – 53 % ihrer Umsätze mit Banknoten und Münzen. Ausgenommen sind hier regelmäßige Zahlungen wie Mieten. Dies geht aus der dritten Studie der Bundesbank zum „Zahlungsverhalten in Deutschland" hervor. Danach wird der Großteil der Zahlungen bis 50 Euro bar bezahlt. Der durchschnittliche Geldbeutel einer Privatperson enthält 103 Euro an Banknoten und Münzen.

Die Vorteile des Bargeldes liegen u. a. darin, dass es unabhängig vom Einsatz technischer oder sonstiger Hilfsmittel schnell und anonym verwendbar ist. Es lässt sich auch jederzeit wieder in Buchgeld umwandeln.

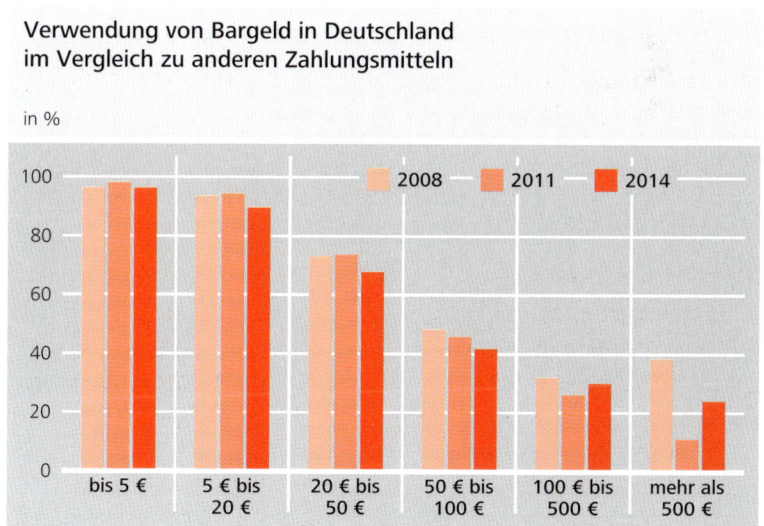

Verwendung von Bargeld in Deutschland im Vergleich zu anderen Zahlungsmitteln

in %

2.2.1 Bargeldkreislauf in Deutschland

In Deutschland liefern die Druckereien und Münzprägeanstalten Banknoten und Münzen an die Deutsche Bundesbank aus. Die Geschäftsbanken oder von ihnen beauftragte Wertdienstleister holen das Bargeld bei den Filialen der Bundesbank ab. Über die Banken gelangt das Geld dann zu Unternehmen und privaten Haushalten in den Wirtschaftskreislauf. Umgekehrt zahlen die Teilnehmer des Wirtschaftskreislaufs Bargeldüberschüsse bei den Geschäftsbanken wieder ein. Diese behalten davon einen kleinen Teil für zu erwartende Abhebungen ihrer Kundschaft, beispielsweise an den Kassenschaltern.

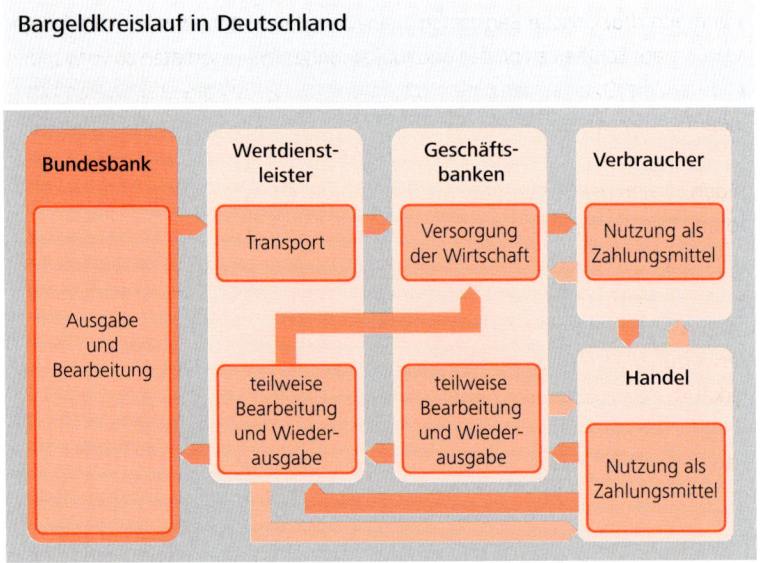

Bargeldkreislauf in Deutschland

Für die Bestückung von Geldausgabeautomaten (GAA) müssen die Banknoten seit 2007 nicht mehr ausschließlich von der Bundesbank bezogen werden. Die Betreiber von GAA können vielmehr – mit von den Zentralbanken des Eurosystems getesteten Maschinen – selbst Banknoten auf Qualität und Echtheit prüfen und dann wieder in den Wirtschaftskreislauf zurückführen. Diese Regelung verkürzt den Bargeldkreislauf.

Bargeld, das Kreditinstitute nicht benötigen, bringen sie direkt oder über Wertdienstleister zur Bundesbank zurück. Auch einzelne Unternehmen können direkt oder über Wertdienstleister bei der Bundesbank Bargeld einzahlen.

2.2.2 Erhaltung der Bargeldqualität

Die von der Bundesbank ausgegebenen Banknoten kehren regelmäßig zu ihr zurück und werden von ihr bearbeitet. Dies ist wichtig, um den Bargeldumlauf von schlechtem und falschem Geld säubern zu können. Denn auf ihrem Weg von Hand zu Hand werden die Geldscheine verschmutzt oder beschädigt. Diese Banknoten werden nicht wieder in den Umlauf gegeben, sondern vernichtet und durch druckfrische Banknoten ersetzt, weil es unter Umständen schwierig wäre, sie auf Echtheit zu prüfen und für Zahlungen an Automaten zu verwenden. Je besser die Qualität der umlaufenden Banknoten ist, desto schwerer fällt es zudem Geldfälschern, falsche Banknoten in den Bargeldkreislauf zu schleusen.

In den Filialen der Bundesbank werden die aus dem Verkehr gezogenen Banknoten (Ausnahme: Falschgeld) geschreddert, zu Briketts gepresst und dann – den jeweils örtlichen Abfallentsorgungsvorschriften entsprechend – entsorgt. Nicht mehr umlauffähige Münzen werden im Auftrag des Bundesministeriums der Finanzen entwertet und anschließend zu dessen Gunsten über das Verwertungsunternehmen des Bundes (VEBEG) an Metallproduktionsstätten verkauft. So wird das Metall der Münzen wiederverwertet.

Traditionell prüft in Deutschland die Bundesbank Banknoten auf Echtheit und Umlauffähigkeit, um die Qualität des umlaufenden Bargeldes zu garantieren. Allerdings können inzwischen auch Geschäftsbanken und von diesen beauftragte Wertdienstleister diese Prüfung und Wiederausgabe nach den Vorgaben des Eurosystems vornehmen. Aussortiertes Geld lassen sie zur Bundesbank bringen. Bargeld, das die Zentralbank aus dem Verkehr gezogen hat, ersetzt sie durch neue Banknoten und Münzen.

Geschredderte Banknoten

Die Lebensdauer der Banknoten hängt vom Nennwert ab. Banknoten kleiner Stückelungen (5, 10, 20, 50 Euro) werden nach ein bis vier Jahren vernichtet und ersetzt. Banknoten großer Stückelungen (100, 200, 500 Euro) haben zum Teil eine Lebensdauer von weit über zehn Jahren. Im Gegensatz zum Papiergeld unterliegen Münzen einer deutlich geringeren Abnutzung und können daher in der Regel jahrzehntelang verwendet werden.

2.2.3 Ersatz für beschädigtes Bargeld

Im täglichen Leben wird Bargeld auch immer wieder unbeabsichtigt beschädigt. Es wird beispielsweise zerrissen, mitgewaschen, versehentlich geschreddert oder auch von Haustieren angefressen.

Stark beschädigtes Bargeld wird unter bestimmten Bedingungen ersetzt.

Beschädigtes Bargeld

Für stark beschädigte Geldscheine, die im Zahlungsverkehr nicht mehr angenommen werden, leisten die nationalen Zentralbanken des Euroraums, so auch die Bundesbank, dem Inhaber Ersatz. Voraussetzung ist allerdings, dass der Inhaber Teile der Banknote vorlegt, die insgesamt größer sind als die Hälfte. Ansonsten muss er nachweisen, dass der Rest der Banknote, von der er nur die Hälfte oder einen kleineren Teil vorlegen kann, vernichtet ist. Wenn ein Geldschein so stark beschädigt ist, dass ein einwandfreier Nachweis nicht mehr zu führen ist, muss die Bundesbank den Schaden nicht ersetzen. Ebenso wenig ersetzt sie zusammengeklebte Banknoten, wenn festgestellt wird, dass die Scheine in betrügerischer Absicht verändert worden sind. In Zweifelsfällen verhindert die Kontrolle der Seriennummer auf der Banknote, dass sie Geldscheine doppelt erstattet.

Beschädigte Cent- und Euro-Münzen sowie D-Mark- und Pfennig-Münzen ersetzt die Bundesbank, wenn die Münzen durch den im Zahlungsverkehr üblichen Gebrauch abgenutzt oder verschmutzt sind. Für mutwillig oder beispielsweise beim Recycling von Rohstoffen veränderte Münzen leistet sie keinen Ersatz.

2.2.4 Umtausch nicht mehr gültigen Bargeldes

Die Euro-Zentralbanken tauschen die Banknoten und Münzen ihrer ehemaligen Währungen zum Teil noch um. Die Filialen der Deutschen Bundesbank wechseln nahezu alle Banknoten und Münzen, die auf D-Mark und Pfennig lauten, zeitlich unbefristet und gebührenfrei in Euro. Dies gilt für alle D-Mark-Banknotenserien und -Münzen, die seit 1948 aus-

Die Filialen der Bundesbank tauschen nach wie vor D-Mark-Bargeld in Euro um.

gegeben worden sind. Ende April 2017 waren noch rund 6 Milliarden DM an Banknoten und 6,7 Milliarden DM an Münzen im Umlauf. Währungen anderer Staaten tauscht die Bundesbank nicht um. Für deren Umtausch muss man sich an die jeweils zuständige nationale Zentralbank wenden.

2.3 Die Euro-Banknoten

Das Europäische Währungsinstitut (EWI) – als Vorgänger der Europäischen Zentralbank – legte 1994 fest, Euro-Banknoten in sieben Stückelungen auszugeben. Dabei orientierte man sich an den damaligen nationalen Währungen. Seit 2002 sind im Euroraum Banknoten in den Nennwerten von 5, 10, 20, 50, 100, 200 und 500 Euro gesetzliches Zahlungsmittel.

Neben der Entscheidung über das einheitliche Aussehen und die Sicherheitsmerkmale der Geldscheine mussten Druckfarben und Banknotenpapier optimiert werden, um in allen Herstellungsländern eine gleich hohe Qualität der Banknoten zu sichern. Im Frühjahr 1999 genehmigte der EZB-Rat schließlich die endgültige technische Ausstattung des neuen Geldes und die Serienproduktion der Euro-Banknoten konnte anlaufen.

Gestaltungswettbewerb

Das Aussehen der Euro-Banknoten wurde bereits Mitte der 1990er-Jahre im Rahmen eines Gestaltungswettbewerbs festgelegt. Die Wettbewerbsteilnehmer konnten die Banknoten entweder zum Thema „Zeitalter und Stile in Europa" oder nach einem frei wählbaren abstrakten modernen Design gestalten.

Entwürfe aus dem Wettbewerb
© EZB

Aus 44 Vorschlägen wählte eine fachkundige Jury zehn Entwürfe aus, woraus der EWI-Rat schließlich eine Endauswahl zu treffen hatte. Neben der Stellungnahme der Jury lagen dem Rat des EWI zu den Entwürfen auch Ergebnisse einer Bürgerumfrage und Empfehlungen einer internen Expertengruppe vor. Auf dieser Grundlage entschied er sich schließlich für den Entwurf von Robert Kalina, einem Grafiker der Österreichischen Zentralbank, der das Thema „Zeitalter und Stile in Europa" überzeugend umgesetzt hatte.

2.3.1 Gestaltung

Durch ihre verschiedenen Farben und Größen sind die sieben Euro-Banknoten leicht voneinander zu unterscheiden. Je höher der Nennwert, desto größer ist die Banknote. Auf den Banknoten sind Baustile aus sieben Epochen der europäischen Kulturgeschichte dargestellt – von der Klassik bis zur modernen Architektur des 20. Jahrhunderts.

Bei der Gestaltung der Banknoten stehen drei wesentliche architektonische Elemente im Vordergrund: Fenster, Tore und Brücken, die dem Stil der jeweiligen Epoche nachempfunden sind. Die Fenster und Tore auf der Vorderseite jeder Banknote symbolisieren den Geist der Offenheit und Zusammenarbeit in Europa. Darüber hinaus sind die zwölf Sterne der Europäischen Union abgebildet, die für Dynamik und Harmonie im heutigen Europa stehen.

Auf der Rückseite der Banknoten werden diese Stilelemente durch die Abbildung einer für die jeweilige Epoche typischen Brücke ergänzt. Von den frühen Konstruktionen bis zu den modernen Hängebrücken der Gegenwart sind diese Bauwerke ein Symbol der Verbindung zwischen den Völkern Europas und zur übrigen Welt.

Die Euro-Banknoten der ersten Serie

Farbe: **grau**
Baustil: **Klassik**
Maße: **120 x 62 mm**

Farbe: **rot**
Baustil: **Romanik**
Maße: **127 x 67 mm**

Farbe: **blau**
Baustil: **Gotik**
Maße: **133 x 72 mm**

Farbe: **orange**
Baustil: **Renaissance**
Maße: **140 x 77 mm**

Farbe: **grün**
Baustil: **Barock, Rokoko**
Maße: **147 x 82 mm**

Farbe: **gelblich braun**
Baustil: **Eisen- und**
       Glasarchitektur
Maße: **153 x 82 mm**

Farbe: **lila**
Baustil: **Architektur des**
       20. Jahrhunderts
Maße: **160 x 82 mm**

Die Euro-Banknoten der zweiten Serie (Europa-Serie)

2013 begann das Eurosystem mit der Einführung seiner zweiten Banknotenserie – der Europa-Serie. Bei den neuen Banknoten werden die Baustile
als Leitmotiv, die Hauptfarben und die Stückelungsstruktur der ersten Serie
beibehalten. Die Sicherheitsmerkmale wurden verbessert und um einige neue
Elemente ergänzt. Als Motiv neu hinzugekommen ist die mythologische Figur
Europa, deren Porträt im Wasserzeichen und im Hologramm erscheint.

Die Banknoten der Europa-Serie werden stufenweise über mehrere Jahre ausgegeben. Den Anfang machte 2013 die 5-Euro-Banknote. 2014 folgten die
neue 10-Euro-Note, 2015 der Zwanziger und 2017 der Fünfziger der Europa-
Serie. Ende 2018 stellt das Eurosystem die Ausgabe der 500-Euro-Banknote
ein. In der Europa-Serie wird es daher keine 500-Euro-Banknote geben.

Die ausgegebenen 500-Euro-Banknoten der ersten Serie bleiben gesetzliches Zahlungsmittel. Sie können weiterhin als Zahlungsmittel und Wertspeicher verwendet werden.

Eine Zeit lang werden Banknoten beider Serien umlaufen. Aber auch danach behalten die Banknoten der ersten Serie ihren Wert, und die nationalen Zentralbanken des Eurosystems tauschen sie unbefristet zum Nominalwert um.

Farbe: **grau**
Baustil: **Klassik**
Maße: **120 x 62 mm**

Farbe: **rot**
Baustil: **Romanik**
Maße: **127 x 67 mm**

Farbe: **blau**
Baustil: **Gotik**
Maße: **133 x 72 mm**

Farbe: **orange**
Baustil: **Renaissance**
Maße: **140 x 77 mm**

Allgemeine Merkmale der zweiten Euro-Banknotenserie (Europa-Serie)

Flagge der Europäischen Union

Unterschrift des Präsidenten der EZB

hier: Mario Draghi (3. Präsident der EZB)

Bezeichnung „Euro" in lateinischer, griechischer und kyrillischer Schrift

Copyright

– *Jahr der Einführung der Banknote*

– *Abkürzungen für Europäische Zentralbank – den Amtssprachen der Europäischen Union entsprechend*

– *Copyrightzeichen*

2.3.2 Sicherheitsmerkmale

Aufgrund des Fortschritts in der modernen Reproduktionstechnik lassen sich heute leicht Kopien jeder gedruckten Abbildung herstellen. Zum Schutz vor Fälschungen werden Banknoten deshalb mit einer Reihe von Sicherheitsmerkmalen versehen. So kann jeder aufmerksame Bargeldnutzer Fälschungen auch ohne den Einsatz von Hilfsmitteln erkennen. Es ist unmöglich, eine Fälschung herzustellen, die alle Sicherheitsmerkmale überzeugend nachbildet.

Die Sicherheit beginnt bereits bei dem verwendeten Spezialpapier. Die Baumwollfasern, aus denen es hergestellt wird, verleihen den Banknoten eine charakteristische Struktur. Das Papier enthält fluoreszierende Fasern. Außerdem sind die Euro-Banknoten mit maschinenlesbaren Merkmalen ausgestattet, damit Automaten deren Echtheit verlässlich feststellen können. Die

Die Echtheit von Euro-Banknoten kann man anhand der Sicherheitsmerkmale prüfen.

ohne Hilfsmittel zu erkennenden Sicherheitsmerkmale sind entweder fühlbar oder in der Durchsicht bzw. beim Kippen sichtbar.

Die wegen ihres Spezialpapiers besonders griffigen Banknoten weisen an einigen Stellen ein fühlbares Druckbild auf. Dazu gehören die in den unterschiedlichen Sprachen des Euro-Währungsgebiets üblichen Abkürzungen der Europäischen Zentralbank.

Die Sicherheitsmerkmale der ersten Euro-Banknotenserie

Hält man die Banknoten der ersten Serie gegen das Licht, erscheinen bei allen Banknotenwerten Architekturmotiv und Wertzahl als Wasserzeichen. Die unvollständigen Formen auf der Vorder- und Rückseite in der oberen Ecke ergeben als Durchsichtselement die Wertzahl. Im Gegenlicht wird auch ein Sicherheitsfaden als dunkler Streifen mit heller Schrift in der Mitte der Banknote sichtbar.

Sicherheitsmerkmale der „großen" Banknoten
der ersten Euro-Banknotenserie (50, 100, 200, 500 Euro)

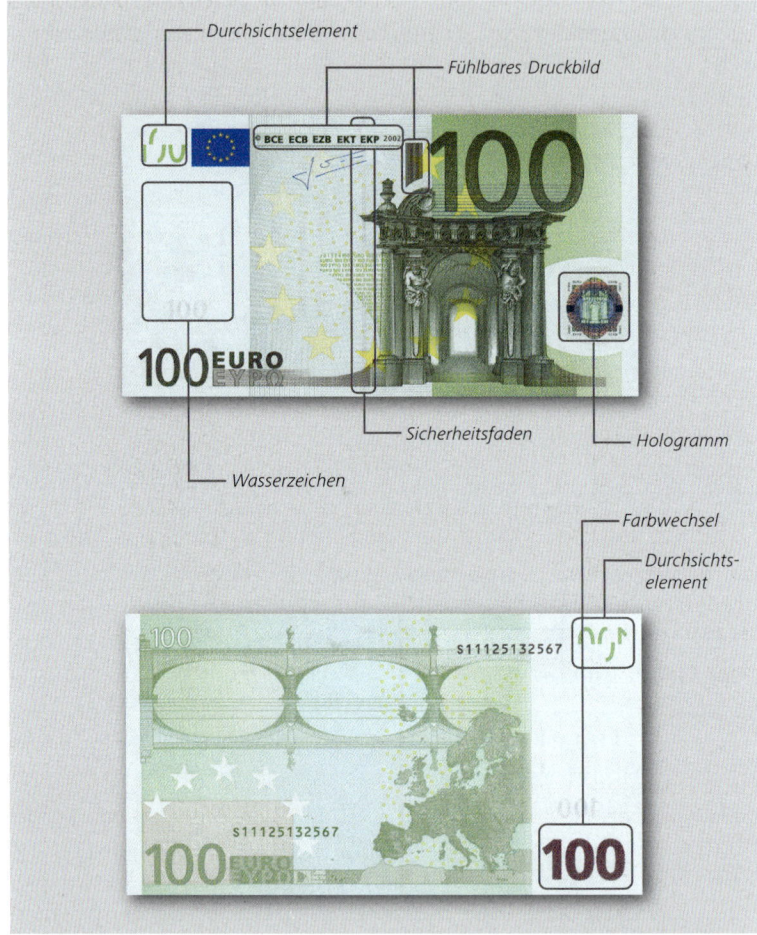

Beim Kippen der „großen" Geldscheine (50, 100, 200, 500 Euro) der ersten Serie sieht man im Hologramm-Element abwechselnd die Wertzahl und das jeweilige Architekturmotiv. Auf der Rückseite ändert sich beim Kippen die Farbe der Wertzahl in der rechten unteren Ecke. Die Farbe wechselt von Purpurrot zu Olivgrün oder Braun.

Die Sicherheitsmerkmale der zweiten Euro-Banknotenserie

Die zweite Euro-Banknotenserie, die Europa-Serie, enthält die weiterentwickelten Sicherheitsmerkmale der ersten Euro-Serie. Die zweite Banknotenserie zeichnet sich vor allem durch das Porträt der mythologischen Europa-Gestalt aus, das im Gegenlicht – zusammen mit der Wertzahl – im neuen Wasserzeichen

**Sicherheitsmerkmale des 5- und 10-Euro-Scheins
der zweiten Euro-Banknotenserie (Europa-Serie)**

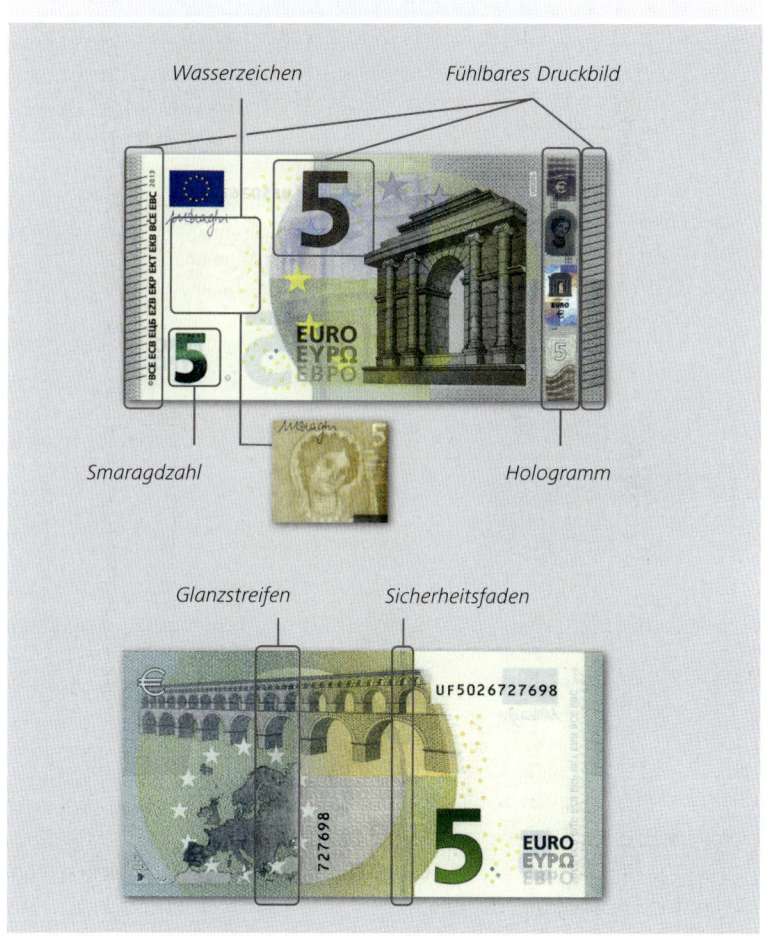

Wasserzeichen · Fühlbares Druckbild · Smaragdzahl · Hologramm · Glanzstreifen · Sicherheitsfaden

Sicherheitsmerkmale der 20- und 50-Euro-Banknoten der zweiten Banknotenserie (Europa-Serie)

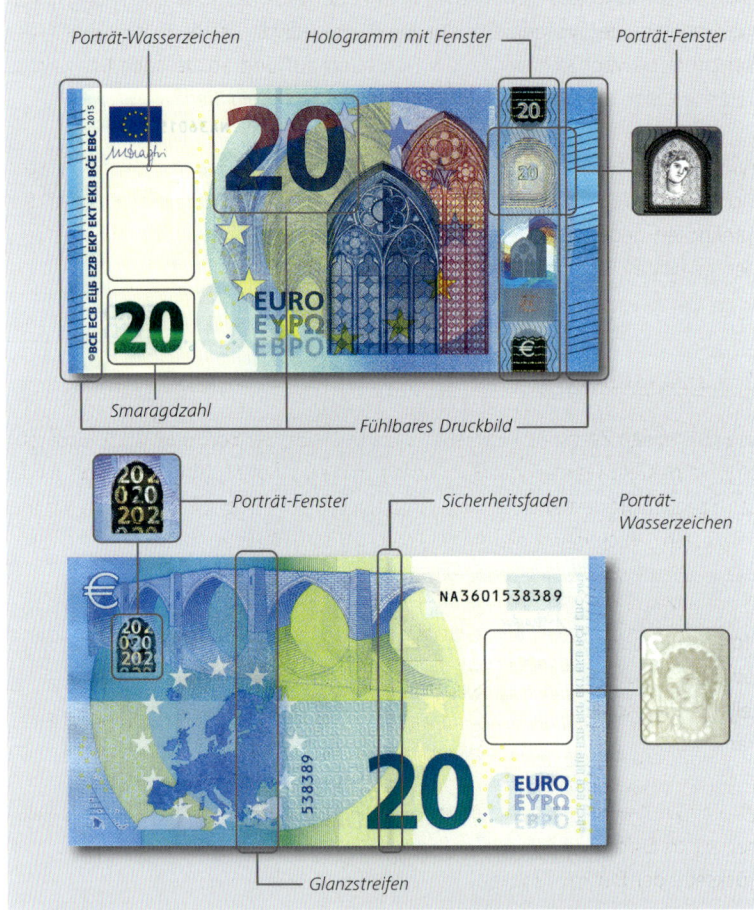

Porträt-Wasserzeichen · *Hologramm mit Fenster* · *Porträt-Fenster*

Smaragdzahl · *Fühlbares Druckbild*

Porträt-Fenster · *Sicherheitsfaden* · *Porträt-Wasserzeichen*

Glanzstreifen

Die 20- und 50-Euro-Banknoten der Europa-Serie weisen im Gegensatz zu den neuen 5- und 10-Euro-Noten ein zusätzliches Sicherheitsmerkmal auf: ein Porträt-Fenster im Hologramm-Streifen. Hält man die Banknote gegen das Licht, wird es transparent und das Porträt der Europa erscheint darin von beiden Seiten. Auf der Rückseite sind beim Kippen im Fenster regenbogenfarbene Wertzahlen zu sehen.

und im neuen Hologramm erscheint. Weitere Elemente im Hologramm der neuen Euro-Scheine sind das Tor des Hauptmotivs, das €-Symbol und die Wertzahl.

Ein drittes markantes Sicherheitsmerkmal der zweiten Serie ist die sog. Smaragdzahl auf der Vorderseite der Banknoten links unten. Beim Kippen der Banknote bewegt sich darauf ein Lichtband auf und ab. Je nach Blickwinkel verändert sich die Farbe der Zahl von Smaragdgrün zu Tiefblau.

Auch bei der zweiten Serie wird auf Vorder- und Rückseite der Banknoten ein Sicherheitsfaden als dunkler Streifen mit heller Schrift sichtbar, wenn man die Banknoten gegen das Licht hält. Darauf sind das €-Symbol und die Wertzahl der jeweiligen Banknote zu sehen.

2.3.3 Herstellung

Die nationalen Zentralbanken sind für den Druck der Euro-Banknoten zuständig. Hergestellt werden die Banknoten von staatlichen, aber auch von privaten Spezialdruckereien. Zur Sicherung der Banknotenqualität gilt in allen autorisierten Druckereien ein einheitliches Qualitätsmanagementsystem. Durch genaue Prüf- und Testverfahren wird die Einhaltung der Vorgaben kontrolliert. Um die Kosten zu minimieren, lässt nicht jede Euro-Zentralbank alle sieben Notenstückelungen herstellen. Vielmehr sind die nationalen Zentralbanken jeweils nur für den Druck ausgewählter Banknoten verantwortlich. 2017 erteilt die Deutsche Bundesbank Druckaufträge für die 50-, 100- und 200-Euro-Banknoten.

Welche Zentralbank die Banknoten in Auftrag gegeben hat, erkennt man bei der ersten Euro-Banknotenserie am Buchstaben vor der Seriennummer auf der Rückseite der Banknote (Ländercode).

Bei den Banknoten der Europa-Serie befindet sich die Seriennummer ebenfalls auf der Rückseite. Die Langform ist schwarz und verläuft horizontal. Die Kurzform ist in einer anderen Farbe gehalten und verläuft vertikal. Die Langform besteht aus zwei Buchstaben, gefolgt von zehn Ziffern. Der erste Buchstabe gibt Auskunft über die Druckerei. Der zweite Buchstabe hat keine besondere Bedeutung; er ermöglicht lediglich weitere Seriennummern.

Die Herkunft der Banknoten
(Buchstabe der Seriennummer)

Erste Euro-Banknotenserie (Ländercodes)
Der erste Buchstabe der Seriennummer kennzeichnet das Land,
dessen Zentralbank den Druckauftrag erteilt hat:

Z Belgien	S Italien	G Zypern
Y Griechenland	P Niederlande	F Malta
X Deutschland	N Österreich	E Slowakei
V Spanien	M Portugal	D Estland
U Frankreich	L Finnland	C Lettland
T Irland	H Slowenien	B Litauen

Zweite Euro-Banknotenserie
Der erste Buchstabe der Seriennummer steht für die Druckerei,
die die Banknote hergestellt hat.

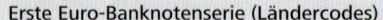

2.4 Die Euro-Münzen

Für die Ausgabe von Euro-Münzen sind die einzelnen Mitgliedstaaten im Euro-Währungsgebiet verantwortlich. Dazu gehört auch das Recht, die nationale Seite der Euro-Münzen zu gestalten. Die für den täglichen Zahlungsverkehr verwendeten Münzen bezeichnet man als Umlaufmünzen.

2.4.1 Gestaltung

Während die Banknoten der Euro-Staaten ausschließlich auf Euro lauten, lauten Münzen auch auf Cent. Die Euro-Münzen gibt es in acht Stückelungen zu 1, 2, 5, 10, 20 und 50 Cent sowie zu 1 und 2 Euro.

Die europäische Münzseite

alt: Version mit 15 EU-Staaten; neu: angepasste europäische Seite (ab 2007)
Keine Änderung bei 1-, 2- und 5-Cent-Münzen

Im Gegensatz zu den Banknoten ist das Aussehen der Münzen nicht in allen Ländern des Euro-Währungsgebiets gleich. Während eine Münzseite länder-übergreifend einheitlich gestaltet ist, wird die andere Seite in jedem Land mit individuellen Motiven versehen.

Die gemeinsame europäische Münzseite symbolisiert die Einheit der Europäischen Union. Sie zeigt den Münzwert neben unterschiedlich stilisierten euro-päischen Landkarten bzw. der Welt-kugel („Europa in der Welt") und zwölf Sternen (in Anlehnung an die Flagge der Europäischen Union). Aufgrund der Erweiterung der Euro-päischen Union wurde das Motiv der europäischen Seite von fünf Münzen (2-,1-Euro und 50-, 20-, 10-Cent) 2007 angepasst. Statt der bis dahin 15 EU-Länder zeigen die neuen Münzen ab 2007 Europa ohne Ländergrenzen.

Jede Euro-Münze hat eine einheitliche und eine länderspezifisch gestaltete Seite.

Die einheitliche Münzseite ging 1997 aus einem Gestaltungswettbewerb unter Federführung der EU-Kommission hervor. Der Sieger, Luc Luycx aus Belgien, ist auf den Münzen durch seine Initialen „LL" gewürdigt.

Die nationale Münzseite hingegen wird von jedem Land individuell gestaltet. Sie zeigt unterschiedliche nationale Symbole und Persönlichkeiten. Neben den 19 Euro-Ländern können auch Monaco, San Marino, der Vatikan und Andorra aufgrund einer Vereinbarung mit der Europäischen Union Euro-Münzen mit nationaler Seite ausgeben.

Trotz der vielfältigen Motive der nationalen Münzseiten gelten die Münzen aller Euro-Länder im gesamten Euroraum als gesetzliches Zahlungsmittel. Die umlaufenden Münzen spiegeln so die Einheit der Währungsunion in ihrer Vielfalt wider.

Die deutschen Euro-Münzen tragen auf der nationalen Seite der 1-, 2- und 5-Cent-Münzen – in Anlehnung an die früheren Pfennige – den Eichenzweig. Auf den 10-, 20- und 50-Cent-Münzen ist das Brandenburger Tor abgebildet. Die 1- und 2-Euro-Münzen zeigen – wie die früheren D-Mark-Münzen – den Bundesadler.

Die nationalen Seiten der 1-Euro-Münze der Euro-Länder

Belgien

Deutschland

Estland

Finnland

Frankreich

Griechenland

Irland

Italien

Lettland

Litauen

Luxemburg

Malta

Niederlande

Österreich

Portugal

Slowakei

Slowenien

Spanien

Zypern

Euro-Länder dürfen ihre nationalen Münzmotive ändern, wenn ein abgebildetes Staatsoberhaupt wechselt, was bei Belgien, den Niederlanden und Spanien schon der Fall war.

Die deutsche Münzseite

| 1 und 2 Euro | 10, 20, 50 Cent | 1, 2, 5 Cent |
| Bundesadler | Brandenburger Tor | Eichenzweig |

2.4.2 Sicherheitsmerkmale

Die acht Euro-Münzen unterscheiden sich in Größe, Gewicht, Material, Farbe und Dicke. Die 1- und 2-Euro-Münzen sind aus einem Münzkern und einem Münzring zusammengesetzt, die jeweils aus verschiedenen Metall-Legierungen bestehen. Daher sind diese Münzen zweifarbig. Einige Merkmale wurden eingeführt, um insbesondere Blinden und Sehbehinderten das Erkennen der verschiedenen Stückelungen zu erleichtern. So ist der Rand der einzelnen Münzen unterschiedlich gestaltet.

Bei echten Münzen hebt sich das Münzbild klar abgegrenzt und fühlbar von der übrigen Münzoberfläche ab. Alle Konturen sind deutlich und scharf ausgeprägt und klar zu erkennen. Das gilt auch für den Münzrand. Bei der Münze zu 2 Euro erschwert die eingeprägte Schrift auf dem Münzrand das Fälschen zusätzlich. Auch die Zweifarbigkeit der 1- und 2-Euro-Münzen erhöht den Fälschungsschutz.

Aufgrund eines speziellen Sicherheitsmaterials ist der Mittelteil der 1- und 2-Euro-Münzen leicht magnetisch, d. h., die Münzen werden von einem Magneten leicht angezogen und fallen bei leichtem Schütteln wieder vom Magneten ab. Der äußere Münzring der echten 1- und 2-Euro-Münzen sowie die echten 10-, 20- und 50-Cent-Münzen sind nicht magnetisch. Echte 1-, 2- und 5-Cent-Münzen aus kupferbeschichtetem Stahl sind stark magnetisch. Fälschungen unterscheiden sich oft farblich von echten Münzen.

Die Ränder der Euro-Münzen

fein geriffelt,
Schriftprägung je nach
Land verschieden

unterbrochen geriffelt

feine Wellenstruktur

glatt mit 7 Kerben,
„Spanische Blume"

feine Wellenstruktur

glatt

glatt
mit Einkerbung

glatt

Überzogene oder beschichtete Falschmünzen werden nach kurzer Zeit fleckig, weil sich die Beschichtung abnutzt und das andersfarbige Grundmaterial hervortritt. Erkennbar ist dies vor allem an der fühlbaren Prägung.

2.4.3 Herstellung

Die Wahl des Münzmetalls war eine Frage der Zweckmäßigkeit und der Kosten. Die Münzlegierungen dürfen insbesondere nicht rostempfindlich sein und sollen sich im Gebrauch wenig abnutzen. Hautkontakt soll zudem keine Allergien auslösen. Wichtig ist auch, dass der Metallwert unter dem Nennwert der Münze bleibt. Sonst bestünde die Gefahr, dass die Münzen eingeschmolzen und als Ware gehandelt werden. Metallwerke liefern den Münzstätten die Münzrohlinge im Auftrag der Regierungen prägefertig. Diese Rohlinge (Ronden) werden in Prägemaschinen zwischen zwei Stahlstempeln zu Münzen geprägt.

In Deutschland stellen fünf staatliche Münzstätten die Euro-Münzen her. Dabei weist das eingeprägte Münzzeichen in Form eines Buchstabens auf die Herkunft jeder Münze hin. Die scheinbar willkürlich gewählte Buchstabenfolge geht auf die kaiserliche Regierung zurück, die unmittelbar nach Gründung des Deutschen Reiches im Jahre 1871 alle damals existierenden Münzstätten alphabetisch „durchnummerierte".

Zeichen der Münzprägeanstalten in Deutschland

Buchstabe	Prägeanstalt	bis
A	Berlin	heute
B	Hannover	1878
C	Frankfurt/M.	1880
D	München	heute
E	Dresden	1953
F	Stuttgart	heute
G	Karlsruhe	heute
H	Darmstadt	1883
J	Hamburg	heute

Dabei standen die Buchstaben A bis J für die Prägeanstalten. Die Prägeanstalten mit den Buchstaben A, D, F, G und J bestehen noch heute.

2.4.4 Gedenk- und Sammlermünzen

Neben Umlaufmünzen geben Staaten zu besonderen Anlässen oder zur Würdigung herausragender Persönlichkeiten auch Gedenk- und Sammlermünzen aus. So können die Länder des Euroraums 2-Euro-Münzen mit besonders gestalteten nationalen Seiten prägen lassen. Diese 2-Euro-Gedenkmünzen gelten wie die regulären 2-Euro-Münzen in allen Euro-Ländern als gesetzliches Zahlungsmittel.

In Deutschland beispielsweise erscheint seit 2006 jährlich eine besondere 2-Euro-Münze, deren Motiv jeweils einem Bundesland gewidmet ist. Die Reihenfolge der Ausgabe entspricht dem jeweiligen Vorsitz der Länder im Bundesrat. Anfang 2015 erschien auch zum Gedenken an die deutsche Wiedervereinigung eine 2-Euro-Münze.

Deutsche 2-Euro-Gedenkmünzen:
2016 (Sachsen), 2017 (Rheinland-Pfalz), 2015 („25 Jahre Deutsche Einheit")

2-Euro-Gedenkmünzen aller Euro-Länder mit gemeinsamen Motiven (deutsche Ausgaben):
2007 (50 Jahre EU), 2009 (10 Jahre WWU), 2012 (10 Jahre Euro-Bargeld), 2016 (30 Jahre EU-Flagge)

Andere Regierungen geben ebenfalls 2-Euro-Gedenkmünzen aus. Zum Beispiel erschienen in Belgien, Italien, Finnland und Portugal 2008 besondere
2-Euro-Münzen zum 60. Jahrestag der Allgemeinen Erklärung der Menschen-
rechte. 2007 prägten alle Euro-Länder eine
2-Euro-Münze zum 50-jährigen Bestehen der
Europäischen Union (EU) mit einheitlichem
Motiv, ebenso 2009 zum 10. Jahrestag der
Europäischen Wirtschafts- und Währungsunion (WWU) und 2012 zum 10. Jahrestag
der Euro-Bargeld-Einführung. 2016 erschien
die gemeinsame Münze „30 Jahre EU-Flagge".
2013 gaben Frankreich und Deutschland als
Zeichen ihrer Freundschaft eine gemeinsame
2-Euro-Münze aus.

Deutsche Ausgabe

Darüber hinaus gibt es höherwertige Euro-Sammlermünzen, die nur im Aus-
gabeland Gültigkeit als Zahlungsmittel besitzen. Seit der Euro-Bargeld-Einführung gibt die Bundesregierung neben Sammlermünzen zu 10 Euro auch höherwertige Sammlermünzen zu 100 Euro in Gold heraus, einmalig brachte sie
2002 auch eine 200-Euro-Münze in Gold in Umlauf. Teil dieses höherwertigen
Münzprogramms sind Sammlermünzen zu 100 Euro in Gold, die im Rahmen
einer mehrjährigen Serie mit Motiven von Orten des UNESCO-Welterbes in
Deutschland ausgegeben werden, sowie eine 100-Euro-Goldmünze anlässlich
der Fußballweltmeisterschaft 2006.

Seit 2010 erscheint jährlich eine Sammlermünze zu 20 Euro in Gold, die bis
2015 dem deutschen Wald, ab 2016 heimischen Vögeln gewidmet ist. 2016
wurde die Ausgabe von 10-Euro-Münzen eingestellt. Stattdessen erscheinen
Silbermünzen zu 20 Euro.

Sammlermünzen 2017 in Gold: 100 Euro (UNESCO-Welterbe, Eisleben und Wittenberg),
50 Euro (Lutherrose) und 20 Euro (Heimische Vögel – Pirol)

Deutsche Münzserien für Sammler

2016 ist die erste 20-Euro-Münze in Silber erschienen – mit einer Darstellung von Rotkäppchen aus der Serie „Grimms Märchen". Die Kinder- und Hausmärchen der Brüder Grimm feierten 2012 ihren 200. Jahrestag. Seitdem hat Deutschland sechs Märchen-Münzen ausgegeben. 2018 erscheint die Silbermünze „Der Froschkönig".

10 Euro, 2012,
200 Jahre Grimms
Märchen

10 Euro, 2013
Schneewittchen

10 Euro, 2014
Hänsel und Gretel

10 Euro, 2015
Dornröschen

20 Euro, 2016
Rotkäppchen

20 Euro, 2017,
Bremer Stadt-
musikanten

Eine weitere Münzserie ging 2016 an den Start: 5-Euro-Münzen mit innovativem farbigen und lichtdurchlässigen Polymerring. Dieser Ring macht die Münzen nicht nur schöner, sondern auch fälschungssicherer. Den Auftakt zu dieser neuen Münzgeneration bildete 2016 die Weltneuheit „Planet Erde" mit blauem Polymerring. Ab 2017 gibt es jährlich eine Münze dieser Art zum Thema „Klimazonen der Erde", beginnend mit der 5-Euro-Münze „Tropische Zone". Die nächsten vier Jahre erscheinen Münzen – mit jeweils andersfarbigem Polymerring – zu folgenden Klimazonen: Subtropen (2018), gemäßigte Zone (2019), subpolare (2020) und polare Zone (2021).

5 Euro, Planet Erde, 2016

5 Euro, Tropische Zone, 2017

2.5 Falschgeld

Immer wieder versuchen sich Fälscher als Bargeldproduzenten. Sie setzen darauf, dass sich viele Menschen die Banknoten und Münzen nicht genau genug ansehen und nicht auf die Sicherheitsmerkmale achten. Falschgeld herzustellen oder in Umlauf zu bringen, ist strafbar. Auch wer wissentlich gefälschte Banknoten oder Münzen, die ihm „angedreht" wurden, weitergibt, begeht eine Straftat. Wer nicht nachweisen kann, von wem er Falschgeld bekommen hat, muss den Schaden selbst tragen.

Das Eurosystem beobachtet Neuentwicklungen in der Druck- und Reproduktionstechnologie und überwacht das Falschgeldaufkommen. Die nationalen Zentralbanken analysieren die Fälschungen, die in ihrem Land anfallen, verwahren diese und pflegen die Untersuchungsergebnisse in eine europaweite Datenbank ein. Bei Maßnahmen zur Falschgeldprävention und -bekämpfung arbeiten die Zentralbanken eng mit den nationalen und internationalen Polizeibehörden zusammen.

Banknotenfälschungen im Zahlungsverkehr 2016 in Deutschland

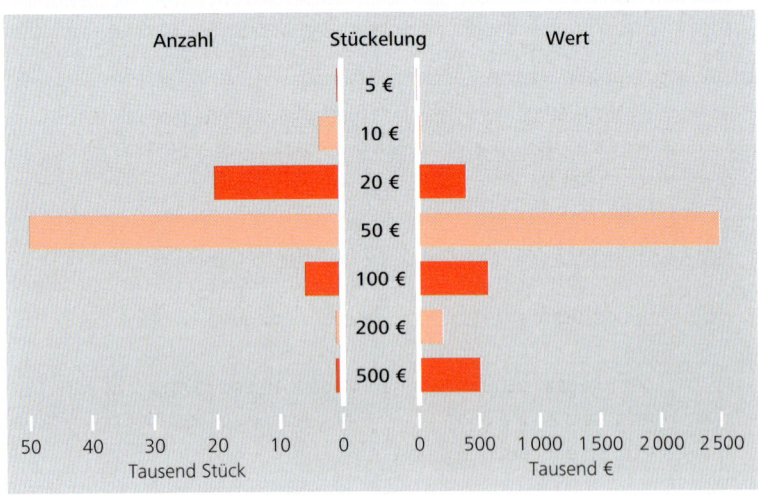

Falschgeldaufkommen

2016 wurden vom Eurosystem rd. 684.000 falsche Euro-Banknoten aus dem Zahlungsverkehr gezogen. Davon stammten rund 82.200 Stück im Gesamtbetrag von 4,2 Millionen Euro aus Deutschland. 86 % der Euro-Fälschungen in Deutschland waren 50- und 20-Euro-Noten. Mit rund zehn Fälschungen auf 10.000 Einwohner pro Jahr ist das Aufkommen falscher Banknoten in Deutschland jedoch ausgesprochen niedrig. Das Aufkommen an Münzfälschungen ist noch geringer. Von den knapp 33.000 Euro-Münz-Fälschungen im deutschen Zahlungsverkehr im Jahr 2016 entfielen 79 % auf die 2-Euro-Münze.

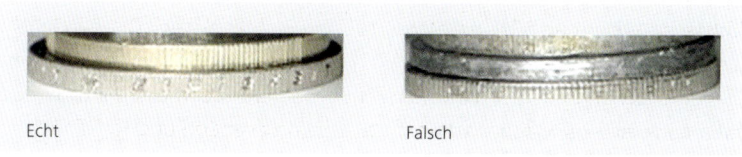

Echt   Falsch

Verhalten bei Falschgeld

Mit etwas Aufmerksamkeit können sich alle anhand der Sicherheitsmerkmale vor der Annahme falscher Banknoten schützen. Bei Verdacht auf Falschgeld sollte man einige Verhaltensregeln beachten: Verdächtige Banknoten sollten möglichst wenig berührt werden, um Fingerabdrücke nicht zu verwischen. Der Vergleich mit

Falschgeld soll sofort der Polizei übergeben werden.

einer echten Note erleichtert das Prüfen eines verdächtigen Geldscheins. In Zweifelsfällen kann man auch bei seiner Hausbank oder in einer Filiale der Bundesbank um Rat fragen.

Eindeutig als falsch erkanntes Geld soll mit Angaben zu dessen Herkunft sofort der Polizei übergeben werden. Wenn bekannt, sind auch Informationen zu Aussehen und besonderen Merkmalen des Verbreiters hilfreich.

Noch strengere Regeln gelten für Geschäftsbanken und Wertdienstleister. Sie müssen bereits Geld an die Behörden mit Angaben zur Herkunft abgeben, bei dem nur Verdacht auf Falschgeld besteht.

Die Filialen der Deutschen Bundesbank

In den 35 Filialen der Bundesbank kann D-Mark-Bargeld gebührenfrei und unbefristet in Euro umgetauscht und Euro-Bargeld bei Verdacht auf Falschgeld zur Prüfung vorgelegt werden.

Das Wichtigste im Überblick:

- Bargeld bezeichnet Münzen und Banknoten. Euro-Banknoten und -Münzen sind gesetzliches Zahlungsmittel im Euroraum.

- Banknoten werden von der Zentralbank (Notenmonopol) und Münzen vom Staat (Münzregal) ausgegeben.

- Der Euro ist nicht durch Gold oder andere Edelmetalle gedeckt. Das Eurosystem ist nicht verpflichtet, Euro-Bargeld in Gold oder andere Vermögenswerte zu tauschen.

- Nach wie vor wird in Deutschland ein großer Teil aller Zahlungen im Alltag mit Bargeld getätigt.

- In Deutschland bringt die Bundesbank das Bargeld in Umlauf. Sie ersetzt abgenutztes und beschädigtes Bargeld und zieht Falschgeld aus dem Verkehr.

- Es gibt sieben Euro-Banknoten unterschiedlicher Farbe und Größe. Sie sind mit Sicherheitsmerkmalen ausgestattet, die es allen erlauben, Banknoten auf Echtheit zu prüfen.

- 2013 begann das Eurosystem mit der Ausgabe der zweiten Euro-Banknotenserie mit verbesserten Sicherheitsmerkmalen. Beide Serien sind gesetzliches Zahlungsmittel im Euroraum.

- Es gibt acht Euro-Münzen mit jeweils einer einheitlich europäischen und einer von jedem Land individuell gestalteten Seite.

- Auch alle 2-Euro-Gedenkmünzen sind gesetzliches Zahlungsmittel im gesamten Euro-Währungsgebiet.

- Falschgeld ist sofort der Polizei zu übergeben. Wer Falschgeld herstellt oder es wissentlich in Umlauf bringt, macht sich strafbar.

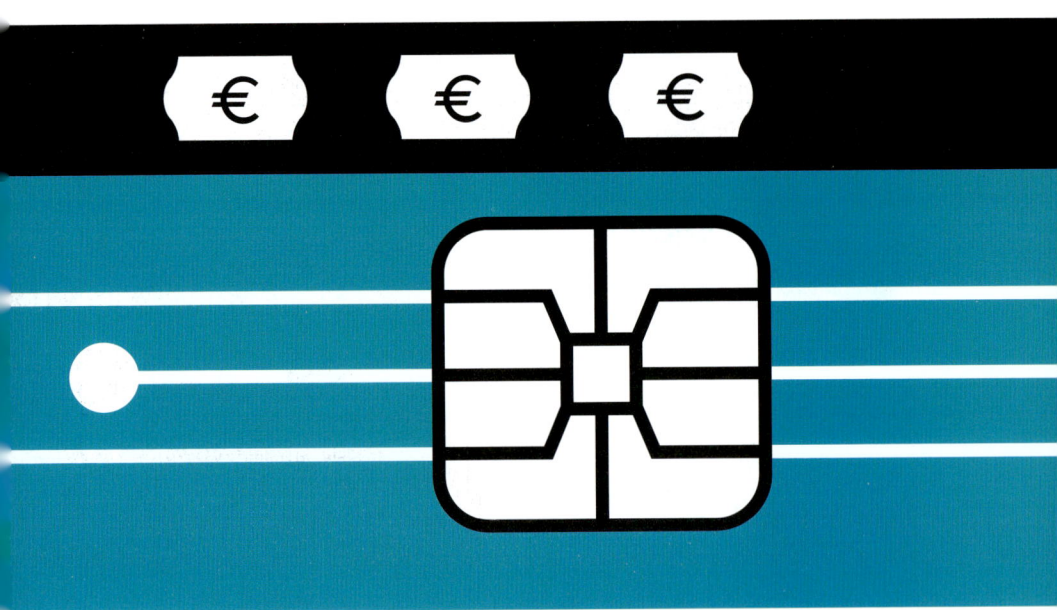

Kapitel 3
Das Buchgeld

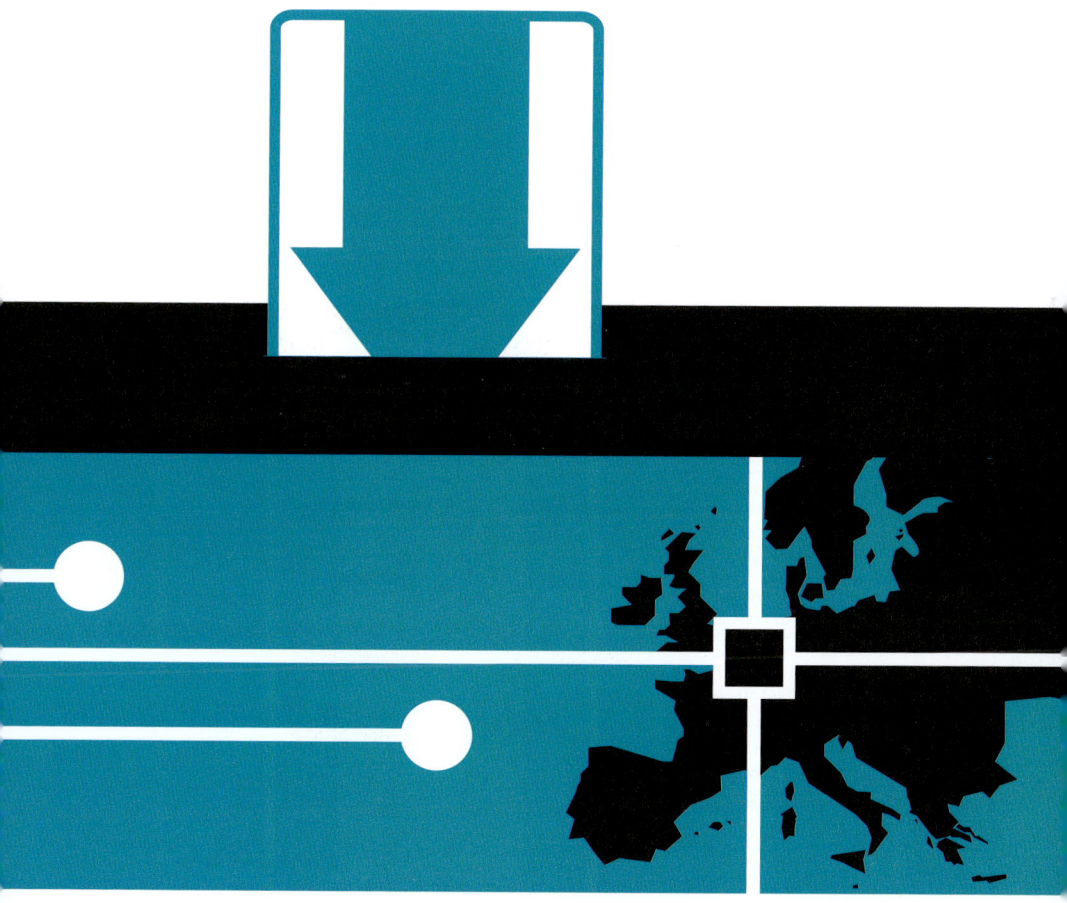

3. Das Buchgeld

So wichtig Münzen und Banknoten für den wirtschaftlichen Alltag sind, bildet Bargeld doch nur einen kleinen Teil des Geldumlaufs zu Zahlungszwecken. Größere Zahlungen lassen sich von Konto zu Konto bequemer und sicherer vornehmen als mit Bargeld. Das wussten schon die Kaufleute und Händler des Mittelalters. Vor allem in Oberitalien entwickelten die Geldwechsler so etwas wie ein Bankensystem. Deshalb sind heute noch zahlreiche Fachausdrücke des Geldwesens italienischen Ursprungs.

3.1 Geld, das man nicht sehen kann

Das „unsichtbare" Geld wird in einer Art Kreislauf von Bankkonto zu Bankkonto weitergegeben, weshalb es oft als Giralgeld (aus dem Italienischen: giro = Rundreise) bezeichnet wird. Häufig spricht man auch von Buchgeld, weil es nur in den Büchern der Banken erscheint. Mittlerweile erfolgt diese Aufzeichnung fast ausschließlich in elektronischer Form. Dabei handelt es sich vor allem um täglich fällige Einlagen („Sichteinlagen")

Sichteinlagen stehen jederzeit für Zahlungen und Barabhebungen zur Verfügung.

sowie Termin- und Spareinlagen von „Nichtbanken", d.h. Wirtschaftsunternehmen, öffentlichen Institutionen und Privatleuten. Sichteinlagen können jederzeit abgehoben werden, bestehen für die Bank also nur „auf Sicht". Sie werden überwiegend gering oder gar nicht verzinst.

Buchgeld ist Geld, aber kein gesetzliches Zahlungsmittel

Auf den ersten Blick mag es nicht so recht einleuchten, wieso Sichteinlagen zum Geld gerechnet werden. Doch bei näherer Betrachtung sind die Unterschiede zu Bargeld nicht so groß, denn ein Sichtguthaben erfüllt die Funktionen von Bargeld. Es steht jederzeit für Umbuchungen sowie für Bargeldauszahlungen zur Verfügung. Ende Mai 2017 war das Gesamtvolumen der Sichteinlagen im Euroraum mit 6.384 Milliarden Euro fast sechsmal so groß wie der Bargeldumlauf mit 1.092 Milliarden Euro.

Im Unterschied zu Banknoten und Münzen ist das Buchgeld kein gesetzliches Zahlungsmittel. Dennoch wird es im Wirtschaftsleben allgemein akzeptiert. Dies beruht insbesondere darauf, dass das Buchgeld jederzeit wieder in Bargeld umgewandelt werden kann. Umgekehrt wird Bargeld zu Buchgeld, wenn es auf ein Konto eingezahlt wird (z. B. die Tagesein-

Buchgeld kann in Bargeld, Bargeld in Buchgeld umgewandelt werden.

nahmen im Einzelhandel). Umwandlungen von Buchgeld in Bargeld und umge-kehrt sind also gängige Praxis. Der gesamte Geldbestand der Nichtbanken – Bargeld plus Buchgeld – bleibt dabei unverändert.

3.2 „Transport" von Buchgeld – Organisation des bargeldlosen Zahlungsverkehrs

Damit das Buchgeld seine Funktion als Zahlungsmittel erfüllen kann, sorgt das Bankensystem für seinen Umlauf zwischen den Konten. Bargeldlose Zahlun-gen gehen immer „stofflos" vor sich, also durch Übermittlung der Zahlungsin-formation und Buchungen auf den Konten. Der Kontostand des Zahlers wird vermindert, während sich jener des Zahlungsempfängers erhöht. Wenn beide ihre Konten bei verschiedenen Banken haben, muss die Zahlung von diesen beiden beteiligten Banken transportiert und gebucht werden.

Beim Zahlungsverkehr wird zwischen Massen- und Individualzahlungsverkehr unterschieden. Im Massenzahlungsverkehr werden nicht so eilige Zahlungen mit zumeist nicht hohen Beträgen abgewickelt. Das sind Zahlungen des tägli-chen Lebens (z. B. Bezahlen von Telefonrechnungen, Gehältern oder Mieten). Beim Individualzahlungsverkehr handelt es sich meist um Zahlungen mit ho-hen Beträgen, die innerhalb von Sekunden abgewickelt werden.

Massenzahlungsverkehr

Eine Zahlung kann direkt zwischen zwei Banken verrechnet werden, wenn die eine jeweils ein Konto bei der anderen hat (Korrespondenzbankgeschäft). Ist dies nicht der Fall, muss entweder eine weitere Bank oder ein sogenanntes Clearinghaus zwischengeschaltet werden. Die weitere Bank bzw. das Clea-ringhaus sorgt für Weiterleitung der Zahlungsinformation und Buchung auf den Konten der beteiligten Banken. Die Banken versuchen, den bargeldlosen Zahlungsverkehr so zu organisieren, dass das Geld möglichst lange im eigenen Haus bzw. in der eigenen Bankengruppe bleibt. Daher haben sich die Banken gleicher Bankengruppen zu Gironetzen zusammengeschlossen, innerhalb derer die Zahlungen zwischen den angeschlossenen Banken ausgetauscht und gebucht werden.

Die deutschen Gironetze sind miteinander verbunden und ermöglichen so eine Weiterleitung der Zahlung an Banken anderer Bankengruppen. Alternativ können die Zahlungen über Clearinghäuser wie zum Beispiel STEP2 der Euro Banking Association ausgetauscht und gebucht werden. Zur Unterstützung des bargeldlosen Massenzahlungsverkehrs betreibt auch die Deutsche Bundesbank ein eigenes Clearinghaus (Elektronischer Massenzahlungsverkehr EMZ bzw. SEPA Clearer). Auch Banken ohne Einbindung in die deutschen Gironetze haben über dieses Clearinghaus Zugang zum

Jede bargeldlose Zahlung wird zwischen den beteiligten Banken verrechnet.

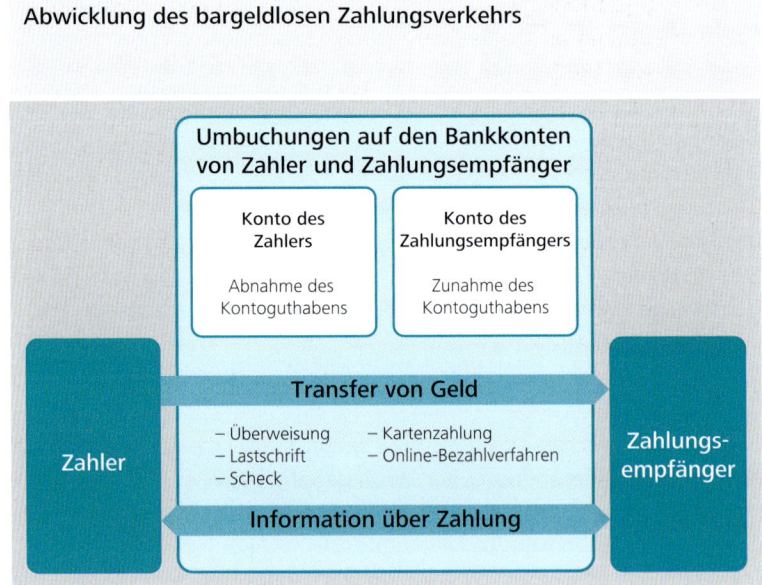

Abwicklung des bargeldlosen Zahlungsverkehrs

Umbuchungen auf den Bankkonten von Zahler und Zahlungsempfänger

Konto des Zahlers — Abnahme des Kontoguthabens

Konto des Zahlungsempfängers — Zunahme des Kontoguthabens

Transfer von Geld
- Überweisung
- Lastschrift
- Scheck
- Kartenzahlung
- Online-Bezahlverfahren

Information über Zahlung

Zahler

Zahlungsempfänger

bargeldlosen Zahlungsverkehr mit allen übrigen Banken in Deutschland und Europa.

Individualzahlungsverkehr über TARGET2

TARGET steht für **T**rans-European **A**utomated **R**eal-time **G**ross Settlement **Ex**press **T**ransfer System und ist das Zahlungsverkehrssystem der Zentralbanken des Eurosystems. Es dient der Abwicklung eilbedürftiger Euro-Zahlungen in Echtzeit. TARGET wurde mit der Einführung des Euro Anfang 1999 in Betrieb genommen und zwischen November 2007 und Mai 2008 Schritt für Schritt durch TARGET2 abgelöst. TARGET2 ist eine technische Weiterentwicklung des ursprünglichen Systems und wurde von der Deutschen Bundesbank, der Banque de France und der Banca d'Italia entwickelt, die es auch betreiben. Eigentümer sind die Europäische Zentralbank und die nationalen Zentralbanken der Euro-Länder.

Über TARGET2 sind alle Banken im Euroraum direkt oder indirekt miteinander verbunden, mittelbar können auch viele weitere Banken in aller Welt erreicht werden. Das computergestützte System wird von den Zentralbanken für die Abwicklung geldpolitischer Geschäfte genutzt, beispielsweise für die Auszahlung von Krediten an die Banken. Diese nutzen TARGET2, um eilbedürftige Individualzahlungen abzuwickeln. Ein Beispiel ist, dass ein Unternehmen für den Kauf eines Grundstücks einen großen Euro-

Mit TARGET2 werden Großbetragszahlungen schnell und sicher abgewickelt.

Betrag an ein anderes Unternehmen überweisen muss. Mit Hilfe von TARGET2 können solche Aufträge in Sekundenschnelle („in Echtzeit") vorgenommen werden. Dazu werden Buchungen auf den Konten der an dieser Transaktion beteiligten Geschäftsbanken bei den Zentralbanken des Eurosystems vorgenommen. Weiter nutzen die Geschäftsbanken TARGET2, um Zahlungen untereinander abzuwickeln. Ein Beispiel ist eine Euro-Zahlung, die sich aus einem Devisengeschäft ergibt, oder aus einem Interbankenkredit, wenn eine Geschäftsbank einer anderen einen Kredit gewährt hat.

Außerdem wird TARGET2 von Betreibern anderer Systeme aus der Finanz-
branche genutzt, um ihre Buchungen auf den Bankkonten in TARGET2 vorzunehmen. Dabei handelt es sich beispielsweise um Systeme, die Wertpapiergeschäfte verrechnen. Der Preis für ein gekauftes Wertpapier wird über TARGET2 bezahlt. Auch das Massenzahlungsverkehrssystem der Deutschen Bundesbank nutzt TARGET2 für die Buchung der zwischen den Banken ausgetauschten Zahlungen. Die sekundenschnellen Zahlungen, die das System ermöglicht sowie die vielen Möglichkeiten zur Liquiditätssteuerung in TARGET2 (z. B. das Setzen von Limiten, die Reservierung von Geldbeträgen für bestimmte Zahlungen), schaffen eine wichtige Grundlage sowohl für ein effizientes Liquiditätsmanagement der Geschäftsbanken als auch für die Umsetzung der Geldpolitik des Eurosystems. Über TARGET2 fließen pro Tag im Durchschnitt rund 350.000 Zahlungen im Wert von circa 1,7 Billionen Euro. Während eines Jahres werden von TARGET2 knapp 90 Millionen Zahlungen im Gesamtwert von rund 440 Billionen Euro abgewickelt.

> *TARGET2 gewährleistet als Zahlungsverkehrssystem die reibungslose Umsetzung der Geldpolitik.*

Einheitlicher Euro-Zahlungsverkehrsraum (SEPA)

Im baren Zahlungsverkehr besteht mit dem Euro-Bargeld bereits seit 2002 eine gemeinsame Währung und ein einheitliches Zahlungsmittel im Euroraum. Um auch den bargeldlosen Euro-Zahlungsverkehr zu vereinheitlichen, gibt es seit einigen Jahren die SEPA-Überweisung und die SEPA-Lastschrift. SEPA steht dabei für „Single Euro Payments Area" (Einheitlicher Euro-Zahlungsverkehrsraum). Dem SEPA-Raum gehören alle Länder der Europäischen Union sowie Island, Liechtenstein, Monaco, Norwegen, San Marino und die Schweiz an.

> *SEPA erleichtert den grenzüberschreitenden Zahlungsverkehr in Europa.*

Innerhalb des SEPA-Raumes wird bei SEPA-Überweisungen und -Lastschriften nicht mehr zwischen nationalen und grenzüberschreitenden Zahlungen unterschieden. Es wird noch daran gearbeitet, einen einheitlichen europäischen Kartenzahlungsraum zu schaffen.

Der einheitliche Euro-Zahlungsverkehrsraum (SEPA)

IBAN

Seit Februar 2014 ist bei bargeldlosen Zahlungen in Euro (Überweisungen und Lastschriften) anstelle
von Kontonummer und Bankleitzahl die IBAN (International Bank

*Seit Februar 2014 wird bei
bargeldlosen Zahlungen die
IBAN verwendet.*

Account Number) zu verwenden. Bei grenzüberschreitenden Zahlungen war
bis Februar 2016 zusätzlich auch noch der BIC (Business Identifier Code) –
eine Art internationale Bankleitzahl – nötig. Mittlerweile ist die Angabe der
IBAN für nahezu alle SEPA-Zahlungen ausreichend.

Der BIC wird nur noch für Überweisungen in Länder außerhalb des europäischen Zahlungsverkehrsraums sowie in die Schweiz, nach San Marino und Monaco benötigt.

Die IBAN ist in den einzelnen Ländern unterschiedlich aufgebaut, besteht aber aus maximal 34 Stellen, wobei die ersten vier Stellen einheitlich festgelegt sind. Jedem Konto lässt sich eindeutig eine IBAN zuordnen. In Deutschland wird die IBAN mit 22 Stellen dargestellt und ist wie folgt aufgebaut:

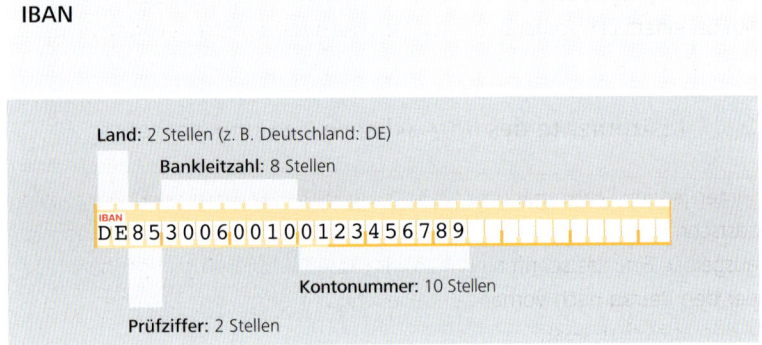

IBAN

Land: 2 Stellen (z. B. Deutschland: DE)

Bankleitzahl: 8 Stellen

IBAN
DE 85 30060010 0123456789

Kontonummer: 10 Stellen

Prüfziffer: 2 Stellen

Die ersten beiden Stellen geben die Länderkennung wieder, gefolgt von zwei Prüfziffern sowie der achtstelligen deutschen Bankleitzahl. Die letzten zehn Stellen sind für die Kontonummer vorgesehen. Wenn die Kontonummer weniger als zehn Stellen umfasst, wird sie rechtsbündig gesetzt und die „fehlenden" Plätze zwischen ihr und der Bankleitzahl mit Nullen aufgefüllt.

3.3 Bargeldlos bezahlen

Damit das Buchgeld seine Funktion als Zahlungsmittel erfüllen kann, sorgt das Bankensystem dafür, dass es zwischen den Konten hin und her fließen kann. Es stellt zwei Instrumente (Überweisung und Lastschrift) bereit, welche die Kundschaft mittels verschiedener Verfahren („Zugangswege") einsetzen kann. Inzwischen gibt es eine große Zahl unterschiedlicher Verfahren. Sie unterscheiden sich unter anderem in den Sicherheitsvorkehrungen, die zum Einsatz kommen.

Sicherheit im bargeldlosen Zahlungsverkehr

Im bargeldlosen Zahlungsverkehr spielen Sicherheitsaspekte für alle Beteiligten eine wichtige Rolle. Ein zentraler Aspekt ist dabei: Banken und Anbieter von Zahlungsdiensten müssen prüfen, ob die Zahlung von einer berechtigten Person veranlasst wurde. Traditionell wird für diese Prüfung die persönliche Unterschrift genutzt. Inzwischen gibt es zahlreiche weitere Verfahren, die zum Teil auch auf das Online-Banking und Zahlvorgänge im Internet ausgelegt sind. Diese Verfahren stützen sich auf die Kriterien Besitz, (Debit- oder Kreditkarte, Smartphone), Wissen (Persönliche Identifikationsnummer PIN, Passwort) und Biometrie (Fingerabdruck, Iris-Erkennung). Um die Sicherheit zu erhöhen, sollten bei einem Zahlvorgang mindestens zwei dieser Kriterien geprüft werden.

3.3.1 Instrumente des bargeldlosen Zahlungsverkehrs

Hinter jedem Zahlvorgang steht üblicherweise eine Überweisung oder eine Lastschrift. Eine Überweisung geht immer vom Zahler aus und wird von ihm ausgelöst. Eine Lastschrift hingegen wird vom Zahlungsempfänger beauftragt, der den Betrag nach vorheriger Genehmigung durch den Zahler von dessen Konto abbuchen lässt.

Überweisung

Bei einer Überweisung erteilt der Zahlungspflichtige seiner Bank den Auftrag, von seinem Konto einen bestimmten Betrag auf das Konto eines bestimmten Empfängers (häufig bei einer anderen Bank) zu übertragen. Das eigene Konto wird dann „belastet", das des Zahlungsempfängers erhält eine Gutschrift als Sichteinlage. Für Überweisungen in Euro innerhalb Deutschlands und ins europäische Ausland steht seit Februar 2008 ein einheitliches europaweites Verfahren, die SEPA-Überweisung, zur Verfügung.

> *Zahlungen per Überweisung gehen vom Zahler aus.*

Der Dauerauftrag ist eine besondere Form der Überweisung. Er bietet sich an, wenn regelmäßig wiederkehrende Zahlungen in gleichbleibender Höhe geleistet werden müssen (z. B. für die Miete oder für Vereinsbeiträge).

Der Zahler erteilt seiner Bank einmal den Auftrag, zu regelmäßigen Terminen (z. B. am ersten Tag eines jeden Monats) einen festen Betrag auf das Konto des Zahlungsempfängers zu überweisen.

Derzeit dauert es in der Regel einen Tag, bis der überwiesene Betrag dem Empfänger zur Verfügung steht. Damit Überweisungen genauso schnell laufen wie E-Mails oder SMS, wird zurzeit in der EU an neuen schnellen Überweisungen gearbeitet: Instant Payments. Ab November 2017 sollen Geldbeträge zwischen Zahler und Zahlungsempfänger in Sekunden übertragen werden können, und zwar so, dass der Zahlungsempfänger praktisch sofort über den gutgeschriebenen Betrag verfügen kann. Die Abwicklung von Instant Payments soll – anders als im klassischen Überweisungsverkehr – grundsätzlich an 365 Tagen im Jahr und 24 Stunden am Tag möglich sein.

Lastschrift

Bei einer Lastschrift darf der Zahlungsempfänger nach vorheriger Genehmigung einen Betrag vom Konto des Zahlers zu seinen Gunsten abbuchen lassen. Die Lastschrift bietet sich vor allem für unregelmäßige oder in der Höhe wechselnde Zahlungen, wie zum Beispiel monatlich unterschiedlich hohe Mobilfunkgebühren, an.

> **MUSTER GMBH, ROSENWEG 2, 12345 BEISPIELSTADT**
>
> Gläubiger-Identifikationsnummer DE99ZZZ05678901234
> Mandatsreferenz 987 543 CB2
>
> **SEPA-Lastschriftmandat**
>
> Ich ermächtige die Muster GmbH, Zahlungen von meinem Konto mittels Lastschrift einzuziehen. Zugleich weise ich mein Kreditinstitut an, die von der Muster GmbH auf mein Konto gezogenen Lastschriften einzulösen.

SEPA-Lastschriftmandat (Ausschnitt)

Seit Februar 2014 werden auch Lastschriften im europaweit einheitlichen Verfahren als SEPA-Lastschrift eingezogen. Dabei wird ein SEPA-Lastschriftmandat als rechtliche Legitimation für den Einzug von SEPA-Lastschriften benötigt. Es umfasst sowohl die Zustimmung des Zahlers gegenüber dem Zahlungsempfänger zum Einzug der Zahlung als auch den Auftrag an die eigene Bank zur Ausführung der Zahlung.

Es gibt zwei Lastschriftverfahren: Die SEPA-Basislastschrift und die SEPA-Firmenlastschrift. SEPA-Basislastschriften stehen Verbrauchern und Unternehmen offen. Basislastschriften, bei denen ein gültiges Mandat vorliegt, können auf Verlangen des Zahlers bis zu acht Wochen nach dem Belastungstag ohne Angabe von Gründen zurückgebucht („zurückgegeben") werden (fehlt das Mandat, verlängert sich die Frist auf 13 Monate). Die SEPA-Firmenlastschrift ist ausschließlich im Verkehr mit Unternehmen möglich, eine Möglichkeit zur Rückgabe besteht dabei nicht.

Um als Zahlungsempfänger Lastschriften auf Basis des SEPA-Lastschriftverfahrens nutzen zu können, benötigt der Zahlungsempfänger eine Gläubiger-Identifikationsnummer, die ihn eindeutig identifiziert. In Deutschland ist diese 18 Stellen lang und bei der Deutschen Bundesbank über das Internet zu beantragen. Die Mandatsreferenz ist ein vom Zahlungsempfänger individuell vergebenes Kennzeichen eines Mandats und ermöglicht in Verbindung mit der Gläubiger-Identifikationsnummer dessen eindeutige Identifizierung.

Der Gläubiger ist verpflichtet, dem Zahler durch eine Vorabinformation (Pre-Notification) Fälligkeitsdatum und Betrag einer Lastschrift rechtzeitig (in der Regel mindestens 14 Kalendertage vor Fälligkeit) anzukündigen, damit sich dieser darauf einstellen und dafür sorgen kann, dass das Konto gedeckt ist.

3.3.2 Zugangswege zum bargeldlosen Bezahlen

Um eine Überweisung oder Lastschrift auszulösen, gibt es in Abhängigkeit von der Zahlungssituation unterschiedliche Verfahren. Diese Zugangswege werden von Banken und spezialisierten Zahlungsdienstleistern angeboten.

Überweisungsformulare

Für Überweisungen stellen die Banken ihren Kunden einheitliche, elektronisch lesbare papierne Vordrucke zur Verfügung (beleghafte Überweisung). Weitaus üblicher ist es heutzutage aber, Überweisungsformulare im Online-Banking oder an Terminals in der Bankfiliale auszufüllen (beleglose Überweisung). Wenn ein Kontoinhaber eine Überweisung per Online-Banking ausführen möchte, muss er sich zunächst mit seiner PIN oder einem Passwort am Konto anmelden.

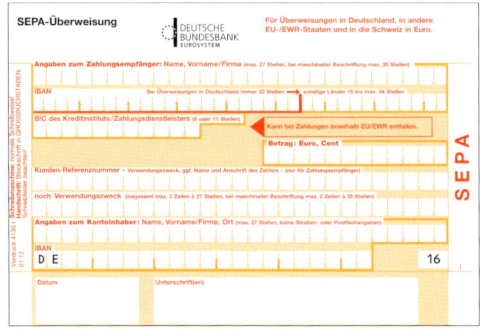

SEPA-Überweisungsträger

Die Überweisung selbst muss in der Regel durch eine Transaktionsnummer (TAN) bestätigt werden. Um die TAN zu erstellen, werden verschiedene Techniken angeboten: Beispielsweise wird die TAN direkt über ein Kartenlesegerät errechnet oder auf Anforderung von der Bank als SMS an ein Smartphone geschickt. Das ehemals gängige Verfahren, bei dem die Bank dem Kunden ausgedruckte TAN-Listen per Post zuschickt, wird aufgrund zwischenzeitlich erhöhter Sicherheitsstandards schon bald der Vergangenheit angehören.

Debitkarte

Außer mit Bargeld zahlen viele Kunden heutzutage an der Ladenkasse mit der Debitkarte (frühere Bezeichnung: „ec-Karte", heutige Bezeichnung „giro-card"). Diesen Typ „Plastikgeld" nennt man „Debitkarte" (englisch: to debit = belasten), weil bei diesem Verfahren das Konto des Zahlers – anders als bei der

Debitkarte

Kreditkarte – sofort mit dem Zahlbetrag belastet wird. Zur Auslösung des Zahlvorgangs gibt der Kunde seine Karte dem Händler, der die nötigen Daten zum Einzug des Betrags vom Konto des Kunden über ein elektronisches Kassenterminal von dem Chip auf der Karte ausliest. Die deutschen Einzelhändler nutzen dabei zwei unterschiedliche Zahlverfahren, die sich durch die Zahlungsgarantie und die Höhe der Kosten für den Händler unterscheiden.

Bei einem System (girocard) autorisiert der Kunde die Zahlung durch Eingabe einer PIN am Terminal. Daraufhin wird online geprüft, ob die Karte nicht gesperrt ist und der Kar-

Zahlungen an der Kasse können bargeldlos mit der Debitkarte getätigt werden.

teninhaber über den zu zahlenden Betrag verfügt. Bei positiver Rückmeldung wird eine Überweisung ausgelöst, die Zahlung ist dem Händler garantiert. Das zweite Zahlverfahren ist ein elektronisches Lastschriftverfahren. Hierbei findet keine Autorisierung mittels PIN statt. Vielmehr genehmigt der Kunde mit seiner Unterschrift den Einzug einer SEPA-Lastschrift von seinem Konto. Nutzt der Händler dieses Zahlverfahren, hat er keine Garantie, dass er tatsächlich Geld erhält. Denn die Bank wird die Lastschrift nur ausführen, wenn das belastete Konto ausreichend gedeckt ist. Die Debitkarten bieten neben dem Bezahlen an Kassen üblicherweise die Möglichkeit, in Verbindung mit der PIN – unabhängig von Schalteröffnungszeiten – Bargeld an Geldautomaten vom Konto abzuheben. Einige Banken geben mittlerweile auch Debitkarten von MasterCard („Maestro") oder VISA („VPay") aus. Diese Karten tragen oftmals den zusätzlichen Aufdruck „Debit" auf der Vorderseite, um sie von den Kreditkarten dieser Unternehmen zu unterscheiden.

Kreditkarte

Von der Debitkarte ist die Kreditkarte zu unterscheiden. Bei ihr wird der Zahlbetrag dem Konto des Zahlers in der Regel nicht sofort belastet, sondern zu einem späteren Zeitpunkt, beispielsweise am Ende des Monats. Dadurch gewährt das Kreditkartenunternehmen dem Kunden für einige

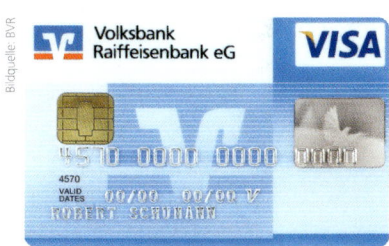

Kreditkarte

Zeit einen zinslosen Kredit. Wird der Kredit zum Abrechnungszeitpunkt nicht vollständig beglichen, muss der Kunde Zinsen zahlen. Die Kreditkarten verschiedener Kreditkarten-Gesellschaften (z. B. Mastercard oder VISA) werden in der Regel von Banken ausgegeben. Der Inhaber einer solchen Karte kann in allen Geschäften, die an das globale Kreditkartensystem angeschlossen sind, bargeldlos einkaufen, ferner mit einer PIN an Automaten Bargeld abheben.

Die Kreditkarte ist außerdem ein verbreitetes Zahlungsmittel bei Online-Buchungen und -Käufen. Bei Zahlungen an Kassen liest der Händler die benötigten Daten mittels eines Lesegeräts von der Kreditkarte aus. Der Kunde muss die Zahlung durch Eingabe einer PIN in das Kassenterminal autorisieren oder der Zahlung mit einer Unterschrift auf einem Beleg zustimmen.

Neben den „klassischen" Kreditkarten werden zunehmend auch sogenannte „Prepaid-Kreditkarten" ausgegeben. Hierbei handelt es sich um Karten mit dem Logo einer Kreditkarten-Gesellschaft, bei der das Geld zuvor aufgeladen werden muss. Wird mit der Karte gezahlt, wird das zuvor aufgeladene Guthaben direkt belastet.

Kontaktlos Zahlen

Mehr Komfort als beim Bezahlen mit Karten ermöglicht das Kontaktlosverfahren, das per NFC (Near Field Communication) funktioniert. Ist eine Karte mit

einem NFC-Chip ausgestattet, wird diese kurz vor das Bezahlterminal gehalten. Je nach Terminalart zeigt ein optisches oder akustisches Signal an, dass die Zahlung autorisiert wurde. Bei Beträgen bis 25 Euro, die keine PIN-Eingabe erfordern, dauert der Vorgang weniger als eine Sekunde. Bei diesem Verfahren ist bis zu einem Betrag von 25 Euro keine PIN-Eingabe nötig, was auf der einen Seite den Zahlvorgang vereinfacht und beschleunigt, auf der anderen Seite den Verzicht auf eine Sicherheitsvorkehrung bedeutet.

Am Wellensymbol erkennbar: Kontaktlos Bezahlen mit der Karte

Online-Bezahlverfahren

Das Einkaufen im Internet (Onlinehandel) ist weit verbreitet. Da Händler und Kunde an unterschiedlichen Orten sind, ist der direkte Austausch von Ware und Geld nicht möglich. Folglich muss das Geld auf anderen Wegen an den Händler geschickt werden. Die Händler bieten dafür meist unterschiedliche Bezahlverfahren an wie Überweisung, Lastschrift oder die Abrechnung über eine Kreditkarte.

Zudem stehen speziell entwickelte Internetbezahlverfahren zur Wahl, wie „giropay" von der Deutschen Kreditwirtschaft bzw. „SOFORT Überweisung" von der Sofort GmbH, einer Tochter der schwedischen Klarna AB. Beide Dienste nutzen die Onlinebanking-Anwendung der Bank, um automatisiert eine Überweisung an den Händler zu erstellen. Der Kunde muss die für die Bezahlung notwendigen Daten nicht selbst in ein Überweisungsformular eingeben, sondern die Überweisung nur noch mit einer TAN bestätigen.

Ein anderes weit verbreitetes Internetbezahlverfahren wird von dem in den USA ansässigen und in Luxemburg als Bank lizensierten Konzern PayPal angeboten. Um mit „PayPal" bezahlen zu können, benötigen Kunden ein PayPal-Benutzerkonto. Der Interneteinkauf wird über dieses Benutzerkonto abgewickelt. PayPal benötigt dafür vorher schon Guthaben vom

Das Internet bietet eine Vielzahl verschiedener Bezahlmöglichkeiten.

Kunden auf dem Benutzerkonto oder bucht den Zahlungsbetrag vom Bankkonto oder der Kreditkarte des Kunden ab. PayPal wird in vielen Ländern der Welt angeboten und ist daher auch grenzüberschreitend nutzbar. Ein für Kunden vergleichbares Bezahlverfahren ist „paydirekt", das von deutschen Banken für den heimischen Markt entwickelt wurde. Bei diesem Verfahren wird der Zahlbetrag direkt zwischen den beteiligten Banken ausgeglichen, d.h. vom Konto des Käufers abgebucht und dem Konto des Händlers gutgeschrieben, ohne vorheriges Aufladen von Guthaben.

Mobiles Bezahlen

Banken und Unternehmen arbeiten daran, auch mobile Geräte, wie Smartphones, Tablets oder Wearables (Smartwatches u.ä.) für das bargeldlose Bezahlen einzusetzen (Mobile Payment). Unterschiedliche Technologien, wie Bluetooth, QR-Codes oder Near Field Communication werden zur Übertragung der Zahlungsdaten verwendet. Es gibt viele Systeme unterschiedlicher Hersteller, die nur bei wenigen Unternehmen einsetzbar sind, sodass die Nutzer verschiedene Apps auf ihren mobilen Geräten benötigen. Ein standardisiertes Verfahren hat sich noch nicht durchgesetzt.

3.4 Messung der Geldmenge

Auf die Frage, wie viel Geld es eigentlich gibt, gibt es keine eindeutige Antwort. Denn zunächst muss man die Frage klären, was eigentlich zur Geldmenge gezählt wird. Das Eurosystem hat für sich eine eigene Geldmengendefinition festgelegt.

Als Geldmenge bezeichnet man den Geldbestand in Händen von Nichtbanken. Guthaben von Banken werden nicht dazu gezählt. Aufgrund ihres Zusammen-

Das Eurosystem hat drei verschiedene Geldmengenabgrenzungen definiert.

hangs mit der gesamtwirtschaftlichen Nachfrage nach Waren und Dienstleistungen ist die Geldmenge eine wichtige ökonomische Größe, die Hinweise auf die zukünftige Preisentwicklung auf längere Sicht

liefert. Weil der Übergang zwischen Geld als Tausch- und Zahlungsmittel einerseits und als Wertaufbewahrungsmittel andererseits fließend ist, werden unterschiedliche Geldmengen berechnet. Das Eurosystem unterscheidet drei Geldmengen, die aufeinander aufbauen, und zwar nach der „Liquiditätsnähe" der einbezogenen Guthaben, also nach der Verfügbarkeit des Geldes für den Bankkunden. Bezeichnet werden sie mit den Abkürzungen M1, M2 und M3. Das „M" stammt vom englischen Wort für Geld: money.

Geldmenge M1

M1 = Bargeld + Sichteinlagen

Zur Geldmenge M1 zählen das außerhalb des Bankensektors zirkulierende Bargeld sowie täglich fällige Einlagen (Sichteinlagen) von

Nichtbanken, da sie kurzfristig in das uneingeschränkt liquide Bargeld umgewandelt werden können. Die Geldmenge M1 bezeichnet also das Geld, über das jederzeit verfügt werden kann.

Geldmenge M2

Rechnet man zur Geldmenge M1 Spareinlagen mit einer Kündigungsfrist von bis zu drei Monaten und Termineinlagen mit einer Laufzeit von bis zu zwei

Jahren hinzu, erhält man die Geldmenge M2. Termineinlagen sind Gelder, die bei den Banken für einen festen Zins und für eine bestimmte Zeit angelegt werden. Für diese Zeit kann über sie nicht verfügt werden. Am Ende der Laufzeit wandeln sie sich üblicherweise wieder in Sichteinlagen um. Spareinlagen sind Einlagen, die in der Regel unbefristet sind und erst nach einer bestimmten Kündigungsfrist zurückgefordert werden können. Die Zinsen sind dabei in der Regel variabel, sie verändern sich mit der allgemeinen Zinsentwicklung.

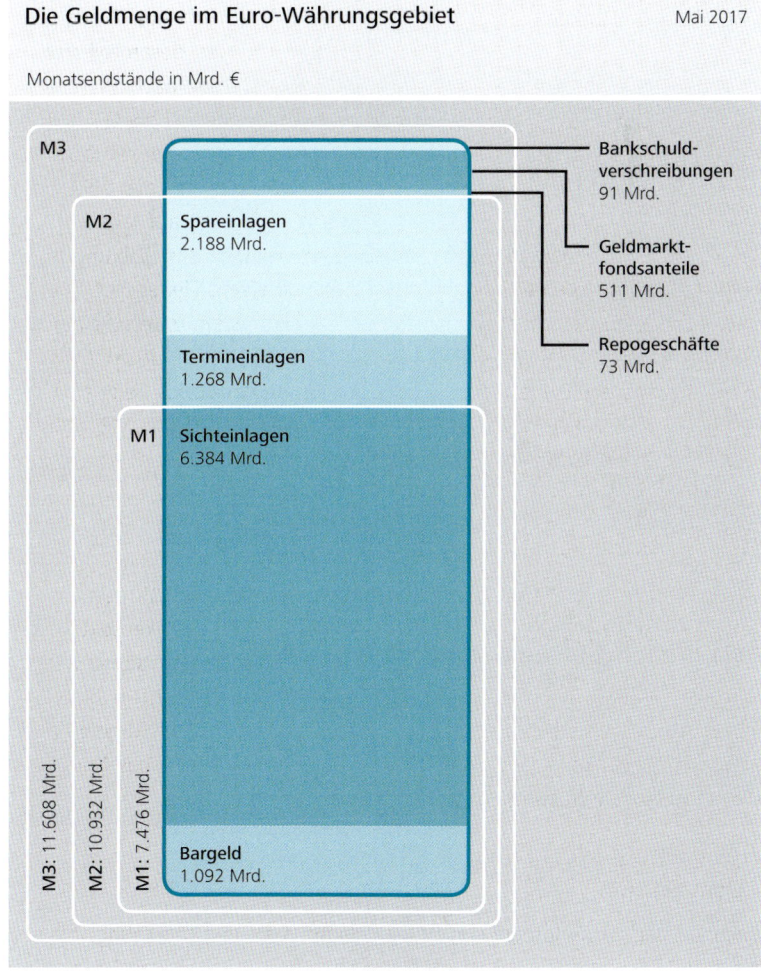

Die Geldmenge im Euro-Währungsgebiet   Mai 2017

Monatsendstände in Mrd. €

M3

M2

Spareinlagen
2.188 Mrd.

Termineinlagen
1.268 Mrd.

M1   Sichteinlagen
6.384 Mrd.

Bargeld
1.092 Mrd.

Bankschuld-
verschreibungen
91 Mrd.

Geldmarkt-
fondsanteile
511 Mrd.

Repogeschäfte
73 Mrd.

M3: 11.608 Mrd.

M2: 10.932 Mrd.

M1: 7.476 Mrd.

Bei Spareinlagen mit einer dreimonatigen Kündigungsfrist kann der Kunde monatlich bis zu 2.000 Euro abheben, ohne dies vorher ankündigen zu müssen. Beträge darüber hinaus müssen unter Wahrung von Fristen gekündigt werden. Ist die Kündigung unterblieben, kann die Bank bei Auflösung der Einlage einen Strafzins (Vorschusszins) in Rechnung stellen.

M2 = M1 + kurzfristige Termin- und Spareinlagen

Termin- und Spareinlagen können also im Gegensatz zu Sichteinlagen nicht jederzeit zu Zahlungen eingesetzt werden. Allerdings können Termingelder mit kurzen Laufzeiten und Spareinlagen mit kurzen Kündigungsfristen schnell in Komponenten der Geldmenge M1 umgewandelt werden. Sie bilden daher zusammen mit M1 die Geldmenge M2.

Geldmenge M3

Die Geldmenge M3 beinhaltet neben der Geldmenge M2 noch weitere kurzfristige Geldanlagen, die von Banken und Finanzinstituten ausgegeben werden und hinsichtlich des Grads ihrer Liquidität mit Bankeinlagen vergleichbar sind. Dazu zählen kurzfristige Bankschuldverschreibungen (mit einer Ursprungslaufzeit von bis zu zwei Jahren), von Geldmarktfonds ausgegebene Geldmarktfondsanteile sowie die sogenannten Repogeschäfte.

Bankschuldverschreibungen sind Wertpapiere, bei denen sich die ausgebende Bank verpflichtet, nach Ende der Laufzeit den Nennwert der Schuldverschreibung zurückzuzahlen. Der Käufer bekommt Zinsen auf sein eingesetztes

M3 = M2 + kurzfristige Bankschuldverschreibungen + Geldmarktfondsanteile + Repogeschäfte

Kapital. Geldmarktfonds verkaufen Anteilscheine an Anleger und legen die ihnen so zufließenden Mittel in kurzfristige Anlageformen an, beispielsweise in Wertpapiere von Unternehmen. Der Anleger kann die Anteilscheine (Geldmarktfondsanteile) jederzeit an den Fonds zurückgeben und erhält dann auf seinem Bankkonto eine Sichteinlage gutgeschrieben.

Ein in die Geldmenge M3 einbezogenes Repogeschäft zwischen einer Bank und einer Nichtbank ist ein Geschäft mit Rückkaufvereinbarung. Es dient zur kurzfristigen Mittelbeschaffung der Bank, bei dem diese einen Vermögensgegenstand (z. B. ein Wertpapier) an eine Nichtbank gegen Zahlung einer Geldsumme mit der Verpflichtung verkauft, den Vermögensgegenstand nach einer gewissen Laufzeit wieder zurückzukaufen. Repogeschäfte entsprechen damit ökonomisch gesehen Termineinlagen, die mit Wertpapieren besichert sind. Sie sind

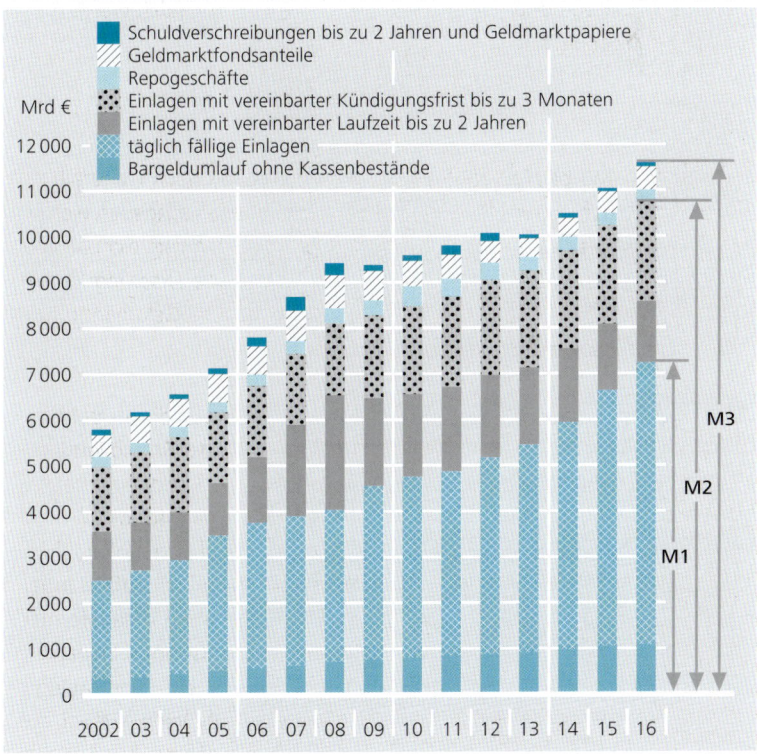

**Geldmenge im Euroraum*)
(M1, M2, M3)**

Stand am Jahresende

Quelle: Europäische Zentralbank. * Berechnet aus der Konsolidierten Bilanz der Monetären Finanzinstitute (MFIs).

kurzfristige Finanzierungsinstrumente mit einer Laufzeit von in der Regel nicht mehr als einem Jahr, häufig sogar nur wenigen Tagen oder einer Nacht. Diese kurzfristigen Anlagen können aus Sicht der Anleger in relativ kurzer Zeit in Einlagen umgewandelt werden und stellen daher eine Alternative zu liquiden Bankeinlagen dar.

Die Geldmenge lässt sich nicht eindeutig definieren

Da die Übergänge zwischen den unterschiedlichen Einlagearten und kurzfristigen Finanzinstrumenten fließend sind, lässt sich die Geldmenge nicht eindeutig definieren. Letztlich hängt es beispielsweise von der Fragestellung einer Untersuchung ab, welche Einlagearten man zum Geld rechnet und welche nicht bzw. welche Geldmenge man in der Untersuchung verwendet. Vor diesem Hintergrund haben andere Länder ihre Geldmengen nach anderen Kriterien definiert, beispielsweise die Schweiz und die USA.

In der praktischen Geldpolitik steht in der Regel derjenige Geldmengenbegriff im Vordergrund, der zur Erfüllung der geldpolitischen Ziele am besten geeignet erscheint. Für das auf Preisstabilität verpflichtete Eurosystem steht die weit abgegrenzte Geldmenge M3 im Vordergrund seiner monetären Lageeinschätzung.

Zentralbankgeld

Für das Verständnis der Geldpolitik sowie des Zahlungsverkehrs spielt noch eine weitere Geldmenge eine wichtige Rolle: das Zentralbankgeld. Ganz allgemein versteht man darunter das Geld, das nur von der Zentralbank – dem Eurosystem – geschaffen werden kann.

Das Zentralbankgeld existiert in Form des Bargelds, das die Zentralbank in Umlauf gebracht hat, sowie der Sichteinlagen, die Dritte bei der Zentralbank unterhalten. Von besonderer Bedeutung sind dabei die Sichteinlagen der Geschäftsbanken bei der Zentralbank: Sie dienen zum einen der Abwicklung des Zahlungsverkehrs, zum anderen entsprechen die Geschäftsbanken mit diesen Einlagen der Pflicht, eine sogenannte Mindestreserve bei der Zentralbank zu hinterlegen. Das Zentralbankgeld wird auch als „Geldbasis", „high powered money" oder kurz M0 („M null") bezeichnet. Auch wenn davon die

Rede ist, dass die Zentralbank den Geschäftsbanken „Liquidität" bereitgestellt oder entzogen habe, ist damit die Bereitstellung bzw. der Entzug von Zentralbankgeld gemeint.

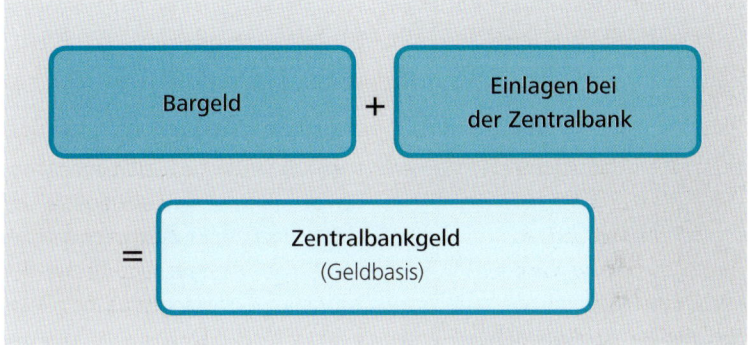

3.5 Geldschöpfung

Im vorherigen Abschnitt wurde dargelegt, dass es heutzutage viel mehr Sicht-, Termin- und Spareinlagen als Bargeld gibt. Wie ist dieses Buchgeld entstanden?

Wie das Bargeld in Umlauf kommt

Wenn eine Privatperson Bargeld benötigt, hebt sie dieses typischerweise am Bankschalter oder Geldautomaten ab. Aber wie kommen die Banken an das benötigte Bargeld? Prinzipiell gilt, dass im Euroraum nur die Zentralbanken des Eurosystems Banknoten und Münzen in Umlauf bringen dürfen. Abgewickelt wird dieses

Geldschöpfung bezeichnet die Schaffung von Geld.

„In-Umlauf-Bringen" im Euroraum normalerweise so: Wenn eine Bank Bedarf an Bargeld hat, nimmt sie bei der Zentralbank einen Kredit auf. Die Zentralbank prüft, ob die Voraussetzungen für eine Kreditvergabe erfüllt sind. Ist dies der Fall, schreibt die Zentralbank der Bank den aufgenommenen Betrag auf dem Konto der Bank bei der Zentralbank als Sichteinlage gut. Die Zentralbank gewährt nur dann Kredit, wenn die Bank den Kredit durch Hinterlegung von Pfändern besichert. Ganz allgemein handelt es sich bei solch einem Vorgang – Kreditgewährung und entsprechende Gutschrift als Sichteinlage auf einem Konto – um die Schöpfung von Buch- oder Giralgeld. In diesem Fall handelt es sich um die Schöpfung von Zentralbankgeld. Denn die Sichteinlagen, die Banken auf ihren Konten bei der Zentralbank halten, sind Zentralbankgeld.

Banken erhalten Bargeld von den Zentralbanken gegen Kredit oder Guthaben.

Die Bank kann sich ihre Sichteinlage in bar auszahlen lassen. Üblicherweise holen dann spezialisierte Transportunternehmen das Bargeld bei einer Filiale der Zentralbank ab und bringen es zur Bank. Der in bar ausgezahlte Betrag vermindert die Sichteinlage der Bank bei der Zentralbank. Dafür hat die Bank nun aber den entsprechenden Betrag an Bargeld in der Kasse. Zahlt sie Banknoten und Münzen schließlich an ihre Kunden aus, kommt Bargeld in Umlauf. Hat eine Bank mehr Bargeld in der Kasse, als sie absehbar benötigt, kann sie die Banknoten und Münzen wieder zur Filiale der Zentralbank bringen und sich diese Bareinzahlung auf ihrem Konto bei der Zentralbank als Einlage gutschreiben lassen. Nutzt sie diese Einlage, um einen zuvor bei der Zentralbank aufgenommenen Kredit zu tilgen, kommt es zur „Vernichtung" von Zentralbankgeld: Sowohl der Kredit als auch die entsprechende Sichteinlage werden ausgebucht.

Neben „Kreditgewährung und Gutschrift" gibt es einen zweiten Weg, wie die Zentralbank den Banken zu einer Sichteinlage – also zu Zentralbankgeld – verhelfen kann: Dazu kauft die Zentralbank einer Bank einen Vermögenswert ab, beispielsweise Gold, Devisen oder Anleihen, und schreibt ihr den Verkaufserlös gut. Auch dadurch entsteht Zentralbankgeld. Die Gold- und Devisenreserven der Zentralbanken sind historisch meist durch solche Ankäufe entstanden.

Die Banken können ihre Guthaben bei der Zentralbank jederzeit in bar abheben. Außerdem können sie umgekehrt Bargeld jederzeit wieder einzahlen und sich gutschreiben lassen. Wegen dieser Austauschbarkeit zählt auch das Bargeld, das die Banken in ihrer Kasse halten oder an ihre Kunden ausgezahlt haben, also das gesamte von der Zentralbank ausgegebene Bargeld, zum Zentralbankgeld. Zu M1 zählt hingegen nur das außerhalb des Bankensektors zirkulierende Bargeld.

Wie das Buchgeld der Geschäftsbanken in Umlauf kommt

In der Wirtschaft wird ein Großteil der Zahlungen nicht in bar, sondern durch Buchung von Sichteinlagen von einem Bankkonto zum anderen geleistet. Die Sichteinlagen fließen beispielsweise vom Konto des Arbeitgebers zum Konto des Arbeitnehmers und von dort zu den Konten des Vermieters oder einer Versicherung. Wie entsteht dieses Buch- oder Giralgeld?

1. Vorgang:
Buchgeldschöpfung durch Kreditgewährung der A-Bank an Kunde 1

A-Bank			
Aktiva			Passiva
1.000	Kredit an Kd.1 (5 Jahre; 5%)	Sichteinlage Kd.1 (täglich fällig; 0%)	1.000

Stilisierte Bankbilanz, Zinsangaben per annum

Der Vorgang entspricht der Entstehung von Zentralbankgeld: In der Regel gewährt die Bank einem Kunden einen Kredit und schreibt ihm den entsprechenden Betrag auf dessen Girokonto als Sichteinlage gut. Ähnlich wie die Zentralbank prüfen auch die Banken zuvor genau, ob die Voraussetzungen für eine Kreditvergabe gegeben sind. Insbesondere wird geprüft, ob der Kreditnehmer in der Lage sein wird, den Kredit mit Zins- und Tilgungszahlungen zu bedienen. Auch muss die Bank ihre Kosten im Blick haben, darunter ihre Kosten für eine Refinanzierung des Kredits. Wird einem Kunden ein Kredit über 1.000 Euro gewährt (z.B. Laufzeit 5 Jahre, 5% p.a.), erhöht sich die Sichteinlage des Kunden auf seinem Girokonto um 1.000 Euro. Es ist Buchgeld entstanden oder es wurden 1.000 Euro Buchgeld geschaffen.

Die Buchgeldschöpfung ist also ein Buchungsvorgang. Buchgeld schafft eine Bank auch, wenn sie dem Kunden einen Vermögenswert abkauft und den Zahlbetrag auf dessen Konto gutschreibt. Der Kunde kann den gutgeschriebenen Betrag für Überweisungen nutzen oder auch in bar abheben. Typischerweise vergüten die Banken ihren privaten Kunden für Sichteinlagen auf dem Girokonto nur niedrige oder gar keine Zinsen.

Grenzen der Geldschöpfung

Wie kann das Eurosystem sicherstellen, dass die Banken nicht übermäßig viel Buchgeld schaffen und darüber das Ziel Preisstabilität gefährden? Ein Ansatzpunkt ist, dass die Banken Bedarf an Zentralbankgeld haben, zum einen um den Bargeldbedarf ihrer Kundschaft befriedigen zu können, zum anderen zur Abwicklung des Zahlungsverkehrs über TARGET2, schließlich auch, wenn sie Mindestreserven halten müssen.

Um sich das benötigte Zentralbankgeld zu beschaffen, sind die Banken in normalen Zeiten darauf angewiesen, dass die Zentralbank dem Bankensystem über „Refinanzierungsgeschäfte" Kredite gewährt. Für diese Kredite müssen die Banken der Zentralbank normalerweise einen Zins zahlen. Erhöht die Zentralbank diesen Zins – den „Leitzins" – heben die Banken meist auch ihrerseits die Zinssätze an, zu denen sie selbst Kredite vergeben. Es kommt zu einem allgemeinen Anstieg des Zinsniveaus. Das aber dämpft in der Tendenz die Nachfrage von Unternehmen und Haushalten nach Krediten. Durch Anhebung oder Senkung des Leitzinses kann die Zentralbank somit Einfluss auf die Nachfrage der Wirtschaft nach Krediten nehmen – und damit auch auf die Kreditvergabe und die Buchgeldschöpfung. Die Fähigkeit der Banken, Kredite zu vergeben und Vermögenswerte anzukaufen, wird außerdem durch die bankaufsichtlichen Regeln begrenzt. Nach den sogenannten Baseler Regeln (Basel II / Basel III) muss eine Bank für jedes Kreditrisiko und sonstiges Risiko, das sie eingeht, in einem genau bestimmten Umfang Eigenkapital beschaffen und vorhalten.

Geldpolitik und bankenaufsichtliche Regeln begrenzen die Geldschöpfung.

Der Gewinn aus der Bargeldschöpfung

Oft wird vermutet, dass es der Zentralbank unmittelbar einen ziemlich hohen Gewinn einbringt, wenn sie Bargeld in Umlauf bringt. Schließlich kostet die Herstellung beispielsweise einer 100-Euro-Banknote nur wenige Cents. Gibt die Zentralbank solch eine Banknote an eine Bank ab, vermindert sich deren Sichteinlage bei der

Der Gewinn der Bargeldschöpfung bei der Zentralbank kommt der Allgemeinheit zugute.

Zentralbank um den vollen Nennwert von 100 Euro. Die erste Vermutung geht allerdings in die Irre: Denn die Zentralbank verkauft die Banknoten nicht – da sie ja jederzeit bereit ist, sie wieder zum vollen Nennwert zurückzunehmen. Ein Gewinn entsteht für die Zentralbank aber dennoch: Um sich Bargeld zu beschaffen, muss die Bank bei der Zentralbank normalerweise einen Kredit aufnehmen. Für diesen Kredit muss sie üblicherweise Zinsen zahlen. Aus Sicht der Zentralbank ist dies ein Zinsertrag. Er fließt so lange, wie die Banknoten in Umlauf sind.

Die mit der Schöpfung von Zentralbankgeld verbundenen Gewinne führen Zentralbanken typischerweise an den Staat ab – auch die Deutsche Bundesbank tut dies.

Die Euro-Münzen, welche die Bundesbank in Umlauf bringt, kauft sie dem deutschen Staat ab, der sie prägen lässt („Münzregal"). Der Staat erzielt einen Gewinn aus dem Unterschied zwischen Nennwert der Münzen und deren Herstellungskosten. Dieser Ertrag fließt in den Bundeshaushalt ein. Letztlich kommen somit alle Gewinne aus der Bargeldschöpfung der Allgemeinheit zu Gute.

Buchgeldschöpfungsgewinn und Geldkreislauf

Wenn eine Bank einen Kredit gewährt, kann sie diesen in einem ersten Schritt dadurch finanzieren, dass sie – wie oben beschrieben – den entsprechenden Betrag an Buchgeld selbst schafft. Sie verbucht auf der Aktivseite ihrer Bilanz den gewährten Kredit als Forderung an den Kreditnehmer, auf der Passivseite ihrer Bilanz schreibt sie dem Kreditnehmer den

Dem Gewinn aus der Buchgeldschöpfung stehen Risiken gegenüber.

Kreditbetrag auf dessen Konto als Sichteinlage gut. Aus Sicht der Bank ist diese Sichteinlage eine Verbindlichkeit – sie schuldet dem Kontoinhaber dieses Geld.

Auf den ersten Blick scheint die Kreditvergabe für die Bank ein sehr lohnendes Geschäft zu sein: Der Kreditnehmer muss für den Kredit über die gesamte Laufzeit Zinsen zahlen, aber für die Sichteinlage, die die Bank dem Kunden auf dessen Girokonto gutschreibt, vergütet sie üblicherweise keinen oder nur einen sehr geringen Zins.

Auch kann die Bank den Ankauf eines Vermögenswerts durch Gutschrift des Kaufbetrags auf dem Konto des Verkäufers bezahlen. Sie ist dann Eigentümerin des Vermögenswerts. Das kann beispielsweise eine Immobilie sein, die sie selbst nutzt oder die laufend Mietertrag abwirft. Bezahlt („finanziert") hat sie diese Immobilie mit selbstgeschaffenem Buchgeld, das sie dem Verkäufer als Sichteinlage gutschreibt.

2. Vorgang:

Überweisung von Kunde 1 an Kunde 2 bei der B-Bank, Refinanzierung von A-Bank durch Kredit bei B-Bank

Aktiva	A-Bank		Passiva	Aktiva	B-Bank		Passiva
1.000	Kredit an K1 (5 Jahre; 5%)	Sichteinl. Kd.1 (tägl. fällig; 0%)	0	1.000	Kredit an A-Bank (tägl. kündbar; 2%)	Sichteinl. Kd.2 (tägl. fällig; 0%)	1.000
		VB ggü. B-Bank (tägl. fällig; 2%)	1.000				

Stilisierte Bankbilanzen, Zinsangaben per annum

Allerdings nimmt diese Betrachtung nur den ersten Schritt in einem längeren Prozess in den Blick. Denn typischerweise nutzt der Kunde die Sichteinlage, die er sich über die Kreditaufnahme oder den Verkauf eines Vermögenswerts beschafft hat, um sich etwas zu kaufen. Häufig läuft das darauf hinaus, dass der Kunde sein frisch erworbenes Guthaben an den Kunden einer anderen Bank überweist. Anknüpfend an das obige Beispiel überweist Kunde 1 die 1.000 Euro auf ein Girokonto von Kunde 2 bei der B-Bank. Für die Kredit gebende A-Bank bedeutet dies, dass die Sichteinlage des Kunden, das selbstgeschaffene Buchgeld, abfließt – und dass sie den Kredit nun „refinanzieren" muss. Im einfachsten idealtypischen Fall wird ihr dazu die B-Bank einen Kredit gewähren – viele Banken haben untereinander entsprechende Vereinbarungen. Die B-Bank gewährt dann beispielsweise einen täglich kündbaren „Tagesgeld"-Kredit, für den sie der A-Bank einen Zins (z. B. 2 % p. a.) in Rechnung stellt.

Die A-Bank hat somit eine täglich fällige Verbindlichkeit gegenüber der B-Bank. Die A-Bank muss nun den Zinsertrag aus dem Kundenkredit zum Teil an die B-Bank abgeben – und damit einen Teil ihres Gewinns aus der Buchgeldschöpfung.

Die Umverteilung des Geldschöpfungsgewinns ist damit aber noch nicht abgeschlossen, da der A-Bank typischerweise daran gelegen ist, ihre Risiken einzugrenzen. Denn mit der Kreditvergabe an ihren Kunden ist die A-Bank mehrere Risiken eingegangen. Eines ist, dass der Kunde den Kredit nicht mit Zins und Tilgung bedient (Kreditausfallrisiko). Kommt es zu einem Kreditausfall, bereitet dies dem Kreditgeber einen Verlust, da er die eigene Refinanzierung des Kredits weiterhin mit Zins und Tilgung bedienen muss. Zweitens hat die Bank das Risiko, dass der Zins für Tagesgeld, den sie für die Refinanzierung des Kredits an die B-Bank zahlt, während der (im Beispiel: fünfjährigen) Laufzeit des Kredits steigt (Zinsänderungsrisiko). Steigt dieser Zins tatsächlich, schmälert dies den ihr verbleibenden Anteil aus dem Zinsertrag des Kundenkredits. Drittens besteht das Risiko, dass die A-Bank einmal keine andere Bank findet, die bereit ist, die benötigte Refinanzierung zu gewähren (Liquiditätsrisiko). Dann kann es im Extremfall zu Zahlungsunfähigkeit und Insolvenz kommen.

Die Bildung von Spar- und Termineinlagen

Um die beiden letztgenannten Risiken zu begrenzen, kann die Bank Einlagenpolitik betreiben. Sie gewährt beispielsweise Sparern einen attraktiven Zins, damit sie bei ihr Geld für eine längere Zeit fest anlegen. Im Beispiel nimmt der Kunde der B-Bank das Angebot der A-Bank an: Er überweist seine unverzinste Sichteinlage bei der B-Bank auf ein Sparkonto bei der A-Bank. Die B-Bank bucht aufgrund der Überweisung des Kunden 2 dessen Guthaben aus, die A-Bank

3. Vorgang:
Kunde 2 bildet Sparguthaben bei A-Bank

A-Bank Aktiva		Passiva	B-Bank Aktiva		Passiva
1.000	Kredit an K1 (5 Jahre; 5%)		0	Kredit an A-Bank (tägl. kündbar; 2%)	0
	Sichteinl. Kd.1 (tägl. fällig; 0%)	0		Sichteinl. Kd.2 (tägl. fällig; 0%)	
	VB ggü. B-Bank (tägl. fällig; 2%)	0			
	Spareinl. Kd.2 (3 Jahre; 3,5%)	1.000			

Stilisierte Bankbilanzen, Zinsangaben per annum

schreibt dem Kunden 2 auf dessen Sparkonto den überwiesenen Betrag gut. Im Gegenzug bucht die B-Bank auch ihren Kredit an die A-Bank aus. Die A-Bank benötigt nun keine täglich kündbare Refinanzierung durch eine andere Bank mehr, im Beispiel hat sie vielmehr den ausgezahlten Kredit betrags- und fristengerecht durch die Spareinlage refinanziert.

Aus der von ihr geschaffenen Sichteinlage, über die Kunde 1 täglich verfügen konnte, ist eine längerfristige Einlage geworden, über die Kunde 2 erst nach einer bestimmten Zeit wieder verfügen kann. Für die A-Bank bedeutet dies zum einen, dass sie den von ihr gewährten lang laufenden Kredit durch eine lang laufende Einlage refinanziert hat. Zum anderen bedeutet es aber auch, dass sie von dem Zinsertrag aus dem Kundenkredit von 5 % p. a. den größeren Teil – im Beispiel 3,5 Prozentpunkte – an den Sparer abgeben muss.

Risiken aus der Kreditvergabe können durch das Einwerben von Einlagen verringert werden.

Ähnliche Überlegungen gelten, wenn eine Bank Vermögenswerte angekauft und mit selbst geschaffenem Buchgeld bezahlt hat.

Im Euroraum gibt es Tausende Banken, die Kredite gewähren und Spareinlagen anbieten. Die Vorgänge laufen deshalb in der Realität viel verwickelter ab als im Beispiel geschildert. So wird der Zahlungsverkehr von den Banken oft über ihre Konten bei der Zentralbank abgewickelt, also durch Umbuchung von Zentralbankgeld über TARGET2. Um sich zu refinanzieren, bedienen sich die Banken dann des sogenannten Geldmarkts.

Gleichwohl verdeutlicht das Beispiel einen wichtigen Sachverhalt: Um die Risiken aus der Kreditgewährung einzugrenzen, muss das Bankensystem bei seinen Kunden länger laufende Einlagen einwerben. In diesem Zuge muss es einen Teil des Zinsertrags aus den Krediten – und damit einen Teil des Gewinns aus der Buchgeldschöpfung – an die Sparer bzw. Anleger abgeben. In diesem Sinne stimmt es, dass Banken Ersparnisse ihrer Kunden benötigen, um Kredite vergeben zu können. Um das Angebot an Ersparnissen und die Nachfrage nach Krediten zum Ausgleich zu bringen, setzen die Banken in ihrer Rolle als Vermittler von Kapital die Soll- und Habenzinsen als Preissignale ein.

Der Zins setzt Anreize

Wie dargelegt, ist die Schöpfung von Buchgeld für die Banken mit Erträgen, aber auch mit Risiken und Kosten verbunden. Das hält sie an, Vorsicht walten zu lassen. Ähnliches

Der Zwang zur Zinszahlung beeinflusst die Kreditaufnahme und damit die Geldschöpfung.

gilt für die Kreditnehmer: Im Zwang zur Zinszahlung liegt ein finanzieller Anreiz, einen Kredit nur dann aufzunehmen, wenn dies wirtschaftlich gerechtfertigt erscheint.

Für ein Unternehmen bedeutet dies, dass es mit dem Kredit produktiv umgehen muss, damit es einen Ertrag erzielt, aus dem mindestens der Zinsaufwand gedeckt werden kann. Das Risiko, dass eine Investition fehlschlägt, begrenzt die Nachfrage der Wirtschaftssubjekte nach Krediten und die damit einhergehende Buchgeldschöpfung.

Ein Konsumentenkredit wiederum verschafft dem Verbraucher finanzielle Mittel, ohne dafür viele Jahre angespart zu haben. Dies ermöglicht es ihm, Anschaffungen vorzuziehen. Das kann in manchen Situationen durchaus sinnvoll sein, beispielsweise wenn es um die Finanzierung eines Eigenheims oder Autos geht. Allerdings muss das für die Zukunft erwartete Einkommen ausreichen, den Kredit mit Zins und Tilgung zu bedienen. Anders ausgedrückt: Es muss die realistische Aussicht bestehen, dass der Verbraucher die erforderliche Sparleistung im Nachhinein erbringt.

Kreditvergabe und die damit verbundene Geldschöpfung führen deshalb in der Tendenz zu Investitionen und vorgezogenem Konsum – und auf diese Weise zu erhöhter Produktion und volkswirtschaftlicher Wertschöpfung. Kommt es allerdings zu übermäßiger Geldschöpfung, kann dies Fehlentwicklungen auslösen, beispielsweise die Preisstabilität gefährden.

Das Wichtigste im Überblick:

– Buch- oder Giralgeld ist „stoffloses" Geld, das auf Konten liegt und von Konto zu Konto weitergegeben werden kann. Es kann jederzeit in Bargeld umgewandelt werden.

– Beim Zahlungsverkehr wird zwischen Massen- und Individualzahlungsverkehr unterschieden. Im Massenzahlungsverkehr werden nicht eilige und betragsmäßig niedrige Zahlungen abgewickelt, im Individualzahlungsverkehr hohe und sehr eilige Zahlungen.

– Bargeldlose Zahlungen werden zwischen den Banken verrechnet. Zahlungen können auch über Clearinghäuser gebucht werden. Die Deutsche Bundesbank betreibt ein eigenes Clearinghaus (Elektronischer Massenzahlungsverkehr EMZ bzw. SEPA-Clearer).

– TARGET2 ist das Zahlungsverkehrssystem der Zentralbanken des Eurosystems. Die Deutsche Bundesbank betreibt es und hat es mitentwickelt. Mit TARGET2 werden Großbetragszahlungen schnell und sicher abgewickelt.

– Bei Euro-Zahlungen im SEPA-Raum wird nicht mehr zwischen nationalen und grenzüberschreitenden Zahlungen unterschieden. Für alle Zahlungen ist die Angabe der IBAN erforderlich.

– Für das bargeldlose Bezahlen gibt es die beiden grundlegenden Instrumente Überweisung und Lastschrift. Für diese Instrumente gibt es verschiedene Zugangswege wie das Ausfüllen eines papiernen Formulars, eines Online-Formulars oder den Einsatz einer Debit- oder Kreditkarte.

- Der bargeldlose Zahlungsverkehr ist durch eine rasche technische Entwicklung gekennzeichnet. Zu den Innovationen zählen das „kontaktlose Bezahlen" mit Debit- und Kreditkarte oder einer App im Smartphone.

- Das Internet bietet eine Reihe verschiedener Bezahlmöglichkeiten. So werden auch speziell entwickelte Internetbezahlverfahren angeboten. Zudem wird daran gearbeitet, zukünftig mobil zu bezahlen.

- Was zur Geldmenge gezählt wird, muss definiert werden. Das Eurosystem hat drei verschiedene Geldmengenbegriffe (M1, M2, M3) festgelegt, die sich nach dem Grad ihrer Liquidität unterscheiden.

- Der größte Teil der vom Eurosystem definierten Geldmenge M3 sind neben dem umlaufenden Bargeld Sicht-, Spar- und Termineinlagen. Außerdem werden dazu noch kurzfristige Geldanlagen gezählt, die vom Grad der Liquidität Bankeinlagen ähnlich sind.

- Zentralbankgeld kann nur von der Zentralbank geschaffen werden und setzt sich aus dem Bargeld und den Einlagen bei der Zentralbank zusammen. Für die Geldpolitik ist der Bedarf der Banken an Zentralbankgeld von Bedeutung.

- Die Schaffung von Geld wird als Geldschöpfung bezeichnet. Sowohl die Zentralbank als auch die Banken können Geld schaffen. Buchgeld entsteht in der Regel durch die Vergabe von Krediten, aber auch beim Ankauf von Vermögenswerten durch die Banken.

Kapitel 4
Das Banken- und Finanzsystem

4. Das Banken- und Finanzsystem

Praktisch alle privaten Haushalte und Unternehmen haben Konten bei Banken. Sie führen Zahlungen über Girokonten durch, legen auf Sparkonten Geld an und nehmen Kredite auf, etwa für einen Hausbau. Viele schließen Verträge mit Lebensversicherern oder Bausparkassen, oder sie kaufen als Anleger Aktien oder Anleihen und sind damit an den Finanzmärkten tätig. Für alle diese Vorgänge werden moderne elektronische Systeme genutzt, welche die Aufträge ausführen. Das Finanzsystem spielt somit eine große Rolle beim Umgang mit Geld. Es besteht aus den sogenannten Intermediären (das sind vor allem Banken und Versicherer), den Finanzmärkten und der finanziellen Infrastruktur (vor allem Systeme für den Zahlungsverkehr und die Wertpapierabwicklung).

Das Finanzsystem

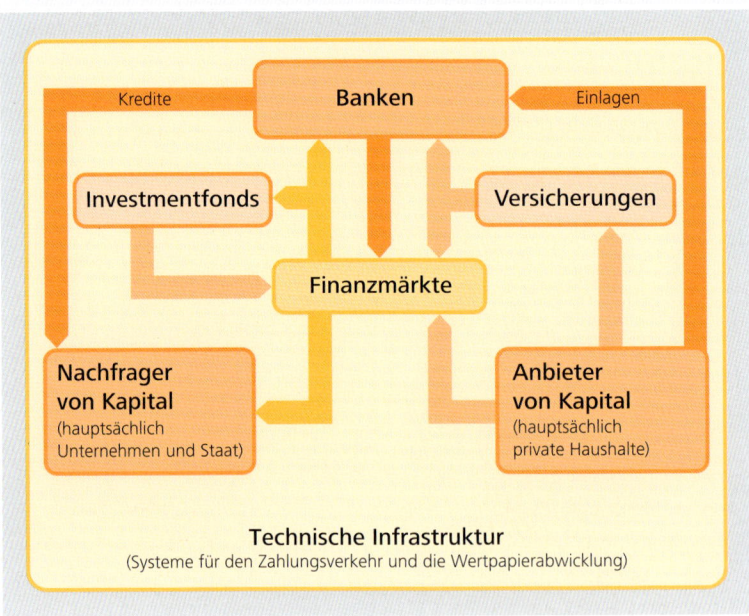

4.1 Funktionen des Banken- und Finanzsystems

Kaum jemand – ob Einzelperson, Unternehmen oder öffentlicher Haushalt – wird jederzeit exakt genauso viel Geld einnehmen wie ausgeben. Jeder baut also ständig Geldvermögen auf oder ab. Wer überschüssiges Geld hat, kann dieses gewinnbringend anlegen und wird so zum Anbieter von finanziellen Mitteln. Gleichzeitig gibt es Unternehmen, die investieren, indem sie beispielsweise Maschinen kaufen, und Privatpersonen, die große Anschaffungen finanzieren wollen. Sie benötigen häufig mehr Geld als sie besitzen. Indem sie zusätzliches Geld aufnehmen, werden sie zu Nachfragern von finanziellen Mitteln.

Die Aufgabe des Finanzsystems besteht darin, das Weiterleiten finanzieller Mittel von Anbietern zu Nachfragern zu erleichtern. Wer Geld gibt, erwirbt im Gegenzug einen zukünftigen Anspruch, wie etwa das geliehene Geld mit Zinsen später zurück zu bekommen. Im Prinzip gibt es für diesen Vorgang zwei Wege: Erstens können die privaten Haushalte überschüssiges Geld den Unternehmen, die investieren wollen, direkt zur Verfügung

Das Finanzsystem vermittelt zwischen Anbietern und Nachfragern finanzieller Mittel.

stellen, indem sie beispielsweise neu emittierte Aktien oder Anleihen von Unternehmen kaufen. Zweitens können Haushalte Bargeld oder Sichteinlagen bei den Banken in Spar- oder Termineinlagen umwandeln und es den Banken dadurch ermöglichen, gewährte Kredite langfristig zu refinanzieren. Die Banken stehen zwischen Anbietern und Nachfragern von finanziellen Mitteln und nehmen im Finanzsystem vielfältige Aufgaben wahr.

Wenn in einer Wirtschaft der erste Weg, die direkte Finanzierung von Unternehmen, dominiert, spricht man von einem marktbasierten Finanzsystem. Wenn dagegen die finanziellen Mittel meist von den Banken bereitgestellt werden, ist von einem bankbasierten Finanzsystem die Rede. Das Finanzsystem in den angelsächsischen Ländern ist eher marktbasiert. Das Finanzsystem in Deutschland und in vielen kontinentaleuropäischen Ländern hingegen ist stark bankbasiert. Da Geld oft für viele Jahre ausgeliehen wird, ist eine wichtige Grundlage für solche Geschäfte, dass man auf die Stabilität des Finanzsystems vertrauen kann.

4.2 Das Bankensystem

Das Bankensystem besteht aus den Geschäftsbanken (Kreditinstituten) und der Zentralbank, auch Notenbank genannt. Die Zentralbank hat eine grundsätzlich andere Funktion als die Geschäftsbanken. Aufgrund ihrer Zuständigkeit für die Geldpolitik ist ihr vorrangiges Ziel die Gewährleistung von Preisstabilität. Sie allein ist berechtigt, gesetzliche Zahlungsmittel in Umlauf zu bringen. Sie ist die „Bank der Banken", da die Geschäftsbanken zur Aufrechterhaltung ihrer Zahlungsfähigkeit auf die Zentralbank angewiesen sind. Die Geschäftsbanken sind Wirtschaftsunternehmen, die Dienstleistungen rund ums Geld erbringen. Sie nehmen u. a. Gelder von Privatkunden und Unternehmen an, vergeben Kredite an die Wirtschaft und betreiben Zahlungsverkehrsgeschäfte.

Das Bankensystem umfasst die Zentralbank und die Geschäftsbanken.

4.2.1 Grundzüge des Bankgeschäfts

Zu den grundlegenden Bankgeschäften zählt die Vergabe von Krediten und die damit einhergehende Schaffung von Sichteinlagen. Die Kreditnehmer zahlen den Banken für die Kredite Zinsen. Den Banken entstehen durch die Kreditvergabe Verlustrisiken, darunter das Liquiditätsrisiko, das Zinsänderungsrisiko und das Kreditausfallrisiko. Banken ergreifen vielfältige Maßnahmen zur Eingrenzung dieser Risiken. Dazu zählt, Spar- und Termineinlagen einzuwerben. Die Banken zahlen den Einlegern dafür Zinsen.

Die Differenz zwischen den Kreditzinsen und den Einlagenzinsen (Zinsmarge) ist eine Haupteinkommensquelle der Banken. Allerdings kommt es vor, dass ein Kreditnehmer seinen Kredit nicht oder nicht rechtzeitig zurückzahlt. Die Zinsmarge enthält deshalb auch eine Entschädigung für das Ausfallrisiko, das die Bank einkalkulieren muss. Um dieses Risiko gering zu halten, prüfen die Banken die Kreditwürdigkeit (Bonität) des Kreditnehmers. Zudem verlangen sie oft, dass der Kreditnehmer Sicherheiten stellt, beispielsweise eine Immobilie als Pfand gibt. Da die Bank an viele Schuldner Geld verleiht, kann sie es verkraften, wenn einzelne Schuldner ihren Kredit nicht zurückzahlen können.

Denn sie kann diese Verluste meist durch Gewinne aus den anderen Krediten oder aus ihrem Eigenkapital ausgleichen.

Neben den grundlegenden Bankgeschäften – Kredite vergeben (Finanzierungsleistungen) und Einlagen hereinnehmen (Geldanlageleistungen) – bieten die meisten Banken weitere Dienstleistungen an. Sie erledigen den bargeldlosen Zahlungsverkehr, übernehmen Bürgschaften und Garantien und beraten Unternehmer und Anleger in Finanzfragen. Des Weiteren kaufen, verkaufen, verwahren und verwalten sie für ihre Kunden Vermögenswerte, insbesondere Wertpapiere.

Finanzdienstleistungsinstitute zählen nicht zu den Banken. Sie erbringen jedoch gegen Gebühr verschiedene bankähnliche Geschäfte. So beraten und vermitteln sie bei der Geldanlage oder geben Kreditkarten aus.

Die Grundzüge des Bankgeschäfts in der Bankbilanz

Den Umfang der grundlegenden Bankgeschäfte zeigt die konsolidierte Gesamtbilanz für alle deutschen Banken. In dieser Rechnung sind dem Vermögen der Banken, den „Aktiva", deren „Passiva" gegenübergestellt, also die Verbindlichkeiten und das Eigenkapital. Die Aktiva, die zum größten Teil aus vergebenen Krediten bestehen, spiegeln die Mittelverwendung wider. Die Passiva lassen die Quellen der Refinanzierung, die Mittelbeschaffung, erkennen.

Bei dieser Aufstellung fällt zunächst auf, dass unter den Aktiva keine Sachanlagen (z. B. Gebäude oder Maschinen) auftauchen. Sie spielen bei Banken kaum eine Rolle und werden deshalb unter den „Sonstigen Aktiva" erfasst. Aufgrund der untergeordneten Bedeutung dieser Posten erscheinen sie auch erst am Ende der Bankbilanz, während sie bei Industrieunternehmen an oberster Stelle geführt werden. Die Bankbilanz steht im Vergleich zur Bilanz eines Industrieunternehmens sozusagen auf dem Kopf. Unter den „Sonstigen Passiva" werden solche Verbindlichkeiten ausgewiesen, die nicht aus dem eigentlichen Bankgeschäft stammen, also beispielsweise fällige, noch nicht ausgezahlte Gehälter.

Aktiva und Passiva der deutschen Banken

(ohne Deutsche Bundesbank), Mai 2017, in Mrd. Euro

Aktiva		Passiva	
1. Barreserve (Bargeldbestände und Guthaben bei der Deutschen Bundesbank)	323,4	1. Verbindlichkeiten gegenüber Banken	1.729,0
2. Kredite an Nichtbanken darunter:	3.281,1	2. Verbindlichkeiten gegenüber Nichtbanken darunter:	3.532,9
– kurzfristige Buchkredite	337,7	– täglich fällige Einlagen	1.898,4
– mittel- und langfristige Buchkredite	2.937,4	– Termineinlagen	978,8
		– Spareinlagen (inkl. Sparbriefe)	655,7
3. Kredite an Banken	1.921,7	3. Bankschuldverschreibungen	1.131,9
4. Wertpapiere und Beteiligungen	1.368,4	4. Kapital und Rücklagen	489,7
5. Sonstige Aktiva	941,7	5. Sonstige Passiva	952,8
Bilanzsumme	7.836,3	Bilanzsumme	7.836,3

Barreserve

Die Barreserve, d. h. der Bestand der Banken an Bargeld und Guthaben bei der Zentralbank, ist im Vergleich mit den meisten anderen Posten relativ gering. Dies überrascht zunächst, weil doch die Aufrechterhaltung der Zahlungsfähigkeit für die Banken oberstes Gebot sein muss. Die Barreserve ist sogar wesentlich niedriger als die täglich fälligen Einlagen, welche die Kunden bei den Banken jederzeit abfordern können. Erfahrungsgemäß ist es aber ziemlich unwahrscheinlich, dass alle Kunden ihr Geld auf einmal abheben. Die Banken kommen deshalb mit relativ geringen Barreserven aus, zumal sie sich in extremen Situationen über ihren direkten Zugang zur Zentralbank kurzfristig zusätzliches Bargeld beschaffen können.

Kredite an und Verbindlichkeiten gegenüber Banken

Recht umfangreich ist das direkte Kreditgeschäft der inländischen Banken untereinander, das sich sowohl auf der Aktiv- als auch auf der Passivseite der Bilanz niederschlägt. Die Forderung der einen Bank ist in diesem Fall die Verpflichtung der anderen. Dieses Interbanken-Kreditgeschäft dient vor allem auch dem kurzfristigen Liquiditätsausgleich: Banken, die gerade einen Überschuss an Liquidität haben, leihen dieses Geld denjenigen Banken, die gerade Liquiditätsbedarf haben. Oft wird solch ein Kredit nur „über Nacht" gewährt. Angebot und Nachfrage der Banken nach Liquidität treffen auf dem sogenannten Geldmarkt zusammen.

Kredite an und Verbindlichkeiten gegenüber Nichtbanken

Den größten Posten auf der Aktivseite bilden die Kredite an in- und ausländische Nichtbanken. Dazu zählen:
– kurzfristige Betriebsmittelkredite für Unternehmen
– langfristige Investitionskredite für Unternehmen
– Dispositionskredite auf Lohn- und Gehaltskonten
– Ratenkredite an private Haushalte
– Hypothekenkredite für Bauherren und Unternehmen
– Ausleihungen an öffentliche Stellen

Ein großer Posten unter den Verbindlichkeiten auf der Passivseite der Banken sind die Einlagen, die sich aus den täglich fälligen Sichteinlagen sowie den Spar- und Termineinlagen zusammensetzen.

Wertpapiere und Beteiligungen

Die Banken halten in größerem Umfang marktgängige Wertpapiere als eine Ertrag bringende Liquiditätsreserve. Wenn sie Zentralbankgeld benötigen, können sie diese Wertpapiere bei Refinanzierungsgeschäften mit der Zentralbank als Sicherheit stel-

Wertpapiere in Kundendepots sind nicht Eigentum der Bank.

len. Daneben nehmen Banken Wertpapiere in ihren Bestand, weil sie auf Kursgewinne spekulieren. Diese Positionen werden auf der Aktivseite der Bilanz erfasst. Davon zu unterscheiden sind die Wertpapiere, die die Banken für ihre Kunden in Depots verwahren. Da diese Wertpapiere nicht ihnen, sondern ihren Kunden gehören, erscheinen sie nicht in den Bilanzen der Banken.

Unter Beteiligungen versteht man den Besitz von Anteilen an einem Unternehmen, beispielsweise in Form von Aktien. Das bedeutet, eine Bank stellt einem anderen Unternehmen dauerhaft Eigenkapital zur Verfügung und erhält im Gegenzug in der Regel ein Recht auf Mitsprache sowie Anteile an Gewinnen und Verlusten. Banken erwerben Beteiligungen an anderen Unternehmen oder gründen Tochtergesellschaften, die ihnen vollständig gehören, um sich bestimmte Geschäftsfelder bzw. Regionen zu erschließen.

Bankschuldverschreibungen

Bankschuldverschreibungen sind von den Banken selbst ausgegebene Wertpapiere. Sie stellen für die Banken Fremdkapital dar, da die Käufer dieser Schuldverschreibungen der Bank ihr Geld nur befristet zur Verfügung stellen. Die von den Banken ausgegebenen Schuldverschreibungen – dazu zählen auch Hypothekenpfandbriefe, öffentliche Pfandbriefe sowie „Zertifikate" – sind eine wichtige Finanzierungsquelle der Banken. Sie werden von privaten Sparern, institutionellen Anlegern wie Pensionsfonds und Versicherern und auch anderen Banken gehalten. Die Banken spielen also eine bedeutende Rolle am Kapitalmarkt – als Emittenten, Erwerber und Großhändler von Wertpapieren.

Kapital und Rücklagen

Das Eigenkapital setzt sich aus dem von den Gesellschaftern eingezahlten Kapital und den Rücklagen zusammen. Die genaue Bezeichnung (z. B. Grundkapital oder Stammkapital) hängt von der jeweiligen Gesellschaftsform der Bank ab (z. B. AG, eG oder GmbH). Nicht ausgeschüttete Gewinne werden in die Rücklagen eingestellt.

Außerbilanzielle Geschäfte

Nicht alle Vermögen und Verbindlichkeiten einer Bank erscheinen in der Bilanz. Garantien und Bürgschaften beispielsweise stellen Verbindlichkeiten dar, allerdings ist die Verpflichtung der Bank zu ihrer Leistung noch ungewiss. Daher sind diese auch als Eventualverbindlichkeiten bezeichneten Positionen „unter dem Strich" der Bilanz auszuweisen.

Ein erheblicher Teil der Geschäftsaktivitäten von Banken entfällt inzwischen auf derivative Finanzinstrumente. Bei diesen Geschäften handelt es sich um Vereinbarungen auf zukünftige Finanztransaktionen, sogenannte Termingeschäfte. Optionen sind ein Beispiel: Sie gewähren dem Optionsinhaber das Recht, nicht aber die

Nicht alle Bankgeschäfte tauchen in der Bilanz auf.

Pflicht, eine bestimmte Menge einer Bezugsgröße (z. B. Aktien, Rohstoffe u. ä.) zu einem vorab festgelegten Preis zu kaufen (Call-Option) oder zu verkaufen (Put-Option). Derivative Geschäfte werden bei Geschäftsabschluss in der Regel noch nicht in der Bilanz erfasst, da zu diesem Zeitpunkt meistens noch keine Leistung durch die Beteiligten erbracht worden ist. Sie werden daher auch als „schwebende" Geschäfte bezeichnet.

Um ihren Bedarf an Eigenkapital zu verringern, lagern manche Banken einen Teil ihres Geschäfts auf formal unabhängige, ihnen aber nahestehende „Zweckgesellschaften" aus. Auch diese Aktiva und Passiva tauchen unter Umständen nicht in den Bankbilanzen auf.

4.2.2 Die Banken in Deutschland

Die Bankendichte in Deutschland ist in den letzten Jahren erheblich zurückgegangen Während man 1990 noch rund 4.700 Banken in Deutschland zählen konnte, ist die

Die Anzahl an Banken ist in den letzten Jahren kontinuierlich gesunken.

Anzahl bis heute um mehr als die Hälfte zurückgegangen. Gleichwohl ist sie mit rund 1.900 Kreditinstituten im Vergleich zu anderen Ländern immer noch hoch.

Die Größenunterschiede zwischen den deutschen Banken sind sehr ausgeprägt. Den Großbanken und Landesbanken, die in der Regel auch international aktiv sind, steht eine Vielzahl mittlerer und kleinerer Banken gegenüber. Unterschiedlich sind auch die Rechtsformen: Die Banken sind privatrechtlich, öffentlich-rechtlich oder genossenschaftlich organisiert.

Universalbanken

Kennzeichnend für das deutsche Bankwesen ist das Universalbankprinzip. Die sogenannten Universalbanken bieten zahlreiche Bankdienstleistungen an. Universalbanken können Risiken in den einzelnen Geschäftssparten oft besser ausgleichen als stark spezialisierte Institute. Einen großen Teil des Universalbanksektors bilden die Sparkassen und Kreditgenossenschaften.

Kreditbanken

Die Kreditbanken umfassen die Großbanken, die Regionalbanken, sonstige Kreditbanken und die Zweigstellen ausländischer Banken. Durch Fusionen und Übernahmen hat sich die Zahl der Großbanken verringert. Die größte unter ihnen ist die Deutsche Bank, die auch zu den führenden global tätigen

Investmentbanken zählt. Eine weitere Großbank ist die Commerzbank, die 2009 die Dresdner Bank übernommen hat, sowie die frühere Hypo-Vereinsbank, die zum italienischen Finanzkonzern Unicredit gehört und jetzt unter diesem Namen firmiert. Auch Direktbanken zählen vielfach zu den Kreditbanken. Sie zeichnen sich dadurch aus, dass man bei ihnen nur telefonisch oder im Internet Bankgeschäfte tätigen kann.

Sparkassen

Die Sparkassen sind überwiegend öffentlich-rechtliche Kreditinstitute, d. h. Träger der Sparkassen sind meistens Gemeinden oder Gemeindeverbände. Es gibt aber auch freie Sparkassen mit privatrechtlicher Rechtsform. Die Sparkassen, die ursprünglich von den Städten und Gemeinden zur Förderung der regionalen Wirtschaft gegründet wurden, haben sich im Laufe der Zeit zu Universalbanken entwickelt, die viele Arten von Bankgeschäften betreiben. Der Schwerpunkt liegt aber immer noch auf der Hereinnahme von Spareinlagen und der Vergabe von mittel- und langfristigen Darlehen, beispielsweise für den Bau von Häusern sowie für Investitionen von mittelständischen Betrieben und Gemeinden. Aufgrund des in den Sparkassengesetzen der Länder festgelegten Regionalprinzips müssen sich die Sparkassen in ihrer Geschäftstätigkeit auf die Region ihres Sitzes beschränken.

Sparkassen sind überwiegend öffentlich-rechtliche Kreditinstitute.

Landesbanken

Die Landesbanken sind als regionale Zentralinstitute der Sparkassen und deren zentraler Verrechnungsstelle beim bargeldlosen Zahlungsverkehr entstanden. Traditionell stellen die Landesbanken im Rahmen ihres öffentlichen Auftrags zudem Finanzdienstleistungen für staatliche Gebietskörperschaften (z. B. Länder und Gemeinden) bereit. Vor allem im Geschäft mit Großkunden agieren sie als Konkurrenten der Geschäftsbanken. Die Landesbanken übernehmen die Aufgaben, für die die einzelnen Sparkassen zu klein sind. Nicht mehr alle Landesbanken sind heute noch im ausschließlichen Eigentum von Bundesländern, Kommunen und Sparkassen. Unter den zehn größten deutschen Kreditinstituten sind vier Landesbanken. Die größte von ihnen ist die Landesbank Baden-Württemberg.

Kreditgenossenschaften

Die Genossenschaftsbanken oder Kreditgenossenschaften sind in erster Linie Banken des Mittelstandes, also mittlerer und kleinerer Unternehmen. Man kann zwischen ländlichen und gewerblichen Kreditgenossenschaften unterscheiden. Die gewerblichen Kreditgenossenschaften (Volksbanken) sind als Einrichtungen zur Selbsthilfe von kleinen Gewerbetreibenden in Handel und Handwerk entstanden. Die ländlichen Kreditgenossenschaften (Raiffeisenbanken) waren ursprünglich Zusammenschlüsse von Landwirten, um die Monopolisierung der Abnahme ihrer Produkte durch Handelsfirmen abzuwehren und durch gemeinsamen Einkauf (z. B. von Düngemitteln) die eigene Marktposition zu stärken. Die Genossenschaftsbanken sind eng verbunden mit ihren Zentralinstituten, den genossenschaftlichen Zentralbanken. Die DZ-Bank gehört als größtes genossenschaftliches Zentralinstitut zu den zehn größten deutschen Kreditinstituten.

Kreditgenossenschaften sind in erster Linie Volks- und Raiffeisenbanken.

Spezialbanken

Realkreditinstitute (z. B. Hypothekenbanken) gewähren langfristige Darlehen, um den Bau von Immobilien und öffentliche Projekte zu finanzieren. Dafür geben sie Schuldverschreibungen (sogenannte Pfandbriefe) aus, die von Privatleuten, Versicherern und anderen Banken erworben werden. Bausparkassen sammeln auf der Grundlage abgeschlossener Bausparverträge bei Bausparern Geld ein und vergeben an die Bausparer nach einem Zuteilungsplan Darlehen. Kreditinstitute mit Sonderaufgaben unterstützen beispielsweise langfristige Finanzierungen von Investitionen. Dazu zählt die Kreditanstalt für Wiederaufbau (KfW), die eng in die staatliche Wirtschaftsförderung im In- und Ausland eingebunden ist und u. a. Kredite zur Finanzierung von Energiespar-Investitionen zu subventionierten Zinsen vergibt. Sonstige Spezialbanken sind insbesondere Bürgschaftsbanken und Wohnungsunternehmen mit Spareinrichtung.

4.3 Weitere Beteiligte im Finanzsystem

Neben den Banken gibt es noch weitere Finanzintermediäre im Finanzsystem, die Kapital annehmen und am Kapitalmarkt anlegen. Es sind Versicherungsunternehmen und Investmentfonds, die auch als Kapitalsammelstellen bezeichnet werden. Ein weiterer wichtiger Bestandteil des Finanzsystems sind die Finanzmärkte, an denen die Anbieter auf die Nachfrager finanzieller Mittel treffen.

Versicherungsunternehmen

Kapitalsammelstellen der besonderen Art sind die zahlreichen Unternehmen der privaten Versicherungswirtschaft. Vor allem die Lebens- und Rentenversicherer konnten in den vergangenen Jahren mit dem wachsenden Gewicht der privaten Altersvorsorge ihre Marktstellung ausbauen. Von der privaten Versicherungswirtschaft ist die gesetzliche Sozialversicherung zu unterscheiden. Sie finanziert ihre Leistungen überwiegend aus den laufenden Beiträgen der Versicherten im sogenannten Umlageverfahren.

Investmentfonds

In großem Umfang legen die Sparer ihr Geld auch bei Investmentfonds an. Deren Grundidee ist es, auch „Kleinsparern" die Möglichkeit zu geben, Ersparnisse nach dem Prinzip der Risikostreuung am Kapitalmarkt, Geldmarkt oder Immobilienmarkt anzulegen. Wer sein Geld Investmentfonds zur Verfügung stellt, erhält dafür „Investmentzertifikate" oder Investmentanteilsscheine, also Wertpapiere, die den Anspruch auf einen bestimmten Teil des Fondsvermögens darstellen. Die bei einer Vielzahl von kleinen Geldbeträgen zusammenkommenden großen Summen können von professionellen „Fondsmanagern" breit gestreut in attraktiv erscheinende Anlagen investiert werden. Je nach dem Anlagegegenstand der Fonds spricht man von Immobilienfonds, Aktienfonds, Rentenfonds oder Geldmarktfonds. Letztgenannte investieren ausschließlich in kurzfristige Anlagen und werden als Konkurrenzprodukt zu Bankeinlagen – vor allem zu Termineinlagen – angeboten.

Grundprinzip Investmentfonds

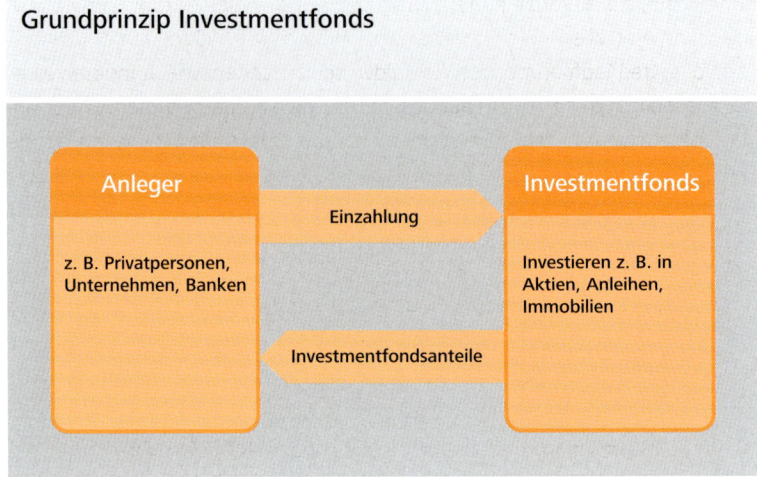

Von den „Investmentzertifikaten" sind „Zertifikate" zu unterscheiden, die durch ihre besondere rechtliche Konstruktion für den Anleger beträchtliche Risiken bergen können.

Finanzmärkte

Auf den Finanzmärkten treffen Anleger und Kapitalnehmer aufeinander. Dabei kommen diese nicht persönlich zusammen, um Wertpapiere zu handeln. Vielmehr beauftragen sie Banken oder Wertpapierhäuser damit, für sie Wertpapiere zu kaufen oder zu verkaufen. Für den Anleger hat der Kauf von Wertpapieren den Vorteil, dass er sie – zumindest wenn sie an der Börse gehandelt werden – rasch wieder verkaufen kann. Wertpapiere können höhere Erträge als beispielsweise Bankeinlagen abwerfen, doch ist bei ihnen auch das Risiko höher, einen Verlust zu erleiden. Bei der

Auf den Finanzmärkten kommen Anbieter und Nachfrager finanzieller Mittel zusammen.

Kapitalbeschaffung über den Verkauf von Wertpapieren steht die Ausgabe von Schuldverschreibungen bzw. Anleihen im Vordergrund. Weil solche Wertpapiere zumeist feste Zinszahlungen in bestimmten Abständen („Renten") vorsehen, werden sie auch als Rentenpapiere bezeichnet.

Der Markt, auf dem sie gehandelt werden, wird Anleihe- oder Rentenmarkt genannt. Vor allem der Staat hat seit Anfang der 1990er Jahre sehr stark auf die Kreditaufnahme über Schuldverschreibungen wie Bundesanleihen, Bundesobligationen oder Bundesschatzbriefe zurückgegriffen. Auch die deutschen Banken geben in großem Umfang eigene Schuldverschreibungen aus, um sich längerfristig zu refinanzieren. Eine besonders bekannte Form der Bankschuldverschreibungen sind die Hypothekenpfandbriefe, die der Refinanzierung von Immobilienkrediten dienen. Auf dem Aktienmarkt werden Unternehmensanteile (Aktien) gehandelt. Aktiengesellschaften (AGs) beschaffen sich durch die Ausgabe von Aktien Eigenkapital. Der Aktienmarkt ist vor allem für große und mittelgroße Unternehmen eine wichtige Finanzierungsquelle. Der Aktienbesitzer erwirbt mit dem Kauf der Aktie einen Anteil am Unternehmen – und damit das Anrecht, an Gewinnen des Unternehmens beteiligt zu werden. Befürchtet der Anleger hingegen, dass „sein" Unternehmen Verluste erleiden wird, kann er die Aktien meist rasch über die Börse verkaufen – allerdings unter Umständen zu einem ungünstigen Kurs.

4.4 Veränderungen im internationalen Finanzsystem

In den letzten Jahrzehnten hat sich das internationale Finanzsystem stark verändert. Den Anlegern stehen in der modernen Welt des weitgehend freien Kapitalverkehrs mehr Anlageziele und auch mehr Anlageformen zur Auswahl. So gesehen ist das Finanzsystem sicherlich leistungsfähiger geworden – aber auch störanfälliger.

4.4.1 Internationalisierung des Finanzsystems

Das Geld, das bei einer Bank oder einem Investmentfonds angelegt wird, kann heute praktisch überall in der Welt verwendet werden: International tätige Banken geben Kredite an Großunternehmen aus aller Welt, und handeln mit Wertpapieren, unabhängig von deren nationaler Herkunft. Auch die Sparer und Investoren sind daran interessiert, Geld im Ausland anzulegen. Sie erhoffen sich, dass die Anlage dort höhere Erträge erzielt oder die Risiken besser gestreut sind.

Die Ursachen für die Internationalisierung der Finanzmärkte sind vielschichtig. Wichtige Anstöße hat die Politik gegeben: Beispielsweise haben viele Staaten beschlossen, grenzüberschreitenden Kapitalverkehr zuzulassen. In Europa ist mit Einführung der gemeinsamen Währung ein Währungsraum entstanden, in dem frei von Wechselkursrisiken in jedem Mitgliedsland investiert werden kann. Auch der rapide technische Fortschritt spielt eine Rolle. Die intensive Nutzung der elektronischen Datenverarbeitung ermöglicht es, komplizierte Finanzgeschäfte einfach „per Knopfdruck" auszuführen. Dabei ist es unerheblich, ob das Computerterminal in Frankfurt, New York oder Tokio steht. Die so gestiegene Leistungsfähigkeit der Finanzsysteme hat neben dem Tempo auch das Volumen der Transaktionen massiv ansteigen lassen.

Wirtschaftlich ist es sinnvoll, finanzielle Mittel von jenen, die Geld anlegen wollen, zu jenen, die Geld für Investitionen benötigen, über nationale Grenzen hinweg weiterzuleiten. Dies ermöglicht Investitionen, die hohe Erträge einbringen können, aber allein aus heimischen Finanzquellen nicht zu decken wären. Beispielsweise wäre der zeitweilig außerordentlich hohe Kapitalbedarf Deutschlands nach der Wiedervereinigung ohne Kapital aus dem Ausland nur schwer zu decken gewesen. Ähnlich wäre der rasche wirtschaftliche Aufstieg vieler Länder in Asien, Osteuropa oder Südamerika ohne ausländisches Kapital nicht möglich gewesen.

Weltweite Finanzmärkte eröffnen mehr Finanzierungsmöglichkeiten.

Strukturwandel an den Finanzmärkten

Neuere Finanzierungsinstrumente und Marktakteure spielen heute eine große Rolle.

Doch nicht nur die Zielorte der Ersparnisse, sondern erst recht die Wege dorthin haben sich dramatisch verändert. Dazu hat der Auftritt neuer Akteure beigetragen: Beispielsweise sammeln Hedgefonds bei wohlhabenden Personen oder Institutionen Kapital ein und treten damit massiv als Investoren an den Finanzmärkten auf. „Private Equity Fonds" haben sich darauf spezialisiert, Unternehmen zu erwerben, diese umzustrukturieren und wieder zu verkaufen – im günstigen Fall mit hohem Gewinn.

Auch wurden neue Finanzierungsinstrumente entwickelt. Während früher traditionelle Bankkredite und Bankeinlagen auch im internationalen Finanzgeschäft dominierten, ist seit den 1980er Jahren der Handel mit Wertpapieren in den Vordergrund gerückt. Neue Wertpapierformen, wie das Commercial Paper – eine Art kurzlaufende Unternehmensanleihe – sowie derivative Instrumente wie Terminkontrakte, Swaps und Optionen spielen heutzutage eine große Rolle.

Eine wichtige Rolle spielen auch die sogenannten Verbriefungen. Die Grundidee besteht darin, Kreditforderungen samt ihren künftigen Zins- und Tilgungszahlungen handelbar zu machen. Dazu bündeln Banken manchmal Hunderte Kreditforderungen und verkaufen sie an eine sogenannte Zweckgesellschaft. Die Zweckgesellschaft beschafft sich das Geld für den Ankauf, indem sie die Forderungen in einem Wertpapier „verbrieft" und dieses Wertpapier, in kleine Abschnitte gestückelt, an Anleger verkauft.

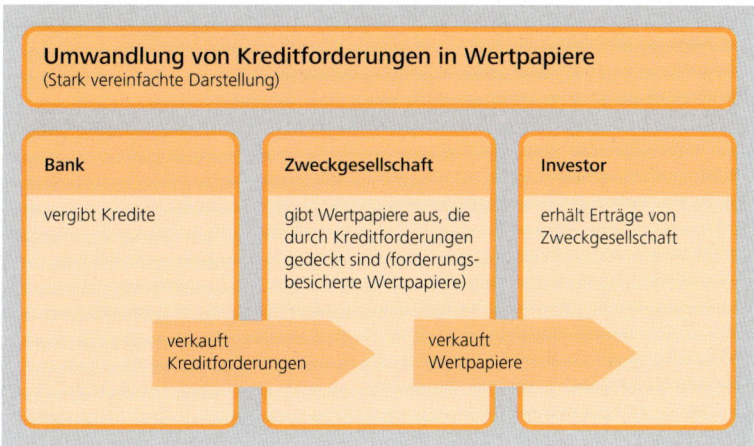

Schema einer Verbriefung:
Eine Bank überträgt Kreditforderungen auf eine eigens gegründete Zweckgesellschaft. Diese wandelt Kreditforderungen in Wertpapiere um und verkauft sie an Investoren. Diese erhalten Erträge, die aus den Kreditforderungen resultieren.

Umwandlung von Kreditforderungen in Wertpapiere
(Stark vereinfachte Darstellung)

Bank	Zweckgesellschaft	Investor
vergibt Kredite	gibt Wertpapiere aus, die durch Kreditforderungen gedeckt sind (forderungsbesicherte Wertpapiere)	erhält Erträge von Zweckgesellschaft

verkauft Kreditforderungen

verkauft Wertpapiere

Mit solchen Transaktionen verkaufen Banken Kreditforderungen in großem Stil an Dritte und nehmen sie damit aus ihrer Bilanz. Dadurch verschaffen sie sich – ohne ihr Eigenkapital erhöhen zu müssen – Spielraum für die Vergabe neuer Kredite, was für die Banken interessant ist, weil mit der Kreditvergabe meist lukrative Gebühreneinnahmen einhergehen. Käufer dieser mit Kreditforderungen besicherten Wertpapiere (Asset Backed Securities, ABS) sind in der Regel Investmentfonds, Versicherer, aber auch Banken. Sie erhalten Zins- und Tilgungszahlungen, die aus den unterliegenden Krediten gespeist werden.

Ratingagenturen spielen im modernen Finanzwesen eine wichtige Rolle, gerade auch aufgrund der neuen, oft hochkomplexen Finanzierungsinstrumente sowie der ständig wachsenden Zahl von Emittenten. Die meisten Anleger sind kaum in der Lage, die Risiken abzuschätzen, die der Kauf eines komplexen Finanzinstruments mit sich bringt. Hier kommen die

Ratingagenturen beurteilen die Bonität von Schuldnern und Emittenten.

Ratingagenturen ins Spiel. Sie sind darauf spezialisiert, die Bonität von Schuldnern wie beispielsweise Unternehmen, Banken oder Staaten zu analysieren: Als Ergebnis geben sie eine Einschätzung ab, für wie wahrscheinlich sie es halten, dass der Schuldner Zinsen und Tilgungsraten vollständig und pünktlich leisten kann. Die von den Ratingagenturen vergebene Bonitätsnote beeinflusst maßgeblich die Höhe des Zinssatzes, den ein Emittent auf ein von ihm begebenes Wertpapier zahlen muss. Die Krise hat offengelegt, dass auch die Ratingagenturen vor Fehleinschätzungen nicht gefeit sind. Anleger sind gut beraten, sich mit Hilfe unterschiedlicher Quellen über Chancen und Risiken geplanter Investments zu informieren.

4.4.2 Neue Risiken für die Finanzstabilität

Den neuen Chancen stehen aber auch neue Risiken entgegen. Bis zum Ausbruch der Finanz-, Wirtschafts- und Staatsschuldenkrise im Jahre 2007 haben viele der Akteure an den Finanzmärkten diese Risiken nicht immer in ihrer vollen Tragweite erkannt. Beispielsweise wurde vielfach unterschätzt, dass bestimmte forderungsbesicherte Wertpapiere hohe Risiken in sich trugen. Die Käufer dieser Papiere haben in der Krise hohe Verluste erlitten.

Bei nationalen Finanzkrisen der letzten Jahrzehnte spielte eine andere Problematik eine wichtige Rolle: Die Internationalisierung der Finanzmärkte erlaubt das Weiterleiten von finanziellen Mitteln in andere Länder. Das ist sinnvoll, solange die Finanzsysteme der Länder, denen Kapital zufließt, dieses auch produktiv verwenden können. Doch kann das zufließende Kapital den Wechselkurs des betreffenden Landes nach oben treiben. Das wiederum kann die

Die Internationalisierung des Finanzsystems bringt neue Möglichkeiten, aber auch neue Risiken.

Exportwirtschaft beeinträchtigen und zudem eine spekulative Blase am Immobilien- und Aktienmarkt des Landes auslösen. Platzt eine solche Spekulationsblase, wollen die ausländischen Kapitalgeber ihr Geld oft möglichst schnell zurückhaben. Dies stellt dann das Banken- und Finanzsystem in den ursprünglichen Zielländern vor große Probleme. Denn zum einen haben die Banken die Mittel oft langfristig ausgeliehen und geraten deshalb möglicherweise in einen Zahlungsengpass. Zum anderen führt eine solche plötzliche Umkehr der Kapitalströme häufig zu einer massiven Abwertung der Währung des ursprünglichen Ziellands. Als Folge wiegen dann die auf fremde Währung lautenden Auslandsschulden umso schwerer, womit das Risiko entsprechend steigt, zahlungsunfähig zu werden.

Mit dem Aufkommen neuer Finanzinstrumente hat das Eigenleben des Finanzsystems deutlich zugenommen. Heutzutage sind die Umsätze an den Finanzmärkten um ein Vielfaches höher als früher. Oft werden Finanzanlagen nicht mit Eigenkapital finanziert, sondern größtenteils durch Aufnahme von Krediten. Das erhöht die Gewinnchancen, aber auch die Verlustrisiken.

Als besonders folgenreich erwies sich, dass sich in der Mitte des vergangenen Jahrzehnts ein internationales Schattenbankensystem herausbildete. Als „Schattenbanken" werden Unternehmen bezeichnet, die bankähnliche Geschäfte betreiben, aber nicht unter der Kontrolle der staatlichen Bankenaufsicht stehen. Anders als die Bezeichnung vermuten lässt, sind Schattenbanken im Prinzip kein Teil der halblegalen oder illegalen „Schattenwirtschaft", doch gibt es auch Schattenbanken, die halblegal in einer rechtlichen Grauzone oder illegal agieren.

Eine Triebfeder hin zur Entwicklung eines Schattenbankensystems war der Wunsch mancher Banken, Kredite, die sie vergeben hatten, schnell an Zweckgesellschaften weiterzuverkaufen. Andere Banken gründeten Zweckgesellschaften, um forderungsbesicherte Wertpapiere aus den Verbriefungen aufzukaufen. Die Banken selbst übernahmen Service- und Garantieleistungen für die Zweckgesellschaften und erhielten

Durch die Gründung von Zweckgesellschaften entstand ein Schattenbankensystem.

dafür Gebühren. Seit Jahresbeginn 2017 müssen die Kreditinstitute die von der europäischen Bankenaufsichtsbehörde EBA (European Banking Authority) erstellten Leitlinien über Obergrenzen für Risikopositionen gegenüber Schattenbankunternehmen einhalten.

Vor allem zwei Effekte machten das Finanzsystem anfällig. Zum einen wurde das Bankensystem intransparenter. Wer letztlich die Risiken aus den ursprünglichen Krediten zu tragen hatte, war zunehmend schwierig einzuschätzen. Zum anderen entstanden Mängel in der Überwachung der Qualität der zugrunde liegenden Kreditforderungen. Wenn eine Bank einen Kredit vergibt und in den Büchern behält, kümmert sie sich aus eigenem Interesse um die Kreditwürdigkeit (Bonität) des Kreditnehmers. Denn kann der Kredit nicht zurückbezahlt werden, erleidet die Bank oft einen Verlust. Wenn die Bank den Kredit aber alsbald an eine Zweckgesellschaft weiterverkaufen kann, schenkt sie der Bonitätsprüfung womöglich nicht die notwendige Aufmerksamkeit. Damit nimmt das Risiko von Kreditausfällen zu. Um dieses Risiko einzugrenzen, beauftragen die Emittenten von verbrieften Wertpapieren in der Regel Ratingagenturen mit einer Bonitätsprüfung. In der Krise hat sich allerdings gezeigt, dass auch auf die Einschätzungen der Ratingagenturen nicht immer Verlass ist, vielmehr auch sie manche Risiken bisweilen deutlich unterschätzen.

Da die Finanzkrise gezeigt hat, dass vom Schattenbankensystem systemische Risiken ausgehen können, wird inzwischen auf globaler Ebene sowie auf EU-Ebene an einer staatlichen Regulierung auch der Schattenbanken gearbeitet.

4.4.3 Die Finanz-, Wirtschafts- und Staatsschuldenkrise: Ein kurzer Überblick

Die bisher schwerste Krise in der modernen Geschichte des internationalen Finanzsystems entzündete sich im Sommer 2007. Im Rückblick lassen sich – bislang – drei ineinander übergehende Phasen unterscheiden: eine Banken- und Finanzkrise („Subprime-Krise"), die im Sommer 2007 in den Vereinigten Staaten von Amerika ausbrach und rasch nach Europa übergriff. Dieser folgte eine globale Wirtschaftskrise, die im Herbst 2008 einsetzte, und eine Staatsschulden- und Bankenkrise, die einige Euro-Länder im Frühjahr 2010 erfasste und den gesamten Euroraum in Mitleidenschaft gezogen hat.

Phasen der Krise

Sommer 2007 — Banken- und Finanzkrise („Subprime-Krise")

Herbst 2008 — Globale Wirtschaftskrise

Frühjahr 2010 — Staatsschulden- und Bankenkrise

In den Jahren vor Ausbruch der Krise hatten amerikanische Banken Kredite an einkommensschwache Kunden mit geringer Bonität (sog. „Subprime-Kredite") zum Erwerb von Eigenheimen gewährt. Diese Kunden nahmen die Kredite oft in Anspruch, ohne die damit verbundenen Risiken zu beachten. Die Banken verbrieften anschließend einen großen Teil dieser Kredite. Die Ratingagenturen gaben diesen Wertpapieren optimistisch gute Urteile, auf die viele Investoren in der ganzen Welt vertrauten. Doch im Laufe der Zeit konnten immer mehr der amerikanischen Kreditnehmer die Zins- und Tilgungszahlungen nicht mehr leisten. Sie verkauften deshalb ihre Eigenheime.

Das löste eine Welle von Immobilienverkäufen aus, was einen Verfall der Immobilienpreise zur Folge hatte. Es entwickelte sich eine Abwärtsspirale aus fallenden Immobilienpreisen, steigender Arbeitslosigkeit im Baugewerbe, Konkursen von Immobilienfinanzierern und Panikverkäufen am Immobilienmarkt. Gleichzeitig wurden immer mehr Subprime-Kredite nicht mehr mit Zins und Tilgung bedient. Die Wertpapiere, in denen die Subprime-Kredite verbrieft waren, verloren an Wert oder fielen ganz aus. Viele Investoren und Banken mussten daraufhin massive Verluste einstecken.

Auch in Deutschland und anderen europäischen Ländern erlitten zahlreiche Banken bzw. ihnen verbundene Zweckgesellschaften vom Sommer 2007 an hohe Verluste. Manche konnten nur dadurch vor dem Zusammenbruch bewahrt werden, dass andere Banken oder staatliche Institutionen sie stützten. Die weitverbreitete Sorge, dass Banken über Nacht in den Strudel gerissen werden und Pleite gehen könnten, löste eine Vertrauenskrise unter den Banken aus: Kreditinstitute kürzten anderen Instituten die Kreditlinien oder gewährten ihnen überhaupt keine Kredite mehr. Der Markt für Interbankenkredite trocknete aus – was immer mehr Institute in Schwierigkeiten brachte und die Abwicklung des bargeldlosen Zahlungsverkehrs bedrohte. Das Eurosystem ging daraufhin im August 2007 dazu über, dem Bankensystem über zusätzliche Offenmarktgeschäfte in großem Stil zusätzliches Zentralbankgeld bereitzustellen.

Die Finanzkrise erreichte im Herbst 2008 einen Höhepunkt, als die große amerikanische Investmentbank Lehman Brothers Insolvenz anmelden musste. Die Sorge um weitere Zusammenbrüche ergriff weite Teile des globalen Finanzsystems: Banken scheuten sich, überhaupt noch Kredite zu vergeben. Investoren stießen riskante Investments zu Schleuderpreisen ab. An den Aktienmärkten rund um den Globus stürzten die Kurse und bereiteten den Anlegern Vermögenseinbußen.

Die allgemeine Unsicherheit erfasste auch die übrige Wirtschaft: Viele Unternehmen stellten Investitionen zurück oder konnten geplante Investitionen mangels Bankkrediten nicht finanzieren. Das löste in vielen Ländern rund um den Globus einen ungewöhnlich scharfen Einbruch der

Der Finanzkrise folgte eine weltweite Wirtschaftskrise.

Wirtschaftstätigkeit aus. Zum Beispiel ging das deutsche Bruttoinlandsprodukt (BIP) im Jahr 2009 um 5,2 % zurück. Das war der bei Weitem stärkste Rückgang seit Ende des Zweiten Weltkriegs.

Um die Finanz- und Wirtschaftskrise einzudämmen, beschlossen die Regierungen der 20 wichtigsten Wirtschaftsnationen der Welt („G20") und globale Institutionen wie der Internationale Währungsfonds zahlreiche Programme. Wie viele andere Regierungen ergriff die Bundesregierung gleichzeitig mehrere Maßnahmen: Um die Bankenkrise zu entschärfen, richtete sie im Herbst 2008

Die Bundesregierung brachte zahlreiche Maßnahmen auf den Weg, um den Folgen der Krise zu begegnen.

den Sonderfonds Finanzmarktstabilisierung (SoFFin) ein. Der SoFFin konnte deutsche Banken mit insgesamt 480 Milliarden Euro unterstützen durch die Gewährung von Garantien, die Bereitstellung von Eigenkapital und den Ankauf von Wertpapieren. Um auch die privaten Sparer zu beruhigen und einem zeitweise befürchteten „Sturm auf die Banken" vorzubeugen, sprach die Bundesregierung im Oktober 2008 eine Garantie für alle privaten Spareinlagen aus. Weiter legte die Bundesregierung in kurzer Abfolge zwei Konjunkturprogramme auf, die dem wirtschaftlichen Abschwung entgegenwirken sollten. Beispielsweise gewährte sie Bürgern einen Zuschuss, wenn sie ein altes, wenig umweltfreundliches Auto verschrotteten und ein neues Auto kauften („Abwrackprämie"). Das stabilisierte den Autoabsatz und dies wiederum die Beschäftigung in der Autoindustrie. Die Bundesregierung finanzierte diese Ausgaben über die Aufnahme von Krediten.

Auch die amerikanische Zentralbank, das Eurosystem und weitere Zentralbanken in aller Welt legten Programme zur Bekämpfung der Krise auf. Dazu zählten zum Beispiel der Ankauf von Wertpapieren und die Senkung wichtiger Zinssätze. Die G20 wiederum stießen auf globaler Ebene unter anderem die Änderung von Buchhaltungsvorschriften, die Entwicklung neuer Vorschriften zur Regulierung des Finanzgewerbes und Maßnahmen zum Austrocknen von unregulierten „Finanzparadiesen" an.

Die Konjunkturprogramme bewirkten, dass sich die Wirtschaft in vielen Ländern rasch erholte. In Deutschland zum Beispiel erhöhte sich das BIP bereits im Jahre 2010 wieder um 3,6 % – ein vergleichsweise starker Zuwachs. 2011 nahm das deutsche BIP um rund 3 % zu. Ähnlich erholte sich auch die Weltwirtschaft rasch. Doch hatten die großangelegten staatlichen Programme zur Stabilisierung von Finanzindustrie und Konjunktur eine Kehrseite: Um die Maßnahmen zu finanzieren, mussten viele Staaten ungewöhnlich große Kredite aufnehmen. In Deutschland stieg die staatliche Nettokreditaufnahme im Jahre 2009 auf 3 % des BIP, die Schuldenquote – das Verhältnis der Gesamtverschuldung des Staates zum BIP – stieg wegen des starken BIP-Rückgangs sogar von 66 % im Jahre 2008 auf 73,5 % im Jahre 2009. Im Jahre 2010 erhöhte sich diese Kennziffer sogar auf mehr als 80 %. In vielen anderen Ländern war die Entwicklung von Nettokreditaufnahme und Schuldenquote noch dramatischer. Gegen Jahresende 2009 wurde der massive Anstieg der Staatsverschuldung zu einer neuen Quelle von Unsicherheit. Die Besitzer von Staatsanleihen stellten sich die Frage, ob die hochverschuldeten Staaten künftig in der Lage sein würden, ihre Schulden mit Zins und Tilgung zu bedienen.

Staatsschulden ausgewählter Euro-Länder

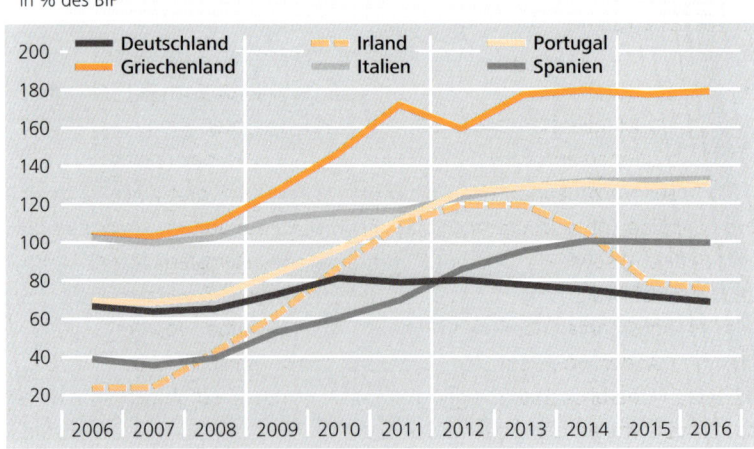

in % des BIP

Quelle: Europäische Kommission, Frühjahrsprognose 2017.

Viele Anleger verkauften die von ihnen gehaltenen Staatsanleihen und hielten sich beim Ankauf neu begebener Titel zurück. Davon besonders betroffen waren wegen ihrer schlechten Finanz- und Wirtschaftslage Griechenland, Irland und Portugal. Im Frühjahr 2010 war die griechische Regierung nicht mehr in der Lage, am Kapitalmarkt Geld aufzunehmen, um auslaufende Anleihen zu tilgen und die laufenden Staatsausgaben zu finanzieren.

Um der nunmehr entflammten Staatsschuldenkrise zu begegnen, schnürten die EU-Länder und der Internationale Währungsfonds im Mai 2010 ein „Rettungspaket" in Form von Krediten. Im Gegenzug musste sich die griechische Regierung zu weitreichenden Reformen verpflichten, die das Ziel hatten, die Staatsverschuldung zu verringern und das Wirtschaftswachstum zu fördern. Wenig später beschlossen die EU-Länder die Gründung eines großen Krisenfonds („EFSF"). Zudem brachten sie Programme zur besseren Überwachung und Koordination der wirtschaftlichen Entwicklung sowie der staatlichen Finanzen auf den Weg.

Der Finanz- und Wirtschaftskrise folgte die Staatsschuldenkrise.

Der EFSF wurde im Oktober 2012 durch den „permanenten Rettungsschirm" Europäischer Stabilitätsmechanismus (ESM) abgelöst. Im Jahre 2010 musste Irland, 2011 Portugal, 2012 Spanien und wiederum Griechenland sowie 2013 Zypern Kredite aus einem europäischen Krisenfonds in Anspruch nehmen, jeweils gegen strenge Auflagen.

In Reaktion auf die tiefgreifende Krise haben die europäischen Institutionen und die EU-Mitgliedstaaten eine Vielzahl von Reformen umgesetzt, zudem neue Institutionen aufgebaut. Diese Maßnahmen sollen dazu beitragen, künftigen Krisen vorzubeugen. Der folgende Abschnitt 4.5 gibt einen Überblick über wichtige Entwicklungen auf dem Feld der Bankenaufsicht (mikroprudenzielle Aufsicht) sowie der Überwachung der Finanzsystemstabilität (makroprudenzielle Überwachung). In Kapitel 5 stellt Abschnitt 5.5 wichtige Reformen am Ordnungsrahmen der EU dar, zum Beispiel den Aufbau von Rettungsschirmen und Änderungen am Stabilitäts- und Wachstumspakt. Abschnitt 6.3.4 gibt einen Überblick über die geldpolitischen Sondermaßnahmen, mit denen das Eurosystem auf die Krise reagiert hat.

Haushaltssalden ausgewählter Euro-Länder

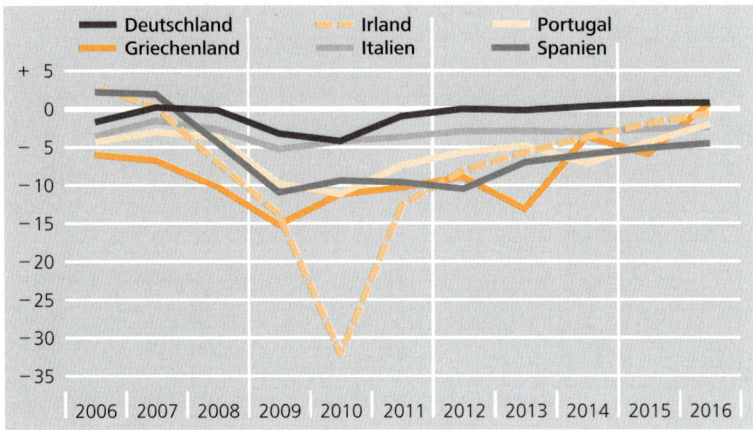

Quelle: Europäische Kommission, Frühjahrsprognose 2017.

4.5 Sicherung der Stabilität des Finanzsystems

Die Finanzkrise hat gezeigt, dass das internationale Finanzsystem einen verbesserten Ordnungsrahmen benötigt. Deshalb beschloss die Politik, sowohl die traditionelle „mikroprudenzielle" Aufsicht, die auf einzelne Institute ausgerichtet ist, als auch die „makroprudenzielle" Überwachung, die die Stabilität des Finanzsystems insgesamt in den Blick nimmt, zu verbessern und auszubauen. So haben die EU-Mitgliedstaaten im Jahre 2011 die drei seinerzeit schon bestehenden europäischen Aufsichtsausschüsse umgebildet und ihnen erweiterte Befugnisse verliehen.

Seit 2011 besteht das Europäische System der Finanzaufsicht (ESFS).

Neben der für die Bankenregulierung und -aufsicht zuständigen EBA (European Banking Authority) sind dies die für Finanz- und Wertpapiermärkte zuständige ESMA (European Securities and Markets Authority) und die für Versicherer und betriebliche Pensionsfonds zuständige EIOPA (European Insurance and Occupational Pensions Authority). Diese drei Institutionen werden unter dem Oberbegriff

European Supervisory Authorities (ESAs) zusammengefasst. Sie widmen sich schwerpunktmäßig der Aufgabe, EU-weit einheitliche Aufsichtsstandards für Banken, für die Wertpapiermärkte und für Versicherer und Pensionsfonds zu entwickeln. Mit ihrer Ausrichtung auf die Erarbeitung allgemeiner Regeln für einzelne Institute zählen diese Behörden zur sogenannten mikroprudenziellen Aufsicht.

Neu geschaffen wurde in der EU 2011 der Europäische Ausschuss für Systemrisiken (European Systemic Risk Board, ESRB) mit Sitz in Frankfurt am Main. Dem Ausschuss gehören Zentralbank-Präsidenten und Aufseher aus allen EU-Ländern an, sowie Vertreter der Europäischen Kommission und der ESAs. Zu den Aufgaben des Ausschusses zählt es, die Entwicklungen im EU-Finanzsystem insgesamt zu beobachten, auf Risiken hinzuweisen sowie Abhilfemaßnahmen vorzuschlagen. Mit seiner Ausrichtung auf das Finanzsystem insgesamt zählt der ESRB zur sogenannten makroprudenziellen Überwachung.

Die drei ESAs (mit ihrem Schwerpunkt „Regulierungsaufgaben") und der ESRB bilden zusammen mit den nationalen Aufsichtsbehörden sowie dem gemeinsamen Ausschuss der europäischen Aufsichtsbehörden das European System of Financial Supervision (ESFS). Dieses System von Regulierungs- und Aufsichtsbehörden soll die nationalen Behörden koordinieren und anführen.

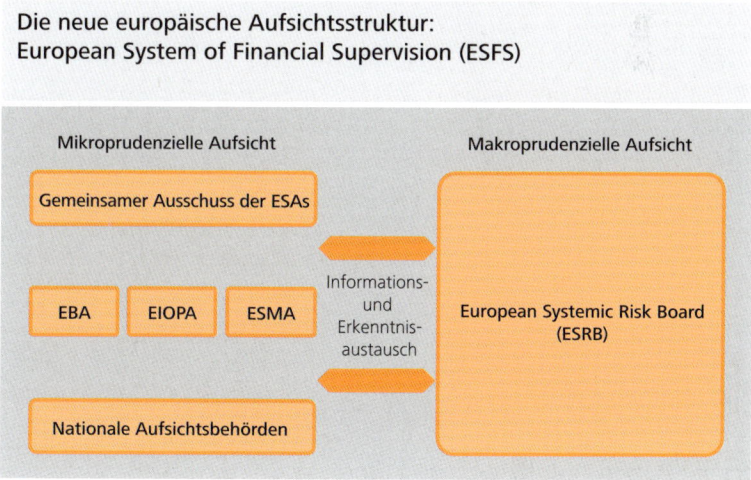

Die neue europäische Aufsichtsstruktur:
European System of Financial Supervision (ESFS)

Mikroprudenzielle Aufsicht | Makroprudenzielle Aufsicht

Gemeinsamer Ausschuss der ESAs

EBA EIOPA ESMA

Informations- und Erkenntnisaustausch

European Systemic Risk Board (ESRB)

Nationale Aufsichtsbehörden

Da sich die Bankenkrise weiter verschärfte, beschlossen die EU-Staaten in den Jahren 2013 und 2014 die Errichtung der „Bankenunion" mit ihren drei Bausteinen Bankenaufsicht, Bankenabwicklung und Einlagensicherung. Damit wurde die mikroprudenzielle Aufsicht über die einzelnen Banken im Euroraum unter die Führung der Europäischen Zentralbank (EZB) gestellt (s. Abschnitt 4.5.1). Gleichzeitig erhielt die EZB auch zusätzliche Kompetenzen in der makroprudenziellen Überwachung (siehe Abschnitt 4.5.3). Die Bankenunion steht institutionell neben dem European System of Financial Supervision (ESFS).

4.5.1 Die europäische Bankenunion

In Reaktion auf die Finanz- und Wirtschaftskrise hat die EU die gesetzlichen Grundlagen für die „Bankenunion" geschaffen, ein Gefüge neuer europäischer Institutionen. Die Bankenunion umfasst den Einheitlichen Aufsichtsmechanismus, den Einheitlichen Abwicklungsmechanismus sowie grundsätzlich ein gemeinsames System der Einlagensicherung.

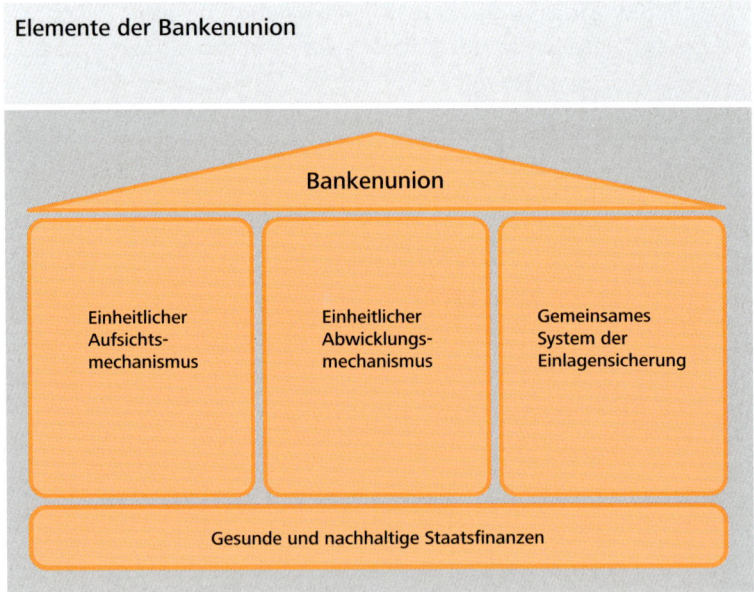

Der einheitliche Aufsichtsmechanismus hat im November 2014 seine Arbeit aufgenommen, der einheitliche Abwicklungsmechanismus zum Jahresbeginn 2016. Eine gemeinsame Einlagensicherung wird auf politischer Ebene kontrovers diskutiert. An der Bankenunion nehmen alle Euro-Länder teil, sowie EU-Länder, die freiwillig beitreten. Die Bankenunion soll die Aufsicht über die Banken in den teilnehmenden Staaten vereinheitlichen und verbessern, die Finanzstabilität im Euroraum erhöhen und die enge Verknüpfung der Verschuldung von Finanzsektor und Staaten lockern.

Der Einheitliche Aufsichtsmechanismus

Der Einheitliche Aufsichtsmechanismus (Single Supervisory Mechanism, SSM) hat einen neuen Rahmen für die Bankenaufsicht in Europa geschaffen. Hauptzweck ist, die Sicherheit und Solidität des europäischen Bankensystems zu gewährleisten sowie die Finanzintegration und -stabilität in Europa zu stärken. Verflechtungen zwischen Banken und Staaten sollen reduziert, Einleger und Gläubiger der Finanzinstitute vor Verlusten geschützt sowie das Vertrauen der Bürgerinnen und Bürger in den europäischen Bankensektor gestärkt werden.

Mit dem SSM, der am 4. November 2014 seine Arbeit aufnahm, ist die Verantwortung für die Bankenaufsicht in den teilnehmenden Ländern auf die EZB übergegangen. Die EZB arbeitet dabei eng mit den nationalen Behörden für die Bankenaufsicht zusammen; in Deutschland sind das die Bundesanstalt für Finanzdienstleistungsaufsicht (BaFin) und die Deutsche Bundesbank. Zu den Aufgaben, welche die EZB zentral wahrnimmt, zählt

Seit 2014 ist die EZB für die Bankenaufsicht im Euroraum verantwortlich.

sicherzustellen, dass alle Vorschriften beachtet und in allen teilnehmenden Ländern einheitlich umgesetzt werden. Daneben ist die EZB dafür zuständig, Banken die Zulassung zu erteilen bzw. zu entziehen sowie den Erwerb und die Veräußerung von Anteilen an Banken zu beurteilen.

Die EZB beaufsichtigt rund 120 „bedeutende" Banken der teilnehmenden Länder direkt, die Aufsicht über die weniger bedeutenden Institute verbleibt bei den nationalen Aufsichtsbehörden (National Competent Authorities, NCA). Zur laufenden Beaufsichtigung der bedeutenden Institute bildet die EZB

Gemeinsame Aufsichtsteams (Joint Supervisory Teams, JSTs), die aus EZB-Mitarbeitern und Mitarbeitern der NCAs bestehen. Bei den als „weniger bedeutend" eingestuften Banken – im Euroraum gibt es davon ungefähr 3.400 – liegt mit Ausnahme der zuvor erwähnten Erlaubnisverfahren und Anteilseignerkontrolle die aufsichtliche Entscheidungsbefugnis bei den NCAs. Für Bundesbank und BaFin bedeutet dies, dass sie weiterhin den größten Teil der deutschen Banken beaufsichtigen.

Die Entscheidung, ob eine Bank als „bedeutend" eingestuft wird, richtet sich nach ihrer Größe (Gesamtaktiva von mehr als 30 Milliarden Euro und über 20 % des BIP, jedoch nicht unter 5 Milliarden Euro) oder ihrer Bedeutung für die Wirtschaft des Landes, in dem sie ansässig ist. In jedem teilnehmenden Land unterliegen zumindest die drei bedeutendsten Banken ungeachtet ihrer absoluten Größe der direkten Aufsicht durch die EZB. Damit die Trennung zwischen den aufsichtlichen und geldpolitischen Funktionen der EZB sichergestellt ist, wurden neue Gremien geschaffen.

Höchstes Entscheidungsgremium des SSM ist das Aufsichtsgremium (Supervisory Board), dem hochrangige Vertreter der EZB und der NCAs angehören. Das Aufsichtsgremium berichtet an den EZB-Rat, der letztlich alle Entscheidungen genehmigen muss.

Der Einheitliche Abwicklungsmechanismus

Der Einheitliche Abwicklungsmechanismus (Single Resolution Mechanism, SRM) ist das zweite Element der Bankenunion. Der SRM schafft einen Rahmen für die geordnete Sanierung oder Abwicklung von Banken, die in Schieflage geraten sind. Dies soll dem marktwirtschaftlichen Grundprinzip der Haftung für eigene Verluste Geltung verschaffen, gerade auch bei Kreditinstituten. Hintergrund ist, dass die Politik in der Krise zahlreiche Banken

Der einheitliche Bankenabwicklungsmechanismus ist 2016 in Kraft getreten.

mit Hilfe von Steuergeldern vor der Insolvenz bewahren musste, weil ein ungeordneter Zusammenbruch dieser Institute die Finanzstabilität zu gefährden drohte; die Eigentümer und Gläubiger dieser Banken wurden in diesem Zuge teilweise oder ganz von Verlusten verschont, das Haftungsprinzip somit verletzt.

Der SRM findet auf dieselben Banken Anwendung, die vom SSM erfasst sind, ferner in bestimmten Situationen auch auf weitere Banken in den Euro-Ländern. Zwei Elemente kennzeichnen den institutionellen Aufbau des SRM: Eine Einheitliche Abwicklungsbehörde (Single Resolution Board, SRB), die Entscheidungen zur Abwicklung von Instituten trifft, sowie ein Einheitlicher Abwicklungsfonds (Single Resolution Fund, SRF), der von den Banken finanziert wird und die für eine Abwicklung benötigten finanziellen Mittel bereitstellt. Der SRM trat ab Januar 2016 in Kraft. Der SRF soll bis Ende 2023 mit einem Volumen von rund 55 Milliarden Euro befüllt werden.

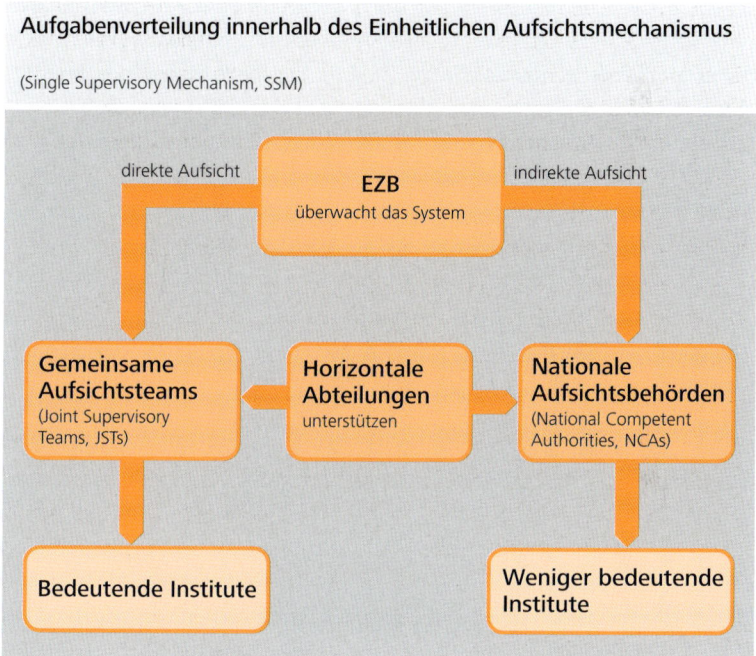

Aufgabenverteilung innerhalb des Einheitlichen Aufsichtsmechanismus

(Single Supervisory Mechanism, SSM)

direkte Aufsicht

EZB
überwacht das System

indirekte Aufsicht

Gemeinsame Aufsichtsteams
(Joint Supervisory Teams, JSTs)

Horizontale Abteilungen
unterstützen

Nationale Aufsichtsbehörden
(National Competent Authorities, NCAs)

Bedeutende Institute

Weniger bedeutende Institute

Gemeinsame Einlagensicherung

Der dritte Baustein der Bankenunion – ein gemeinsames System der Einlagensicherung (Deposit Guarantee Scheme, DGS) – wird auf politischer Ebene kontrovers diskutiert.

Grundgedanke ist der Aufbau eines europäischen Einlagensicherungsfonds, der die Gläubiger einer Bank im Falle deren Konkurses bis zu einer bestimmten Höhe gegen Verluste abschirmt. Zurzeit hat sich die EU nur auf gemeinsame Regeln zur Vereinheitlichung der nationalen Einlagensicherungssysteme verständigt (siehe Abschnitt 4.5.2).

Organisation der Bankenaufsicht in Deutschland

In Deutschland sind die BaFin und die Deutsche Bundesbank in enger Zusammenarbeit für die Aufsicht einzelner Banken zuständig. Für die Sanierung und nötigenfalls Abwicklung von Banken ist die Finanzmarktstabilisierungsanstalt des Bundes (FMSA) verantwortlich, unter deren Dach der Finanzmarktstabilisierungsfonds (SoFFin), der Restrukturierungsfonds sowie zwei Abwicklungsanstalten angesiedelt sind. Die BaFin ist auch für die Aufsicht über die Versicherer und den Wertpapierhandel zuständig.

Die Bankenaufsicht wird in folgende Bereiche unterteilt:

Bereiche der Bankenaufsicht

Quantitative Vorgaben	Qualitative Vorgaben	Offenlegungspflichten
z. B. Eigenkapital- und Liquiditätsvorschriften	z. B. Risikomanagement	z. B. Aufführung wichtiger Risikopositionen

Die Bankenaufsicht greift nicht direkt in einzelne Geschäfte der Banken ein. Sie setzt vielmehr quantitative Rahmenvorschriften, u. a. durch Vorgaben für die Mindestausstattung mit Eigenkapital. Damit die Aufsichtsbehörden die Einhaltung dieser Vorschriften prüfen können, müssen ihnen die Banken hierüber regelmäßig mittels Meldungen berichten. Neben den quantitativen Vorgaben müssen die Banken qualitative Anforderungen insbesondere an ihre Organisation und Steuerung erfüllen. Dies wird vor allem in Prüfungen vor Ort kontrolliert. Dadurch kann die Bankenaufsicht einen besseren Eindruck über den Geschäftsbetrieb und die damit verbundenen Risiken gewinnen. Ergänzt wird die staatliche Aufsicht durch die Kontrolle anderer Marktteilnehmer, beispielsweise durch Bankenverbände oder Ratingagenturen, und durch die Offenlegung der Bilanzen gegenüber anderen Marktteilnehmern.

Angesichts der gravierenden gesamtwirtschaftlichen Probleme, die mit Bankenkrisen verbunden sind, hat der Gesetzgeber den Banken, aber auch anderen Finanzdienstleistern, die Bestimmung der mindestens erforderlichen Liquiditäts- und Eigenkapitalvorsorge nicht selbst überlassen. Das Aufsichtsrecht gibt Regeln vor, die bei der Gründung von Banken und beim Betreiben von Bankgeschäften zu beachten sind. Die rechtliche Grundlage für die Bankenaufsicht in Deutschland ist das Gesetz über das Kreditwesen (KWG).

Ziel der Bankenaufsicht

Um einerseits jederzeit zahlungsfähig und gegen unerwartete Mittelabflüsse gewappnet zu sein und andererseits auch profitabel zu wirtschaften, haben die Banken nach der Devise zu handeln: So liquide wie nötig, so rentabel wie möglich. Der

Ziel der Bankenaufsicht: Stabilität im Bankensystem.

Kompromiss muss immer unter der Bedingung unsicherer Annahmen über die künftigen Zahlungseingänge und Zahlungsausgänge gefunden werden. Banken müssen daher einen ausreichenden Teil ihrer Mittel so anlegen, dass sie unerwartet auftretende Ansprüche ihrer Gläubiger jederzeit befriedigen können und somit immer zahlungsfähig bleiben. Zu den Aufgaben der Bankenaufsicht zählt, dies zu überwachen. Dabei ist zu berücksichtigen, dass der Ertrag einer Anlage normalerweise umso geringer ist, je schneller sie verkauft und zu Geld gemacht werden kann. Hochgradig liquide sind beispielsweise kurzlaufende Staatsanleihen. Demgegenüber bindet sich eine Bank langfristig, wenn sie einen lang laufenden Kredit vergibt. Die Banken verlangen deshalb umso höhere Zinsen, je länger die Laufzeit eines Kredits ist.

Eigenkapital als Puffer

Das Kreditgeschäft geht mit dem Risiko einher, dass Schuldner ihren Zahlungsverpflichtungen nicht nachkommen. Deshalb verlangen die Banken in der Regel, dass der Schuldner einen Kredit durch Stellung von Pfändern absichert. Doch reicht bisweilen der Erlös aus dem Verkauf der Pfänder nicht aus, den Schaden völlig abzudecken, wenn ein Schuldner die vereinbarten Zins- und

Tilgungszahlungen nicht leistet. Risiken ergeben sich auch dadurch, dass die allgemeine Konjunkturlage Einfluss auf die Werthaltigkeit der Sicherheiten hat. Weitere Risiken entstehen Banken, wenn sich die Zinsen unerwartet ändern:

Banken müssen über ausreichend Eigenkapital verfügen.

Hat eine Bank beispielsweise ein langfristiges Festzins-Darlehen mit kurzfristigen Einlagen refinanziert, so trägt sie das Risiko, dass sie im Laufe der Zeit aufgrund der Markt-

entwicklung höhere Zinsen für die Einlagen vergüten muss. Dies kann darauf hinauslaufen, dass die Bank Verluste erleidet. Um etwaige Verluste abdecken zu können, müssen die Banken über ausreichendes Eigenkapital verfügen, das Verluste wie ein Puffer auffangen kann. Die bankenaufsichtlichen Vorgaben zur Mindestausstattung mit Eigenkapital sollen sicherstellen, dass etwaige Verluste zu Lasten der Eigentümer der Bank gehen und nicht zu einem Schaden für die übrigen Kapitalgeber wie etwa die Sparer werden.

Im Laufe der Zeit ist es immer wieder notwendig geworden, die Bankenaufsicht an veränderte Risikosituationen im Bankgewerbe anzupassen. So haben die Komplexität und das Ausmaß der Geschäfte und die Tätigkeiten im Ausland stark zugenommen. Angesichts der globalisierten Finanzmärkte gibt es keine Alternative zu international abgestimmten Regeln. Andernfalls bestünde die Gefahr, dass international agierende Banken aus Ländern mit einer laxeren Aufsichtskultur höhere Risiken eingehen und so die Stabilität des weltweiten Finanzsystems gefährden.

Baseler Eigenkapital- und Liquiditätsregeln (Basel III)

Im Baseler Ausschuss für Bankenaufsicht arbeiten Zentralbanken und Bankenaufsichtsbehörden der wichtigsten Industrie- und Schwellenländer – darunter die Deutsche Bundesbank – zusammen. Im Jahre 2007 trat auf Initiative des Ausschusses „Basel II" in Kraft. Dieses Regelwerk, das in drei „Säulen" gegliedert ist, macht das vorgeschriebene Minimum an Eigenkapital, das eine Bank ständig vorhalten muss, stärker als früher davon abhängig, welche Risiken die Bank in ihren Büchern hat. Je höher beispielsweise die Ausfallwahrscheinlichkeiten ihrer Kredite sind, desto mehr Eigenkapital muss eine Bank als (Verlust-) Puffer vorhalten.

Weiterentwicklung der Basler Aufsichtsstandards

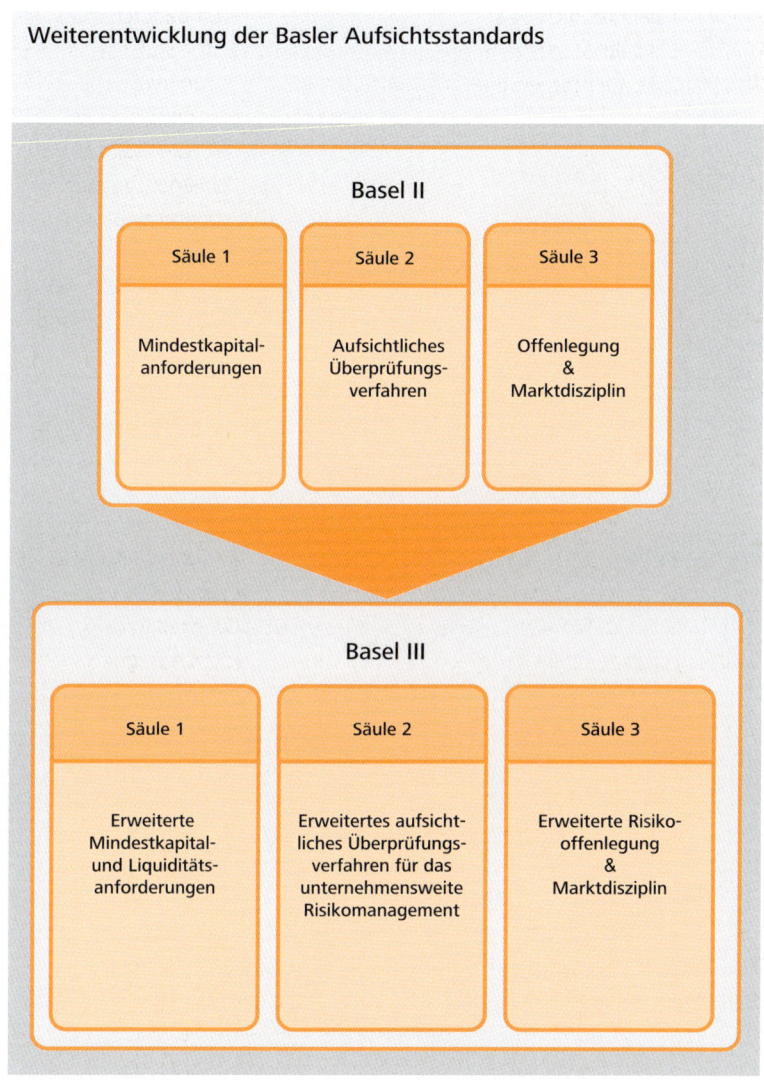

Als Reaktion auf die Finanzkrise hat der Baseler Ausschuss für Bankenaufsicht seit dem Jahr 2008 eine ganze Reihe von Regelungen verschärft oder neu entwickelt. Im Dezember 2010 veröffentlichte er neue strengere Eigenkapital- und Liquiditätsvorschriften für Banken.

Diese „Basel III"-Vorschriften sind wesentliche Bestandteile eines Richtlinien-
und Verordnungspakets der Europäischen Union (CRD IV/CRR), das Anfang
2014 in Kraft getreten ist und bis Ende 2018 schrittweise umgesetzt wird.

Basel III macht den Banken strengere Vorgaben zu ihrer Ausstattung mit Eigenkapital.

Sie schreiben den Banken zum einen vor, mehr und qualitativ höherwertiges Eigenkapital vorzu-
halten. Zum anderen wird mit Basel III erstmals ein international
einheitlicher Liquiditätsstandard eingeführt. Seit Oktober 2015 müssen Kreditinstitute schrittweise die neue „Liquiditätsdeckungskennziffer" (Liquidity
Coverage Ratio, LCR) einhalten, vermutlich von 2019 an müssen sie zudem
die „Stabile Finanzkennziffer" (Net Stable Funding Ratio) beachten. Diese
Maßnahmen sollen die Widerstandsfähigkeit der einzelnen Banken sowie
des gesamten Bankensystems erhöhen: Banken sollen künftig auch größere
Verluste aus eigener Kraft bewältigen können – und damit im Falle einer Krise
aller Voraussicht nach nicht mehr auf Unterstützung des Staates bzw. der
Steuerzahler angewiesen sein. Mit Basel III wird die Weiterentwicklung der
Bankenaufsicht aber nicht enden. Es laufen schon Gespräche über mögliche
weitere Optimierungen.

4.5.2 Einlagensicherung

Voraussetzung für die Stabilität des Finanzsystems ist, dass jeder Vertrauen
in die Banken und anderen Finanzinstitutionen hat. Besteht dieses Vertrauen
nicht, kann es dazu kommen, dass die Einleger bei wirklichen oder vermeint-
lichen Zahlungsschwierigkeiten einer Bank deren Kassen „stürmen", um sich
ihre Einlagen bar auszahlen zu lassen. Solch einem „bank run" soll die Einlagensicherung vorbeugen und so zur Finanzstabilität beitragen.
In Deutschland besteht bereits seit 1998 ein gesetzlicher Einlagenschutz auf
Grundlage der Einlagensicherungsrichtlinie von 1994. Zur Verbesserung des
Einlagenschutzes und im Zuge einer umfassenderen Harmonisierung der
nationalen Einlagensicherungssysteme innerhalb der EU wurde 2014 eine
geänderte, von der Europäischen Kommission formulierte Richtlinie über
Einlagensicherungssysteme (Einlagensicherungsrichtlinie) erlassen. Auf dieser
Grundlage garantieren nationale Einlagensicherungssysteme in jedem EU-

Mitgliedstaat, dass pro Kunde und Bank 100.000 Euro gesichert sind. Die Richtlinie wurde in Deutschland durch das neue Einlagensicherungsgesetz (EinSiG) vom Juli 2015 umgesetzt. Das EinSiG sieht eine weitere Verbesserung des Einlegerschutzes auf harmonisierter Basis vor; so wird z. B. die finanzielle Ausstattung der Einlagensicherungssysteme vereinheitlicht und die Auszahlungsfrist auf 7 Arbeitstage verkürzt. Die Pläne der EU-Kommission für ein gemeinsames System der Einlagensicherung werden auf politischer Ebene kontrovers diskutiert.

Gemäß EinSiG müssen alle Banken mit Einlagengeschäft einem gesetzlichen Einlagensicherungssystem angeschlossen sein. Dies gilt nun auch für Institute, für die eine sogenannte Institutssicherung besteht. Unselbständige Niederlassungen von Banken aus anderen EU-Staaten in Deutschland sind über das Einlagensicherungssystem des jeweiligen Herkunftslandes abgesichert. Die einem deutschen Einlagensicherungssystem zugeordneten Banken sind zur Finanzierung der Entschädigungszahlungen verpflichtet. Dazu werden von ihnen regelmäßige Beiträge sowie im Bedarfsfall Sonderbeiträge erhoben. Der gesetzliche Einlagenschutz sichert Guthaben auf Girokonten, Sparbüchern, Termin- und Festgeldkonten bis maximal 100.000 Euro (erhöhter Schutzumfang von bis zu 500.000 Euro für besonders schutzwürdige Einlagen) je Kunde und je Bank. Geht eine Bank in Konkurs, sind Einlagen bis zu dieser Höhe durch die gesetzliche Einlagensicherung abgesichert.

Umfang der gesetzlich geregelten europäischen Einlagensicherung

| 100.000 € | Pro Kunde | Pro Bank |

Schon länger als den gesetzlichen Einlagenschutz gibt es in Deutschland Sicherungssysteme, die die Verbände der Kreditwirtschaft auf freiwilliger Basis errichtet haben. Bei den Sparkassen wird ein Institut bei drohenden oder bestehenden wirtschaftlichen Schwierigkeiten insgesamt geschützt: Dazu bestehen regionale Fonds der Sparkassen sowie eine Sicherungsreserve der Landesbanken, die durch einen systemweiten Ausgleich miteinander verbunden sind. Bei den Genossenschaftsbanken gibt es eine zentrale Sicherungseinrichtung, die – ähnlich wie die Sparkassen – Insolvenzen der Mitglieder insbesondere durch Garantien und Bürgschaften verhindert und zudem das Mitgliedsinstitut bei der Sanierung unterstützt.

Die deutschen Banken gewähren einen umfassenden Einlagenschutz.

Sowohl bei den Sparkassen als auch bei den Genossenschaftsbanken sind durch diese „Institutssicherung" alle Einlagen vollständig geschützt. Die Institutssicherungen sind seit 2015 als Institutssicherungen im Sinne der Einlagensicherungsrichtlinie amtlich anerkannt und unterliegen allen Anforderungen des Gesetzes analog zu den gesetzlichen Entschädigungseinrichtungen. Die privaten Banken haben eine die gesetzliche Einlegerentschädigung ergänzende Einlagensicherung, die zusätzlich Einlagen je Nichtbanken-Gläubiger bis zu 20 % des haftenden Kapitals der jeweiligen Bank absichert. Diese Absicherung wird allerdings mit der geplanten Reform des freiwilligen Einlagensicherungsfonds zum 01. Oktober 2017 differenziert nach Gläubigertypen und Einlageformen schrittweise deutlich verringert und vor allem auf private Kunden konzentriert.

Dem freiwilligen Einlagensicherungsfonds gehören die meisten, aber nicht alle privaten Banken in Deutschland an. Auch unselbständige Niederlassungen von Banken aus anderen EU-Staaten können Mitglied in dieser freiwilligen Einlagensicherung der privaten Banken sein und damit die Einlagensicherung im Heimatland ergänzen.

4.5.3 Systemischen Krisen vorbeugen: Der makroprudenzielle Ansatz

Im Gegensatz zur mikroprudenziellen Aufsicht und Regulierung, die auf die Stabilität einzelner Institute abzielt, ist die makroprudenzielle Sichtweise auf die Stabilität des Finanzsystems als Ganzes ausgerichtet. Eine wichtige Rolle spielt dabei die Identifikation systemischer Risiken. Diese liegen zum Beispiel vor, wenn die Schieflage eines systemrelevanten Marktteilnehmers (also etwa einer Bank, eines Versicherers, eines anderen Finanzintermediärs oder auch eines Finanzinfrastrukturanbieters) die Funktionsfähigkeit des gesamten Systems gefährdet. Dies kann geschehen, wenn der jeweilige Marktteilnehmer sehr groß ist (Too big to fail), wenn er eng mit anderen Marktteilnehmern verflochten ist (Too connected to fail) oder wenn viele kleine Marktteilnehmer ähnlichen Risiken ausgesetzt sind (Too many to fail).

Für die Zentralbanken ist die Wahrung von Finanzstabilität aus mehreren Gründen wichtig. Zum Beispiel können Störungen im Finanzsystem die Wirksamkeit der geldpolitischen

Der makroprudenzielle Ansatz ergänzt die traditionelle Bankenaufsicht.

Maßnahmen beeinträchtigen. Abgesehen davon sind Finanzkrisen oft dadurch gekennzeichnet, dass es aufgrund einer allgemeinen Vertrauenskrise im Bankensystem zu Liquiditätsengpässen kommt. Das dann benötigte Zentralbankgeld können nur die Zentralbanken schaffen. Ihnen fällt deshalb bei der Bewältigung von Finanzkrisen oft eine wichtige Rolle zu. In der Fachsprache ist davon die Rede, dass Zentralbanken „Kreditgeber der letzten Instanz" seien („lender of last resort"). Auch die Zentralbanken des Eurosystems können Banken solche Notfall-Liquiditätshilfe (Emergency Liquidity Assistance, ELA) gewähren.

Nach den Bestimmungen des Eurosystems kann eine nationale Zentralbank einer Geschäftsbank, die solvent ist, aber vorübergehend einen Liquiditätsengpass hat, für begrenzte Zeit Zentralbankgeld zur Verfügung stellen. Der EZB-Rat kann die Gewährung solcher Notkredite allerdings mit einer Zwei-Drittel-Mehrheit ablehnen. Kommt es aus solch einem ELA-Kredit zu einem Verlust, muss diesen allein die nationale Zentralbank tragen. Im Zuge der Krise haben mehrere nationale Zentralbanken des Eurosystems einzelnen Geschäftsbanken in ihrem Land ELA gewährt.

Makroprudenzielle Überwachung auf europäischer Ebene

Als Reaktion auf die im Jahr 2007 ausgebrochene Finanz- und Wirtschafts-krise haben die EU-Mitgliedstaaten Ende 2010 den Europäischen Ausschuss für Systemrisiken (European Systemic Risk Board: ESRB) mit Sitz in Frankfurt am Main eingerichtet. Der Ausschuss bringt Vertreter von Notenbanken und Finanzaufsichtsbehörden aus allen EU-Ländern zusammen, auch der Präsident der Bundesbank ist Mitglied. Aufgabe des ESRB ist die makroprudenzielle Überwachung in der EU. Der Ausschuss soll Risiken, die das Finanzsystem in Gefahr bringen können, erkennen und eindämmen. Dazu kann der ESRB die betroffenen EU-Mitgliedstaaten oder deren Aufsichtsbehörden auf die von ihm identifizierten Risiken hinweisen und Abhilfemaßnahmen empfehlen. Zum Finanzsystem zählen insbesondere Banken, Schattenbanken, Fondsge-sellschaften, Versicherer, Börsen und Zahlungsverkehrsdienstleister.

Mit dem Start des einheitlichen Aufsichtsmechanismus (SSM) im November 2014 erhielt die EZB in den teilnehmenden Ländern neben ihren mikropru-denziellen Aufgaben in der Bankenaufsicht auch makroprudenzielle Rechte. Zwar entscheiden hauptsächlich die jeweiligen Nationalstaaten über makro-prudenzielle Maßnahmen, die sogenannten Instrumente. Die EZB kann diese aber verschärfen und den Einsatz bestimmter Maßnahmen verpflichtend einfordern. Im Gegensatz zum ESRB, dem unverbindliche Instrumente in Form

Zusammensetzung European Systemic Risk Board

Gouverneure der NZBen
+
Präsident und
Vizepräsident der EZB

Vorsitzende der
Europäischen
Aufsichtsbehörden

(EBA, EIOPA & ESMA)

ESRB

Europäische Kommission

Ohne Stimmrecht:

Ein Vertreter der
zuständigen nationalen
Aufsichtsbehörde(n) +
Vorsitz des WFA

von Warnungen und Empfehlungen zur Verfügung stehen, kann die EZB damit verbindliche Instrumente einsetzen, d.h. ihre Anweisungen müssen von den Banken umgesetzt werden. Die makroprudenziellen Rechte der EZB sind allerdings auf den Bankensektor der am SSM teilnehmenden Länder begrenzt. Eine Möglichkeit, auf Entwicklungen beispielsweise im Versicherungssektor Einfluss zu nehmen, besitzt die EZB also nicht.

Makroprudenzielle Überwachung in Deutschland

Die makroprudenzielle Überwachung in Europa findet in erster Linie auf nationaler Ebene statt. Dafür gibt es gute Gründe: Nationale Aufsichtsbehörden und Zentralbanken verfügen über spezifische Kenntnisse ihrer Finanzsysteme und können zielgenau auf Fehlentwicklungen in ihrem Land reagieren. Zudem wirkt sich eine systemische Krise zunächst auf nationaler Ebene aus, sodass dort auch die Verantwortung für die entsprechende makroprudenzielle Politik angesiedelt sein sollte. Auf Empfehlung des ESRB haben die EU-Mitgliedstaaten nationale Behörden eingerichtet, die für die makroprudenzielle Überwachung zuständig sind.

In Deutschland ist das der Ausschuss für Finanzstabilität (AFS), der seit 2013 durch das „Gesetz zur Überwachung der Finanzstabilität" in Deutschland geregelt wird.

Zusammensetzung Ausschuss für Finanzstabilität

Bundesministerium der Finanzen
✓ Drei Vertreter, von denen einer den Vorsitz des AFS übernimmt

Deutsche Bundesbank
✓ Drei Vertreter
✓ Vetorecht

AFS

Bundesanstalt für Finanzdienstleistungsaufsicht (BaFin)
✓ Drei Vertreter

Bundesanstalt für Finanzmarktstabilisierung (FMSA)
✓ Ein Vertreter (ohne Stimmrecht)

Dem AFS gehören das Bundesministerium der Finanzen (BMF, Vorsitz), die Bundesanstalt für Finanzdienstleistungsaufsicht (BaFin), die Bundesbank und die Bundesanstalt für Finanzmarktstabilisierung (FMSA) an. Die Bundesbank ist im AFS für die regelmäßige Überwachung des deutschen Finanzsystems und die Analyse aller Risiken, die dessen Stabilität bedrohen können, zuständig. Über das Ergebnis ihrer Analysen informiert die Bundesbank den AFS, der schließlich über die Anwendung makroprudenzieller Instrumente zur Begegnung der Gefahren abstimmt.

Der AFS ist für die makroprudenzielle Überwachung in Deutschland zuständig.

Instrumente der makroprudenziellen Überwachung

Makroprudenzielle Instrumente unterteilen sich hinsichtlich ihrer rechtlichen Eingriffstiefe und Verbindlichkeit in weiche, mittlere und harte Instrumente. Weiche Instrumente umfassen die Kommunikation der makroprudenziellen Behörden über finanzstabilitätsrelevante Entwicklungen und entstehende Risiken. Dies geschieht insbesondere über regelmäßige Veröffentlichungen, z. B. Jahresberichte, aber auch über Reden und Interviews. Makroprudenzielle Instrumente mit mittlerer Eingriffstiefe sind die sogenannten „Warnungen" und „Empfehlungen". Sowohl der ESRB als auch der AFS können diese Instrumente nutzen, um formal vor Finanzstabilitätsrisiken zu warnen und um Maßnahmen zu empfehlen, wie diese Risiken bekämpft werden sollten. Empfänger von Warnungen und Empfehlungen des ESRB können insbesondere die Europäische Union insgesamt, die Kommission, die Regierungen und Finanzaufsichtsbehörden der EU-Mitgliedstaaten und die europäischen Aufsichtsbehörden sein. Dagegen kann der AFS Warnungen und Empfehlungen an alle öffentlichen Stellen in Deutschland richten.

Empfehlungen können schließlich den Einsatz harter (verbindlicher) makroprudenzieller Instrumente vorsehen, die direkt in die Geschäftätigkeit der Finanzmarktteilnehmer eingreifen. Aktuell bieten die europäischen und deutschen Gesetze und Regularien die Möglichkeit, harte makroprudenzielle Regulierungsinstrumente insbesondere mit Bezug auf den Bankensektor einzusetzen. Der Großteil dieser Instrumente zielt auf eine Stärkung der Eigenkapitalbasis der Kreditinstitute ab.

Zu ihnen zählen beispielsweise der Kapitalpuffer für global systemrelevante Banken, der dazu beitragen soll, die Widerstandsfähigkeit der betroffenen Institute gegenüber Verlusten zu erhöhen. Mit dem antizyklischen Kapitalpuffer kann die Aufsicht den Banken in Aufschwungphasen höhere Kapitalanforderungen auferlegen und somit ihre Widerstandsfähigkeit für den Fall eines sich anschließenden Abschwungs erhöhen. Kommt es zu solch einem Abschwung, können die Kreditinstitute die zuvor

Es gibt weiche, mittlere und harte makroprudenzielle Instrumente.

aufgebauten Puffer abbauen und zur Deckung etwaiger Verluste und zur Aufrechterhaltung der Kreditvergabe verwenden.

Neben den Instrumenten zur Stärkung der Eigenkapitalbasis können die Aufsichtsbehörden auch Vorgaben zur Liquiditätsausstattung machen. Hierzu gehört die durch „Basel III" neu eingeführte und seit 2015 (schrittweise) einzuhaltende Liquiditätsdeckungskennziffer (Liquidity Coverage Ratio, LCR). Sie soll sicherstellen, dass alle Banken jederzeit in der Lage sind, sich selbst aus einem kurzfristigen Liquiditätsengpass zu befreien. Damit Banken auch langfristig eine stabile und nachhaltige Finanzierung aufweisen, sieht „Basel III" zudem die Einführung der Stabilen Finanzierungskennziffer (Net Stable Funding Ratio, NSFR) vor. Die NSFR soll für Banken vermutlich 2019 in Kraft treten. Im ESRB werden außerdem ähnliche Vorgaben zum Beispiel für Investmentfonds debattiert.

Schließlich gibt es auch Instrumente, die sicherstellen sollen, dass bei der Vergabe von Krediten bestimmte Mindeststandards zur Besicherung der Darlehen oder zur Zahlungsfähigkeit der Schuldner eingehalten werden. Im Juni 2015 empfahl der Ausschuss für Finanzstabilität der Bundesregierung, eine gesetzliche Grundlage für die Einführung solcher Instrumente für Wohnimmobilienkredite zu schaffen. Im Mai 2017 hat der deutsche Gesetzgeber Teile dieser Empfehlung in einem entsprechenden Gesetz verabschiedet. Zudem stehen durch ein Richtlinien- und Verordnungspaket der Europäischen Union im Bereich der Wohnimmobilienfinanzierung Instrumente zur Verfügung, um Banken zusätzliche Kapitalanforderungen aufzuerlegen.

Das Wichtigste im Überblick:

– Das Finanzsystem umfasst die Finanzintermediäre (insbesondere Banken), die Finanzmärkte und die finanzielle Infrastruktur. Aufgabe des Finanzsystems ist es, die Anbieter von Kapital mit den Nachfragern nach Kapital zusammenzubringen und dessen Austausch zu erleichtern.

– Das Bankensystem setzt sich aus der Zentralbank und den Geschäftsbanken zusammen. Geschäftsbanken sind Wirtschaftsunternehmen, die Dienstleistungen rund ums Geld anbieten. Sie vergeben Kredite, nehmen Einlagen herein und betreiben Zahlungsverkehrsgeschäfte.

– Neben den Banken sind weitere Finanzintermediäre im Finanzsystem auch Versicherungsunternehmen und Investmentfonds. Wichtiger Bestandteil des Finanzsystems sind die Wertpapiermärkte, auf denen Kapitalanbieter und -nachfrager zusammentreffen. Bedeutende Märkte sind die Renten- und Aktienmärkte.

– Die Internationalisierung des Finanzsystems eröffnet größere Finanzierungs- und Anlagemöglichkeiten, birgt aber auch neue Risiken. Im Laufe der Zeit sind neue Finanzierungsmöglichkeiten (z. B. neue Wertpapierformen) und neue Akteure an den Finanzmärkten (z. B. Hedgefonds) hinzugekommen.

– Der bisher schwersten Krise im Finanzsystem 2008 folgten eine weltweite Wirtschaftskrise sowie eine Staatsschuldenkrise. Zahlreiche Maßnahmen wurden national wie international in Gang gebracht, um den Folgen der Krisen zu begegnen.

– Im Europäischen System der Finanzaufsicht (ESFS) sind die drei europäischen Aufsichtsbehörden EBA, EIOPA und ESMA, deren gemeinsamer Ausschuss, die nationalen Aufsichtsbehörden sowie der Europäische Ausschuss für Systemrisiken (ESRB) vertreten.

– Die 2014 von den EU-Mitgliedsstaaten beschlossene Bankenunion umfasst einen Einheitlichen Aufsichtsmechanismus, einen Einheitlichen Abwicklungsmechanismus sowie grundsätzlich ein gemeinsames System der Einlagensicherung. Teilnehmer sind die Euro-Länder sowie EU-Länder, die freiwillig teilnehmen.

– Der Einheitliche Aufsichtsmechanismus (Single Supervisory Mechanism, SSM), der auch als europäische Bankenaufsicht bezeichnet wird, ist bei der Europäischen Zentralbank angesiedelt.

– Daneben sind nationale Aufsichtsbehörden in den Euro-Ländern für die Bankenaufsicht zuständig. In Deutschland ist das die Bundesbank zusammen mit der BaFin.

– Mit den sogenannten „Basel III"-Vorschriften werden seit 2014 in der Europäischen Union schrittweise strengere Eigenkapital- und Liquiditätsregeln für Banken umgesetzt.

– In Deutschland existiert ein Einlagenschutz für Sicht-, Spar- und Termineinlagen von Nichtbanken. Neben der gesetzlichen Einlagensicherung gehören die meisten Banken auch privaten Einlagensicherungssystemen an.

– Der makroprudenzielle Ansatz hat das gesamte Finanzsystem im Blick und ergänzt die traditionelle (mikroprudenzielle) Bankenaufsicht über die einzelnen Institute. Auf europäischer Ebene ist der Europäische Ausschuss für Systemrisiken (ESRB) für die makroprudenzielle Überwachung zuständig.

– In Deutschland nimmt diese Aufgabe der Ausschuss für Finanzstabilität (AFS) wahr. Die Deutsche Bundesbank ist Mitglied im AFS und hat dort ein Vetorecht.

Kapitel 5
Der Euro und das Eurosystem

5. Der Euro und das Eurosystem

In Deutschland hatte bis Ende 1998 die Deutsche Bundesbank alleine dafür zu sorgen, dass der Wert des Geldes erhalten blieb. Der Gesetzgeber hatte ihr die Aufgabe übertragen, die Stabilität der Währung zu sichern. Mit dem Beginn der dritten Stufe der Wirtschafts- und Währungsunion (WWU) ging diese Aufgabe auf das Eurosystem über.

Mit der dritten Stufe der WWU führten elf EU-Mitgliedstaaten zum Jahresbeginn 1999 den Euro als ihre gemeinsame Währung ein. Diese Länder, zu denen im Laufe der Zeit weitere acht EU-Mitgliedstaaten hinzukamen, bilden das Euro-Währungsgebiet, auch Euroraum genannt. Im Sprachgebrauch ist bisweilen auch, allerdings nicht ganz korrekt, von der Europäischen Währungsunion (EWU) oder der Europäischen Wirtschafts- und Währungsunion (EWWU) die Rede.

5.1 Der Weg von der Mark zum Euro

5.1.1 D-Mark und Mark der DDR

Mit der Währungsreform vom 20. Juni 1948 wurde in Westdeutschland (einschließlich West-Berlin) das Geldwesen neu geordnet. Die D-Mark löste die wertlose Reichsmark ab. Dabei wurde ein Umtauschverhältnis von 100 Reichsmark zu 6,50 DM festgelegt. Für Löhne und Gehälter, Renten und Pensionen, Leistungen der Sozialversicherungen sowie Mieten lag das Verhältnis

Banknoten der Währungsreform (Ausgabe 1948)

allerdings bei 1:1. Das beseitigte zwar den zuvor bestehenden Geldüberhang, doch verloren viele Westdeutsche im Zuge dessen große Teile ihrer Ersparnisse. Von der Währungsreform unberührt blieb in Sachwerten angelegtes Vermögen. Kurz zuvor war bereits ein zweistufiges Zentralbanksystem nach dem Vorbild des amerikanischen Federal Reserve Systems geschaffen worden. Die „Bank deutscher Länder" mit Sitz in Frankfurt hatte in diesem System die Rolle einer Zentralbank des Bundes.

Am 26. Juli 1957 verabschiedete der Bundestag das Gesetz über die Deutsche Bundesbank. Darin wurde die Unabhängigkeit der Bundesbank festgeschrieben und der organisatorische Aufbau neu geregelt. Als wichtigste Aufgabe gab der Gesetzgeber der Bundesbank vor, den Geldumlauf und die Kreditversorgung der Wirtschaft mit dem Ziel zu regeln, Preisstabilität zu gewährleisten. Oberstes Entscheidungsgremium war der Zentralbankrat, der sich aus den Mitgliedern des Direktoriums der Bundesbank und den Präsidenten der Landeszentralbanken zusammensetzte. Diese Struktur stellte sicher, dass bei Entscheidungen über die Geldpolitik auch die Belange der Regionen berücksichtigt wurden.

Banknoten der Bundesrepublik Deutschland (Ausgabe ab 1961)

Auch im sowjetisch besetzten Ostdeutschland wurde 1948 als Reaktion auf die westliche Währungsreform das Geld- und Zentralbankwesen neu geordnet. Hierzu wurde die „Deutsche Notenbank" gegründet, die für die Durchführung der Geld- und Kreditpolitik in der sozialistischen Planwirtschaft verantwortlich war. Sie gab die „Deutsche Mark" aus, die ab 1968 als „Mark der DDR" bezeichnet wurde. Ab diesem Zeitpunkt trug die Deutsche Notenbank auch den Namen „Staatsbank der DDR".

Der Staatsvertrag über die Schaffung einer „Währungs-, Wirtschafts- und Sozialunion" zwischen der Bundesrepublik Deutschland und der Deutschen Demokratischen Republik, der am 1. Juli 1990 in Kraft trat, beendete die über 40 Jahre anhaltende Trennung des Geld- und Zentralbankwesens in Deutschland. Ab diesem Zeitpunkt war die Deutsche Bundesbank für die Geld- und Währungspolitik in ganz Deutschland verantwortlich.

Banknoten der DDR

Weil sich durch die Übertragung der Geldpolitik auf das Eurosystem die Rahmenbedingungen grundlegend verändert hatten, musste auch die Organisation der Bundesbank angepasst werden. Die bisherigen Organe – Zentralbankrat, Direktorium und Vorstände der Landeszentralbanken – wurden im Jahr 2002 abgeschafft. Alleiniges Leitungs- und Entscheidungsorgan ist seitdem der Vorstand der Bundesbank mit Sitz in Frankfurt am Main, der aus dem Präsidenten, dem Vizepräsidenten sowie vier weiteren Mitgliedern besteht. In der Fläche ist die Bundesbank durch neun Hauptverwaltungen sowie zur Zeit 35 Filialen vertreten. Die Zahl der Filialen wird bis 2019 auf 31 zurückgehen.

Banknoten der Bundesrepublik Deutschland (Ausgabe ab 1991)

Die Einführung der D-Mark und die Schaffung eines auf Geldwertstabilität ausgerichteten Zentralbanksystems im Jahre 1948 waren wesentliche Voraussetzungen dafür, dass es nach den kriegsbedingten Zerrüttungen in Westdeutschland in kurzer Zeit zu dem häufig bestaunten „Wirtschaftswunder" kam. Dabei genügte es aber nicht, einen einmaligen Währungsschnitt vorzunehmen. Vielmehr musste sich die Geldpolitik der „Bank deutscher Länder" und später der Deutschen Bundesbank stets aufs Neue bewähren. Der im internationalen Vergleich geringe Wertverlust der D-Mark und ihre Rolle als zweit-

> *Die konsequente Stabilitätspolitik der Deutschen Bundesbank machte die D-Mark zu einer der stabilsten Währungen.*

wichtigste Währung der Welt waren das Ergebnis einer konsequenten Stabilitätspolitik. Für den Erfolg der Bundesbank war wesentlich, dass sie politisch unabhängig war. Bei der Konzeption der Institutionen für das Euro-Währungsgebiet stand diese wichtige Erfahrung Pate.

5.1.2 Europäische Währungsintegration

Mit der Unterzeichnung des EU-Vertrags („Maastricht-Vertrag") am 7. Februar 1992 bereitete die Politik bereits kurz nach der Überwindung der deutschen Teilung einer noch umfassenderen Veränderung im deutschen Geld- und Zentralbankwesen den Boden. Denn mit dem Vertrag verpflichteten sich die Partner, bis spätestens Anfang 1999 die Wirtschafts- und Währungsunion (WWU) schrittweise auszubauen.

Erste Vorschläge zu einer stufenweisen Verwirklichung einer Währungsunion in Europa hatte es mit dem „Werner-Plan" – benannt nach dem damaligen luxemburgischen Premierminister Pierre Werner – bereits seit 1970 gegeben. Angesichts des schwierigen wirtschaftlichen Umfeldes in den 1970er Jahren (Dollar-Verfall, Zusammenbruch des Systems von Bretton Woods und Ölpreisschock) wurden diese Pläne zunächst aber nicht weiter verfolgt. Allerdings wurde 1979 das Europäische Währungssystem (EWS) aus der Taufe gehoben. Mitte der 1980er Jahre griffen europäische Politiker die Überlegungen zu einer Wirtschafts- und Währungsunion wieder auf. Eine von den Staats- und Regierungschefs beauftragte Sachverständigengruppe um den damaligen

EG-Kommissionspräsidenten Jacques Delors legte 1989 einen Bericht vor („Delors-Bericht"), der die Idee einer schrittweisen, dreistufigen Währungsintegration enthielt. Diese Vorschläge bildeten schließlich die Grundlage für die Beschlüsse von Maastricht. Die gemeinsame Währung sollte den Europäischen Binnenmarkt absichern und vollenden, der 1992 weitgehend verwirklicht worden war. Darüber hinaus sollte die gemeinsame Währung die Europäische Union auf dem Weg zu einer echten politischen Union weiter voranbringen. Dieser Prozess hatte im Jahre 1957 mit der Unterzeichnung der Römischen Verträge begonnen und sich später über die Zollunion und das EWS fortgesetzt.

Die ersten Überlegungen zu einer europäischen Währungsunion gab es bereits 1970.

5.1.3 Stufenplan der Wirtschafts- und Währungsunion (WWU)

Die Staats- und Regierungschefs der Europäischen Union einigten sich Ende 1989 darauf, mit der ersten Stufe der WWU bereits am 1. Juli 1990 zu beginnen. In dieser Phase ging es darum, die nationale Geld- und Fiskalpolitik stärker auf die Erfordernisse der Preisstabilität und Haushaltsdisziplin auszurichten. Dazu sollten auch Maßnahmen beitragen, die die Unabhängigkeit der Zentralbanken von den Regierungen stärkten. Darüber hinaus hoben die teilnehmenden Staaten alle Kapitalverkehrskontrollen auf, um einen uneingeschränkten Kapitalverkehr zu gewährleisten.

Zu Beginn der zweiten Stufe der WWU am 1. Januar 1994 wurde das Europäische Währungsinstitut (EWI) als Vorgängerinstitut der EZB mit Sitz in Frankfurt am Main gegründet. Seine Aufgaben bestanden in der regulatorischen, organisatorischen und logistischen Vorbereitung der dritten Stufe der WWU. Gleichzeitig sollte das EWI die geldpolitische Koordination im Hinblick auf die kommende Einführung einer gemeinsamen Währung verbessern. Bis zum Beginn der dritten Stufe der WWU am 1. Januar 1999 verblieb die Verantwortung für die

Für die Währungsunion qualifizierten sich anfangs elf Länder.

Geldpolitik jedoch bei den nationalen Zentralbanken. Der Europäische Rat ließ im Mai 1998 elf beitrittswillige Länder zur dritten Stufe der WWU zu. Sie alle hatten in den Jahren zuvor Stabilitätserfolge erzielt. Die Staats- und Regierungschefs nominierten zudem die Mitglieder des Direktoriums der EZB. Damit konnten die EZB und das ESZB ihre Arbeit am 1. Juni 1998 aufnehmen.

Zu Beginn der dritten Stufe am 1. Januar 1999 ersetzte der Euro in den elf teilnehmenden Ländern die bisherigen nationalen Währungen. Zunächst gab es den Euro drei Jahre lang nur als Buchgeld („Stufe 3a").

Die drei Stufen der Wirtschafts- und Währungsunion

Erste Stufe 1. Juli 1990	Zweite Stufe 1. Januar 1994	Dritte Stufe 1. Januar 1999
		Unwiderrufliche Festlegung der Umrechnungskurse
	Errichtung des EWI	Einführung des Euro: erst Buchgeld – dann Bargeld
Verstärkte Zusammenarbeit der Zentralbanken	Verbot der Gewährung von Zentralbankkrediten an öffentliche Stellen	Inkrafttreten des Stabilitäts- und Wachstumspakts
Uneingeschränkter Kapitalverkehr	Koordinierung der Geld- politik und Stärkung der wirtschaftlichen Konvergenz	Einrichtung des Wechsel- kursmechanismus II
Verbesserung der wirtschaftlichen Konvergenz	Prozess hin zur Unabhängig- keit der Zentralbanken	Durchführung einer einheitlichen Geldpolitik durch das Eurosystem

Die Einführung des Euro war keine Währungsreform, sondern eine Währungs-umstellung. Das heißt, dass alle Geldbeträge zu einem festen Kurs in Euro umgerechnet wurden. Dadurch änderten sich nur die Zahlen und die Wäh-rungsbezeichnung, während der Wert unverändert blieb, da alle Geldwerte

(Vermögen, Schulden, laufende Zahlungen, Einkommen, Preise) im selben Verhältnis umgestellt wurden. Für die D-Mark betrug der Umstellungskurs 1 Euro = 1,95583 DM. Eine Deutsche Mark entspricht damit 0,5113 Euro. Nach der Umstellung auf den Euro war die D-Mark keine eigenständige Währung mehr, sondern nur noch eine Untereinheit des Euro.

Auch wenn es den Euro zunächst nur als Buchgeld gab, wurden viele Preise schon doppelt ausgezeichnet – in der traditionellen Währung (z. B. D-Mark) sowie in Euro –, sodass sich die Verbraucher im Vorfeld der Euro-Bargeldeinführung an die neuen Währungsrelationen gewöhnen konnten. An den Finanzmärkten notierten die Händler die Kurse bereits seit Anfang 1999 überwiegend in Euro. Um die Entwicklung der Finanzmärkte in der neuen Währung zu fördern, gaben alle Euro-Länder seit Anfang 1999 ihre Staatsschuldtitel nur noch in Euro raus. Bereits umlaufende Staatsanleihen wurden auf Euro umgestellt. Alle inländischen Zahlungsverkehrssysteme wurden nur noch in Euro betrieben.

Die Einführung des Euro war eine Währungsumstellung, keine Währungsreform.

Vom 1. Januar 2002 an wurde der Euro in allen zum Euroraum gehörenden Staaten auch als Bargeld eingeführt („Stufe 3b"). Im Euro-Währungsgebiet sind seither die auf Euro und Cent lautenden Münzen und Banknoten gesetzliches Zahlungsmittel. Gleichzeitig verloren die traditionellen Währungen diesen Status. In Deutschland galt dies für die auf Mark und Pfennig lautenden Banknoten und Münzen. Die Filialen der Deutschen Bundesbank tauschen aber nach wie vor D-Mark-Bargeld kostenlos und zeitlich unbefristet zum festgelegten Umrechnungskurs in Euro um.

D-Mark-Bargeld tauscht die Bundesbank nach wie vor unbefristet zum festgelegten Umrechnungskurs um.

5.2 Eurosystem und ESZB

Da noch nicht alle Mitgliedstaaten der Europäischen Union (EU) dem Euro-Währungsgebiet beigetreten sind, wird zwischen dem Europäischen System der Zentralbanken (ESZB) und dem Eurosystem unterschieden. Das ESZB setzt sich zusammen aus der Europäischen Zentralbank (EZB) mit Sitz in Frankfurt am Main und den nationalen Zentralbanken (NZBen) aller Mitgliedstaaten der Europäischen Union. Dem ESZB gehören somit auch die Zentralbanken der EU-Länder an, die den Euro als Währung noch nicht eingeführt haben.

Zur Abgrenzung dieses Sachverhalts dient der Begriff „Eurosystem". Das Eurosystem umfasst die EZB und die NZBen der EU-Mitgliedstaaten, die den Euro als gemeinsame Währung bereits eingeführt haben. Seit Anfang 2015 sind dies 19 Staaten. Im Vertrag von Maastricht (1992) kam der Begriff Eurosystem noch nicht vor. Er findet sich jedoch inzwischen in dem Anfang Dezember 2009 in Kraft getretenen Vertrag über die Arbeitsweise der Europäischen Union („AEU-Vertrag" bzw. „Lissabon-Vertrag").

Eurosystem: Europäische Zentralbank und nationale Zentralbanken der Euro-Länder

Die Europäische Zentralbank ist die zentrale Institution des Euro-Währungsgebietes. Sie ging aus dem Europäischen Währungsinstitut (EWI) hervor, das bis zur Gründung der EZB im Juni 1998 die Vorarbeiten für die einheitliche europäische Geldpolitik koordinierte.

Europäisches System der Zentralbanken (ESZB)

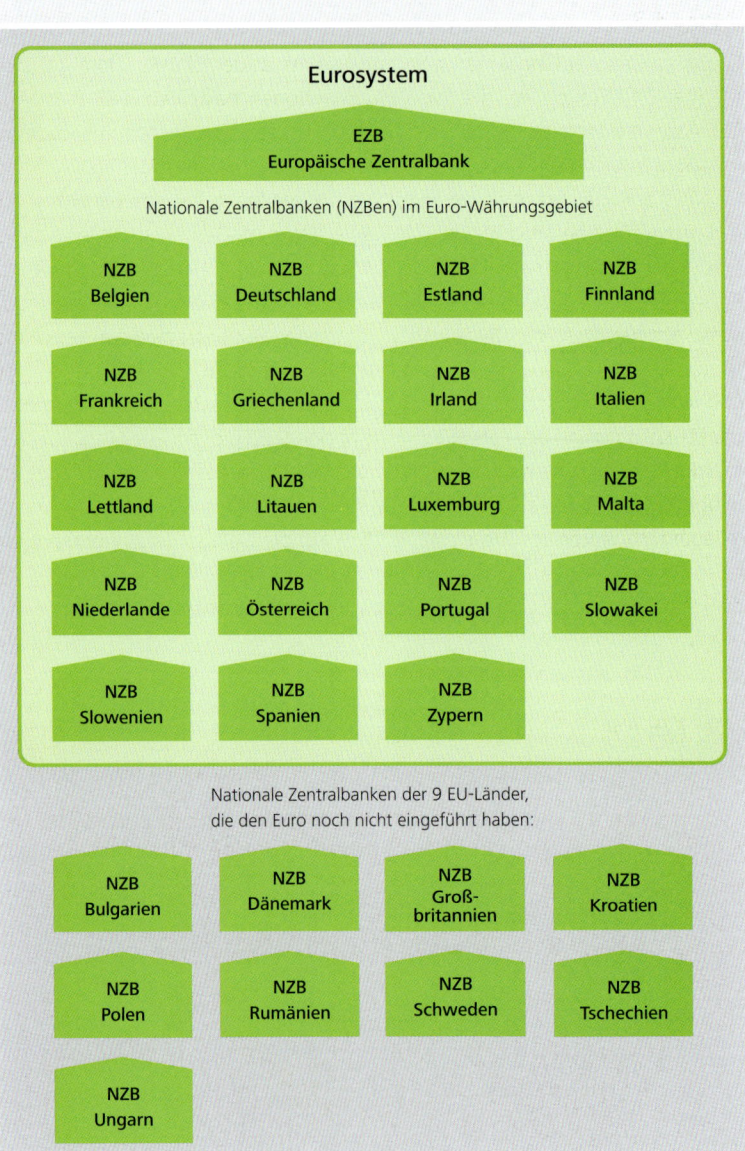

Eurosystem

EZB
Europäische Zentralbank

Nationale Zentralbanken (NZBen) im Euro-Währungsgebiet

NZB Belgien	NZB Deutschland	NZB Estland	NZB Finnland
NZB Frankreich	NZB Griechenland	NZB Irland	NZB Italien
NZB Lettland	NZB Litauen	NZB Luxemburg	NZB Malta
NZB Niederlande	NZB Österreich	NZB Portugal	NZB Slowakei
NZB Slowenien	NZB Spanien	NZB Zypern	

Nationale Zentralbanken der 9 EU-Länder,
die den Euro noch nicht eingeführt haben:

NZB Bulgarien	NZB Dänemark	NZB Groß-britannien	NZB Kroatien
NZB Polen	NZB Rumänien	NZB Schweden	NZB Tschechien
NZB Ungarn			

5.2.1 Organe des Eurosystems und des ESZB

Der EZB-Rat

Oberstes Entscheidungsorgan des Eurosystems ist der EZB-Rat. Ihm gehören Männer und Frauen an, die folgende Funktionen bekleiden: EZB-Präsident, EZB-Vizepräsident, die vier weiteren Mitglieder des EZB-Direktoriums sowie die Präsidenten bzw. Gouverneure der nationalen Zentralbanken des Eurosystems. Sinn dieser Regelung ist es, dass jeder souveräne Staat, der den Euro als Währung eingeführt hat, mit Sitz im EZB-Rat vertreten ist. Dementsprechend ist der Präsident der Deutschen Bundesbank Mitglied im EZB-Rat, allerdings wie alle Ratsmitglieder „ad personam". Dies bedeutet, dass er an den Ratssitzungen nicht als Vertreter der Bundesbank oder der Bundesregierung teilnimmt, sondern als unabhängiger Fachmann. Er ist somit an keinerlei Weisungen gebunden, insbesondere auch nicht an Weisungen der Bundesregierung oder der EU-Kommission oder ähnlicher Institutionen. Da dies für alle Mitglieder des EZB-Rats gilt, ist dieses Gremium bei der Gestaltung der Geldpolitik „politisch unabhängig". Darin spiegelt sich die historische Erfahrung, dass die Politik gelegentlich in Versuchung gerät, Einfluss auf die Geldpolitik zu nehmen, um beispielsweise Wahlerfolge zu erzielen. Oft sind solche Einflussnahmen jedoch mit einer stabilitätsorientierten Geldpolitik nicht vereinbar.

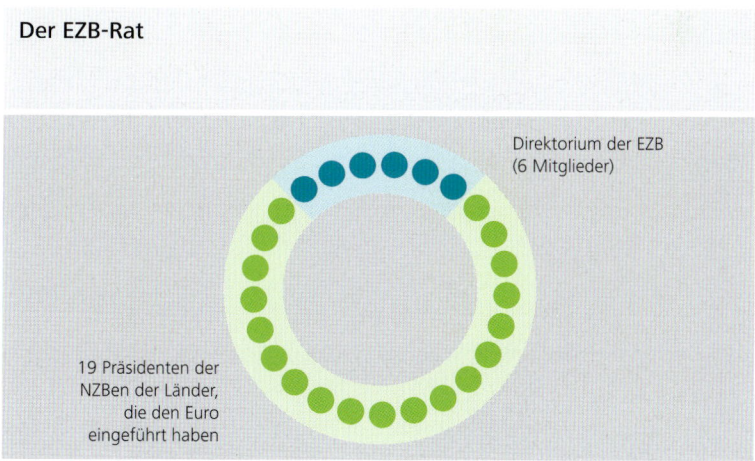

Der EZB-Rat

Direktorium der EZB
(6 Mitglieder)

19 Präsidenten der
NZBen der Länder,
die den Euro
eingeführt haben

Wenn der EZB-Rat tagt, sitzen die Mitglieder um einen runden Tisch. Die Sitzordnung ergibt sich alphabetisch aus den Nachnamen der Mitglieder – und nicht nach der alphabetischen Reihung der Mitgliedsländer. Dies verdeutlicht, dass die Mitglieder „ad personam" an den Ratssitzungen teilnehmen, und nicht als Vertreter ihrer Zentralbanken oder entsendenden Länder.

Dem EZB-Rat sind nicht nur die geldpolitischen, sondern auch nahezu alle anderen zentralen Entscheidungskompetenzen zugewiesen, insbesondere das Recht, Leitlinien und Entscheidungen zur Ausführung der dem Eurosystem übertragenen Aufgaben zu erlassen. Der EZB-Rat legt ferner die Geschäftsordnung und die Organisation der Europäischen Zentralbank und ihrer Beschlussorgane sowie die Beschäftigungsbedingungen für ihr Personal fest.

Der EZB-Rat tagt grundsätzlich alle 14 Tage. Geldpolitische Sitzungen finden in der Regel alle sechs Wochen statt. Jedes EZB-Ratsmitglied soll sich nicht als Vertreter seines Landes verstehen, sondern vielmehr in persönlicher Verantwortung sehen, die Geldpolitik im gesamten Euroraum mitzugestalten. Diese kann sich nicht an der Lage einzelner Länder orientieren, sondern muss sich an den stabilitätspolitischen Erfordernissen des gesamten Euroraums ausrichten.

Der EZB-Rat entscheidet über die Geldpolitik im Euroraum.

Abstimmungsregeln im EZB-Rat

In den ersten Jahren des Eurosystems hatte im EZB-Rat bei Entscheidungen jedes anwesende Mitglied ein Stimmrecht. Mit dem Beitritt von Litauen als 19. Mitgliedsstaat zu Jahresbeginn 2015 trat eine neue Regelung in Kraft. Seither sind neben den sechs Mitgliedern des EZB-Direktoriums maximal 15 Präsidenten nationaler Zentralbanken stimmberechtigt. Sie üben ihr Stimmrecht auf Basis eines monatlichen Rotationssystems aus. Dafür werden die Euro-Länder gemäß ihrer Wirtschaftskraft und der Größe ihres Finanzsektors in zwei Gruppen eingeteilt: Die Vertreter der fünf größten Länder bilden die erste Gruppe, sie hat vier Stimmrechte. Jedes Mitglied dieser Gruppe hat innerhalb von fünf Monaten in zwei aufeinanderfolgenden Sitzungen kein Stimmrecht. Die Vertreter aller anderen Länder bilden die zweite Gruppe, die über elf Stimmrechte verfügt. Auch in dieser Gruppe wechselt monatlich, welche Mitglieder Stimmrecht haben.

Rotationsprinzip im EZB-Rat bei 19 - 21 Mitgliedstaaten

(Beispiel hier mit 20 Mitgliedstaaten)

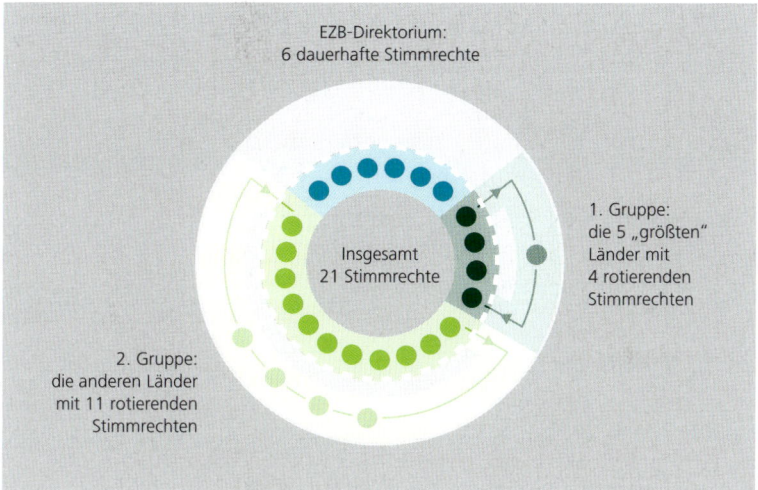

EZB-Direktorium:
6 dauerhafte Stimmrechte

Insgesamt
21 Stimmrechte

1. Gruppe:
die 5 „größten"
Länder mit
4 rotierenden
Stimmrechten

2. Gruppe:
die anderen Länder
mit 11 rotierenden
Stimmrechten

Rotationsprinzip im EZB-Rat ab 22 Mitgliedstaaten

(Beispiel hier mit 27 Mitgliedstaaten)

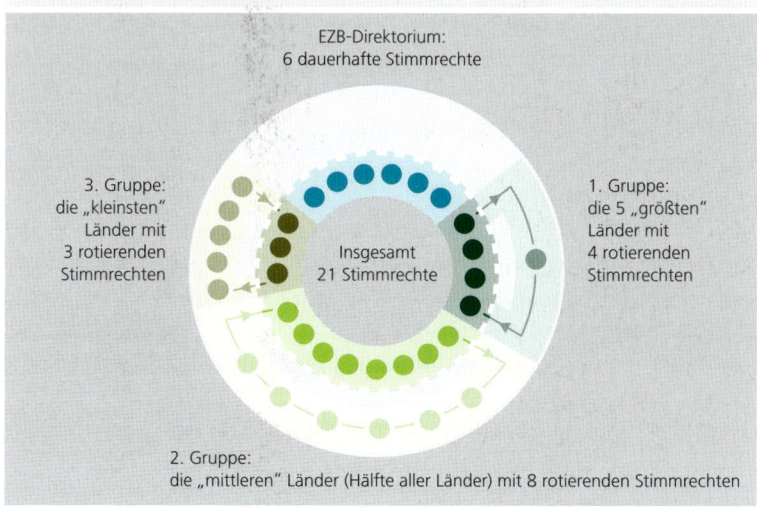

EZB-Direktorium:
6 dauerhafte Stimmrechte

3. Gruppe:
die „kleinsten"
Länder mit
3 rotierenden
Stimmrechten

Insgesamt
21 Stimmrechte

1. Gruppe:
die 5 „größten"
Länder mit
4 rotierenden
Stimmrechten

2. Gruppe:
die „mittleren" Länder (Hälfte aller Länder) mit 8 rotierenden Stimmrechten

Bei einer Erweiterung auf mehr als 21 Staaten werden neben den sechs Mitgliedern des EZB-Direktoriums drei Gruppen gebildet. Neben der ersten Gruppe der fünf größten Länder mit weiterhin vier Stimmrechten hat die zweite Gruppe dann acht Stimmrechte. Die Anzahl der in der zweiten Gruppe enthaltenen Länder beträgt die Hälfte aller Euro-Länder. Die dritte Gruppe bilden die Vertreter der übrigen kleinsten Länder mit insgesamt drei Stimmen.

Aufgrund dieser Regelungen haben einige NZB-Präsidenten zeitweise kein Stimmrecht. Davon unberührt nehmen sie aber weiterhin an den Sitzungen des EZB-Rats teil und haben Rederecht. Bei Stimmengleichheit gibt die Stimme des EZB-Präsidenten den Ausschlag. Bei einigen Entscheidungen im EZB-Rat richtet sich das Stimmgewicht allerdings nach den voll eingezahlten Anteilen der nationalen Zentralbanken am Eigenkapital der EZB. Dazu zählen Entscheidungen über das

*Ab 19 Euro-Ländern „rotieren"
die Stimmrechte im EZB-Rat.*

EZB-Kapital, über die Beiträge der nationalen Zentralbanken zu den Währungsreserven der EZB sowie über Fragen der Gewinnverteilung im Eurosystem. Die Direktoriumsmitglieder haben bei diesen Fragen kein Stimmrecht. Der Anteil der Bundesbank am EZB-Eigenkapital beträgt derzeit 25,6 %.

EZB-Direktorium

Das Direktorium der EZB führt die laufenden Geschäfte der Europäischen Zentralbank und bereitet die Sitzungen des EZB-Rats vor. Es ist für die einheitliche Durchführung der Geldpolitik im Eurosystem gemäß den Leitlinien des EZB-Rats verantwortlich. Das Direktorium besteht aus dem EZB-Präsidenten, dem EZB-Vizepräsidenten und vier weiteren Mitgliedern. Sie werden auf Empfehlung des Rats der Wirtschafts- und Finanzminister (Ecofin-Rat) nach Anhörung des Europäischen Parlaments und des EZB-Rats vom Europäischen Rat mit qualifizierter Mehrheit ausgewählt und ernannt. Die Direktoriumsmitglieder sollen in Währungs- und Bankfragen anerkannte und erfahrene Persönlichkeiten sein. Der EZB-Präsident ist der Repräsentant und Sprecher der EZB und des Eurosystems. Er steht im Mittelpunkt des öffentlichen Interesses. So erläutert er nach den geldpolitischen Sitzungen der Öffentlichkeit auf einer Pressekonferenz die Beschlüsse des EZB-Rats.

Erweiterter Rat

Solange nicht alle Staaten der Europäischen Union den Euro als ihre Währung eingeführt haben, gibt es neben dem EZB-Rat noch ein weiteres Beschlussorgan, den „Erweiterten Rat". Ihm gehören der EZB-Präsident, der EZB-Vizepräsident sowie die Präsidenten bzw. Gouverneure der nationalen Zentralbanken aller 28 EU-Staaten an.

Der Erweiterte Rat ist das Bindeglied zu den Zentralbanken der EU-Staaten, die nicht dem Euro-Währungsgebiet angehören. Geldpolitische Befugnisse hat er nicht. Doch leistet der Erweiterte Rat in Fragen der Erweiterung des Euroraums sowie der Harmonisierung der Statistiken wichtige Vorarbeiten.

Erweiterter Rat

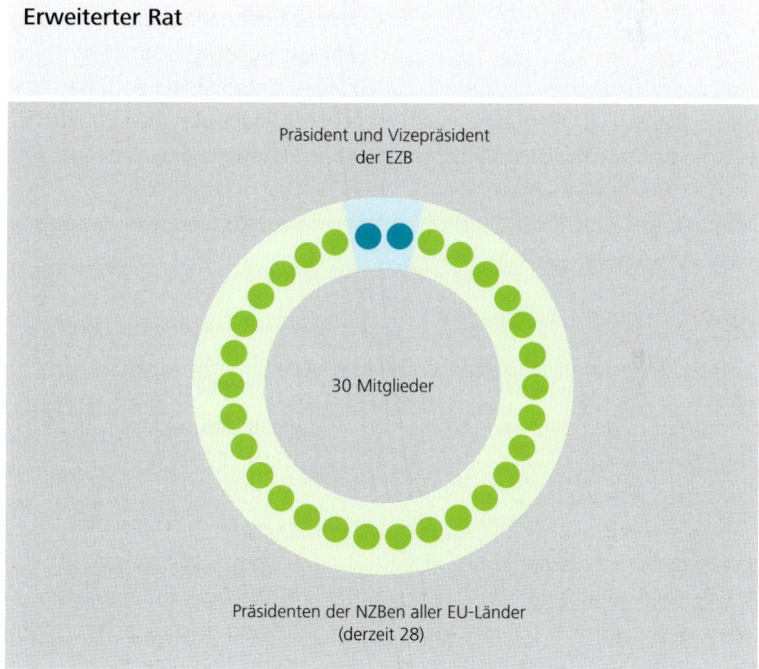

Präsident und Vizepräsident
der EZB

30 Mitglieder

Präsidenten der NZBen aller EU-Länder
(derzeit 28)

5.2.2 Die Deutsche Bundesbank im Eurosystem und im ESZB

Die Deutsche Bundesbank ist als Zentralbank der Bundesrepublik Deutschland neben den übrigen nationalen Zentralbanken Teil des Eurosystems sowie des ESZB. Ihr Präsident gehört dem EZB-Rat und dem Erweiterten Rat an.

Die Bundesbank setzt die geldpolitischen Beschlüsse des EZB-Rats in Deutschland um, indem sie beispielsweise Banken zu den aktuellen Leitzinssätzen mit Zentralbankgeld versorgt. Sie bringt in Deutschland das Euro-Bargeld in Umlauf, ist an der Bankenaufsicht beteiligt, arbeitet für ein stabiles Finanz- und Währungssystem und sorgt für einen reibungslosen bargeldlosen Zahlungsverkehr. Darüber hinaus betreibt sie ökonomische Forschung, erstellt Statistiken, ver-

Die Deutsche Bundesbank ist Teil des Eurosystems und des ESZB.

waltet die deutschen Währungsreserven, berät die Regierung in währungspolitischen Fragen und übernimmt als „Hausbank" des Staates für die öffentlichen Haushalte in deren Geld- und Wertpapierverkehr Kontoführung und Abwicklung. Sie vertritt die deutschen Interessen in zahlreichen internationalen Gremien, darunter beispielsweise im Internationalen Währungsfonds (IWF) und im Europäischen Ausschuss für Systemrisiken (ESRB).

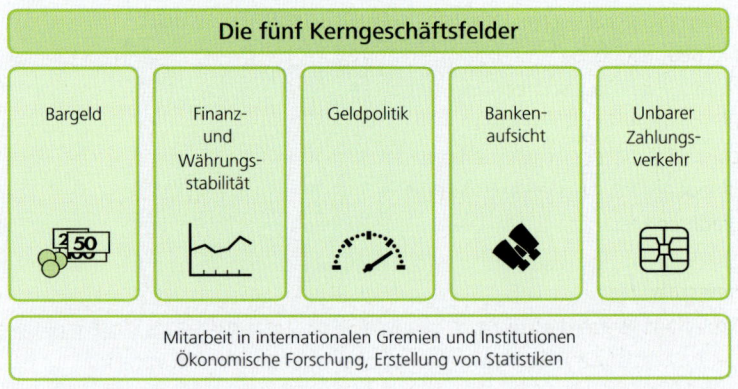

5.2.3 Erweiterung des Euroraums

Der Euroraum ist im Jahre 1999 mit zunächst elf Staaten gestartet (Belgien, Deutschland, Finnland, Frankreich, Irland, Italien, Luxemburg, Niederlande, Österreich, Portugal, Spanien). Seither sind weitere Mitglieder hinzugekommen: Griechenland (2001), Slowenien (2007), Malta und Zypern (2008), Slowakei (2009), Estland (2011) Lettland (2014) und Litauen (2015).

Die EU-Staaten, die den Euro noch nicht eingeführt haben, sind grundsätzlich verpflichtet, dem Euro-Währungsgebiet beizutreten, sobald sie die im Vertrag über die Arbeitsweise der Europäischen Union festgelegten Konvergenzkriterien erfüllen. Eine Ausnahme bilden Dänemark und Großbritannien, die eine Sonderstellung ausgehandelt haben („Opting-out-Klausel"). Sie können selbst entscheiden, ob sie den Euro als Währung übernehmen. Voraussetzung dafür ist aber auf alle Fälle, dass sie die Konvergenzkriterien erfüllen.

Voraussetzung für den Beitritt zum Euroraum ist die Erfüllung der Konvergenzkriterien.

Konvergenzkriterien

Damit ein EU-Staat dem Euro-Währungsgebiet beitreten kann, muss er bestimmte Voraussetzungen erfüllen. Zur Beurteilung der „Stabilitätsreife" potenzieller Teilnehmerländer sind die sogenannten Konvergenzkriterien festgelegt worden, nach denen entschieden wird, ob ein Land den Euro einführen kann.

Preisstabilität:

Die Inflationsrate darf nicht mehr als 1,5 Prozentpunkte über derjenigen der drei preisstabilsten Mitgliedsländer der Europäischen Union liegen.

Entwicklungsstand des Euroraums

Mitglieder des Euroraums

Beitritt zum Euroraum bei
Erfüllung der Konvergenz-
kriterien

Länder mit Sonderstatus:
Beitritt zum Euroraum auf
eigenen Wunsch bei Erfüllung
der Konvergenzkriterien

Finnland
Schweden
Estland
Lettland
Litauen
Dänemark
Irland
Großbritannien
Niederlande
Polen
Deutschland
Belgien
Luxemburg
Tschechien
Slowakei
Österreich
Ungarn
Frankreich
Slowenien
Rumänien
Italien
Kroatien
Portugal
Spanien
Bulgarien
Malta
Griechenland
Zypern

Deutsche Bundesbank

Höhe der langfristigen Zinsen:

Die langfristigen Nominalzinssätze dürfen nicht mehr als zwei Prozentpunkte über den entsprechenden Zinssätzen der drei preisstabilsten Mitgliedsländer der Europäischen Union liegen.

Haushaltsdisziplin:

Das jährliche öffentliche Defizit sollte grundsätzlich nicht mehr als 3 %, der öffentliche Schuldenstand nicht mehr als 60 % des Bruttoinlandsprodukts betragen.

Wechselkursstabilität:

Der Beitrittskandidat muss mindestens zwei Jahre am „Wechselkursmechanis-mus II" teilgenommen haben. Dabei darf der Wechselkurs der eigenen Währung nicht starken Schwankungen gegenüber dem Euro ausgesetzt gewesen sein.

5.3 Aufgabe des Eurosystems: Preisstabilität sichern

Das vorrangige Ziel des Eurosystems ist, Preisstabilität zu gewährleisten. Soweit es ohne Beeinträchtigung dieses Ziels möglich ist, hat das Eurosystem die allgemeine Wirtschaftspolitik in der Europäischen Union zu unterstützen. Es ist damit vorrangig dem Ziel der Preisstabilität verpflichtet. Der EZB-Rat als oberstes Entscheidungsorgan des Eurosystems hat diese gesetzliche Vorgabe durch eine weitergehende Definition präzisiert. Preisstabilität

Vorrangiges Ziel des Eurosystems ist es, Preisstabilität zu gewährleisten.

wird definiert als Anstieg des Harmonisierten Verbraucherpreisindex (HVPI) für das Euro-Währungsgebiet von unter 2 % gegenüber dem Vorjahr. Preisstabilität soll dabei „in mittlerer Frist" herrschen. Der Grund für diese Bestimmung ist, dass geldpolitische Maßnahmen oft erst nach Monaten wirken. Innerhalb des definitorischen Rahmens zielt der EZB-Rat darauf ab, mittelfristig eine Preissteigerungsrate von unter, aber nahe 2 % beizubehalten.

Der EZB-Rat entschloss sich zu dieser quantitativen Definition von Preisstabilität, um der Geldpolitik des Eurosystems einen klar nachvollziehbaren Maßstab zu geben, an dem der Erfolg seiner Politik gemessen werden kann.

Außerdem stellt diese Definition eine Orientierungshilfe bei der Bildung von Erwartungen hinsichtlich der künftigen Preisentwicklung dar. Was diese Definition konkret bedeutet, wird im Folgenden erläutert.

5.3.1 Preisstabilität

Beim vorrangigen Ziel des Eurosystems, Preisstabilität zu gewährleisten, geht es nicht um die Stabilität einzelner Preise. Denn in einer Marktwirtschaft sollen sich einzelne Preise ändern, um auf die Entwicklung von Angebot und Nachfrage am Markt reagieren zu können. Die Preissignale sind für Verbraucher und Produzenten wichtige Informationen, sie koordinieren ihr Verhalten und tragen dazu bei, Angebot und Nachfrage zum Ausgleich zu bringen.

Beim Ziel Preisstabilität steht vielmehr das Preisniveau im Mittelpunkt, d. h. der Durchschnitt aller Waren- und Dienstleistungspreise. Deshalb spricht man bisweilen auch von Preisniveaustabilität. Begriffe wie Inflation, Deflation, Inflationsrate, Preissteigerungsrate oder Teuerungsrate werden oft uneinheitlich und unpräzise verwendet. Was genau gemeint ist, ist aus dem Zusammenhang zu erschließen.

Ein Anstieg des Preisniveaus wird im allgemeinen Sprachgebrauch als Inflation bezeichnet, den prozentualen Anstieg des Preisniveaus zwischen zwei Zeitpunkten nennt man Preissteigerungsrate, Teuerungsrate oder Inflationsrate.

Preisstabilität: Das Preisniveau soll stabil bleiben.

Wenn in der Zeitung steht, dass die Teuerungs- oder Inflationsrate im Juni 2016 0,2 % betragen habe, bedeutet dies, dass das Preisniveau im Juni 2016 um 0,2 % höher lag als im Juni 2015. Da der EZB-Rat von Preisstabilität spricht, wenn die jährliche Preissteigerungsrate „unter, aber nahe 2 %" liegt, herrscht nach dieser Definition „Inflation" im Sinne eines unerwünschten wirtschaftlichen Prozesses eigentlich erst dann, wenn die jährliche Preissteigerungsrate für einen längeren Zeitraum deutlich über 2 % liegt.

Einen Rückgang des Preisniveaus nennt man Deflation, den prozentualen Rückgang des Preisniveaus zwischen zwei Zeitpunkten bezeichnet man als

Preissenkungs- oder Deflationsrate. Oft ist aber auch – eigentlich paradox – von einer „negativen Preissteigerungsrate" oder einer „negativen Teuerungsrate" die Rede. Im engeren Sinne herrscht Deflation nur dann, wenn das Preisniveau über einen längeren Zeitraum sinkt.

Nimmt die Inflationsrate für einige Zeit kontinuierlich ab, bleibt aber positiv – zum Beispiel von 1,8 über 1,6 % auf 1,3 % – wird von sinkenden Inflationsraten, abnehmender Inflation oder „Disinflation" gesprochen. Liegt die Teuerungsrate im Euroraum über längere Zeit näher bei 0 % als bei dem Zielwert von knapp 2 %, ist bisweilen von „Lowflation" die Rede.

Preisniveau und Kaufkraft

Steigt das Preisniveau, sinkt der Geldwert bzw. die Kaufkraft des Geldes, weil man für eine Geldeinheit weniger Waren und Dienstleistungen als zuvor bekommt. Über einen längeren Zeitraum kann ein Kaufkraftverlust beträchtliche Ausmaße annehmen.

Wie die Grafik zeigt, sind 100 Euro bei einer jährlichen Inflationsrate von 4 % in zehn Jahren real (das heißt in Gütereinheiten) nur noch so viel wert wie 66 Euro heute. Nach 50 Jahren erhält man nur noch Güter im heutigen Gegenwert von 13 Euro.

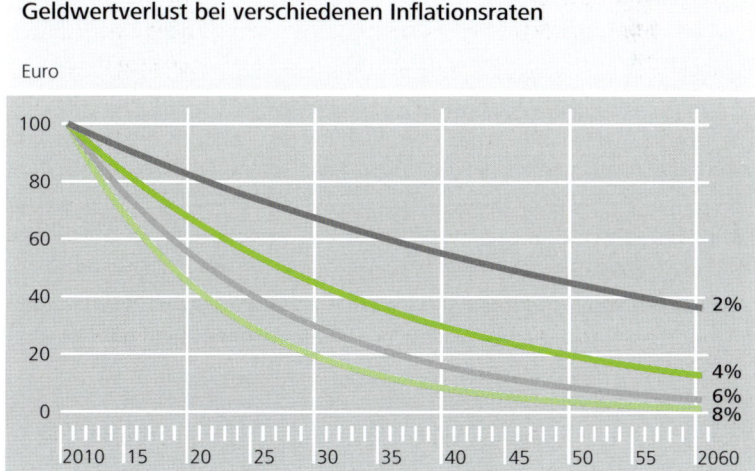

Geldwertverlust bei verschiedenen Inflationsraten

5.3.2 Messung der allgemeinen Preisentwicklung

Angesichts der Millionen Einzelpreise in unserer Wirtschaft wäre es weder möglich noch sinnvoll, jeden einzelnen Preis in die Ermittlung des Preisniveaus einzubeziehen. Andererseits kann man die Veränderung einzelner Preise auch nicht mit der Entwicklung des gesamten Preisniveaus gleichsetzen. Bei der Messung des Preisniveaus wird deshalb ein Mittelweg gegangen, indem eine Auswahl an Preisen betrachtet wird. Dazu wird ein repräsentativer „Warenkorb" ausgewählter Waren und Dienstleistungen zusammengestellt, der über einen längeren Zeitraum nicht verändert wird. Die Waren und Dienstleistungen werden darin unterschiedlich gewichtet. Die Preisveränderungen dieses Warenkorbs geben die Veränderung des Preisniveaus an. Auf diese Weise errechnet sich der sogenannte Preisindex.

Änderungen des Preisniveaus werden mithilfe eines Warenkorbs ermittelt.

Beispielberechnung für einen Preisindex

Ein vereinfachtes Beispiel illustriert die Berechnung eines Preisindex und die Messung der allgemeinen Preisentwicklung: Angenommen, ein repräsentativer Warenkorb der jährlichen Ausgaben eines Haushalts besteht aus 100 Tafeln Schokolade, 50 Flaschen Apfelsaft, 10 Kinobesuchen und einem Paar Schuhe, dann würde sich der Preisindex anhand dieses Warenkorbs wie in der Tabelle errechnen.

Der Preis des Warenkorbs ergibt sich dadurch, dass man die Menge mit den jeweiligen Preisen multipliziert und diese Ergebnisse addiert. Da es bei sehr vielen Preisen in einem Warenkorb nicht mehr zweckmäßig ist, mit dessen Ausgabensumme zu arbeiten, werden die Veränderungen mithilfe des Preisindex angegeben. Dafür wird die Ausgabensumme des ersten Jahres (Basisjahr) auf 100 gesetzt (300 € entsprechen 100). Dieser Wert dient als Bezugsgröße für die folgenden Jahre. Die Preissteigerungsrate (Inflationsrate) stellt die relative Preisänderung bezogen auf das Vorjahr dar. Wie aus dem Beispiel hervorgeht, kann der Preisindex auch steigen, obwohl einzelne Preise fallen.

	Menge	Preise im Jahr 1	Preise im Jahr 2	Preise im Jahr 3	Preise im Jahr 4
		Basisjahr			
Tafel Schokolade	100	0,50 €	0,75 €	0,75 €	0,80 €
Flasche Apfelsaft	50	1,20 €	1,00 €	1,50 €	1,20 €
Kinobesuch	10	10,00 €	12,00 €	18,00 €	15,00 €
Paar Schuhe	1	90,00 €	115,00 €	120,00 €	115,00 €
Wert des Warenkorbs		300,00 €	360,00 €	450,00 €	405,00 €
Preisindex		100	120	150	135
Jährl. Preissteigerungsrate			+20 %	+25 %	-10 %

Verbraucherpreisindex (VPI)

Der Verbraucherpreisindex für Deutschland wird vom Statistischen Bundesamt auf der Basis der Verbraucherpreisstatistik und eines Warenkorbs ermittelt, der auf den typischen Ausgaben privater Haushalte für Waren und Dienstleistungen beruht. Dazu erhebt die Behörde jeden Monat in Kaufhäusern, auf Märkten und in Online-Shops über 300.000 Einzelpreise für Waren und Dienstleistungen, die für Endverbraucher besonders wichtig sind.

Da sich Konsumgewohnheiten im Laufe der Zeit ändern, wird der Warenkorb in regelmäßigen Abständen aktualisiert. Zuletzt wurde der VPI Anfang 2013 auf das Basisjahr 2010 umgestellt. Die nächste Aktualisierung auf das Basisjahr 2015 erfolgt im Jahr 2018. Bei der Konzeption des Warenkorbs ist nicht nur die Auswahl der

Der „Warenkorb" wird regelmäßig den Konsumgewohnheiten angepasst.

repräsentativen Waren und Dienstleistungen zu treffen, sondern auch deren Gewichtung innerhalb des Warenkorbs festzulegen, das sogenannte Wägungsschema.

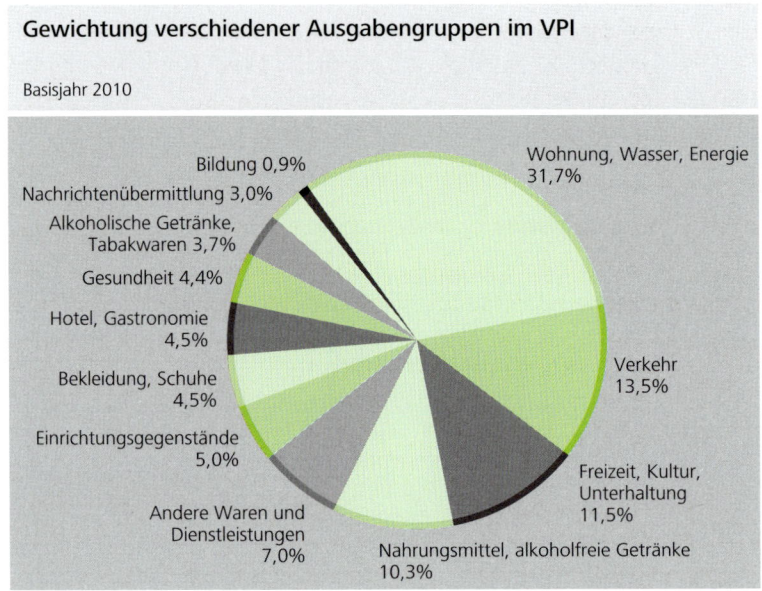

Gewichtung verschiedener Ausgabengruppen im VPI

Basisjahr 2010

- Bildung 0,9%
- Nachrichtenübermittlung 3,0%
- Alkoholische Getränke, Tabakwaren 3,7%
- Gesundheit 4,4%
- Hotel, Gastronomie 4,5%
- Bekleidung, Schuhe 4,5%
- Einrichtungsgegenstände 5,0%
- Andere Waren und Dienstleistungen 7,0%
- Nahrungsmittel, alkoholfreie Getränke 10,3%
- Freizeit, Kultur, Unterhaltung 11,5%
- Verkehr 13,5%
- Wohnung, Wasser, Energie 31,7%

Die Veränderung des Verbraucherpreisindex für Deutschland (Inflationsrate) wird monatlich vom Statistischen Bundesamt berechnet und in der Regel im Vorjahresvergleich angegeben. Eine Steigerungsrate von 1,9 % heißt also, dass das Preisniveau in dem betreffenden Monat um diesen Prozentsatz höher war als im gleichen Vorjahresmonat.

HVPI als Maßstab für Preisstabilität im Euroraum

Das Eurosystem ist dazu verpflichtet, die Preisstabilität im gesamten Euroraum zu gewährleisten. Aus diesem Grund wird ein gemeinschaftlicher Preisindex benötigt, der die nationalen Ergebnisse in gewichteter Form zusammenführt. Ein solcher Preisindex muss hinreichend harmonisiert sein, d. h. die nationalen Indizes müssen nach einheitlichen Methoden berechnet werden, damit sie in

einem Gesamtindex für den Euroraum zusammengeführt werden können. Diese Anforderung erfüllt der Harmonisierte Verbraucherpreis- *Der HVPI ist der Maßstab für Preisstabilität im Euroraum.*
index (HVPI). Dieser wird vom Statistischen Amt der Europäischen Union (Eurostat) auf der Basis nationaler Ergebnisse ermittelt und monatlich veröffentlicht. Nicht der EZB-Rat oder das Eurosystem, die zur Gewährleistung von Preisstabilität verpflichtet sind, berechnen also den Verbraucherpreisindex, sondern eine von ihnen unabhängige Institution.

Geldpolitische Zielsetzung: „unter, aber nahe 2 %"

Der EZB-Rat definiert Preisstabilität als Anstieg des HVPI im Euroraum von unter 2 % gegenüber dem Vorjahr. Preisstabilität muss allerdings nicht kurzfristig (z. B. in jedem Monat oder jedem Jahr), sondern mittelfristig gewährleistet sein. Mit Festlegung dieses Wertes und dem mittelfristigen Zeitbezug wird klargestellt, dass für den Euroraum als Ganzes betrachtet eine länger anhaltende Geldentwertung von 2 % oder mehr nicht mit Preisstabilität vereinbar ist. Gleiches gilt für eine Deflation, also einen länger anhaltenden Rückgang des allgemeinen Preisniveaus. Wie der EZB-Rat im Mai 2003 mitgeteilt hat, zielt er innerhalb des so gesetzten definitorischen Rahmens beim Streben nach Preisstabilität darauf ab, mittelfristig eine Preissteigerungsrate von unter, aber nahe 2 % beizubehalten.

Auf den ersten Blick überrascht, dass der EZB-Rat auf eine leichte Preissteigerungsrate abzielt und nicht eine Preissteigerungsrate von null anstrebt. Die Gründe dafür sind, dass eine leicht positive Preissteigerungsrate eventuellen Messfehlern beim HVPI begegnet. Zudem bietet sie auch eine „Sicherheitsmarge" gegen eine deflatorische Entwicklung. Deflation schadet der Volkswirtschaft ebenso wie Inflation. Einer Deflation ist allerdings mit geldpolitischen Mitteln schwerer zu begegnen als einer Inflation. Denn während die Zentralbank ihre Leitzinsen unbegrenzt erhöhen kann, kann sie sie nur auf 0 % senken, oder allenfalls bis leicht in den negativen Bereich. Denn senkte sie die Leitzinsen deutlich unter 0 %, könnte dies die Zinsen für Sicht-, Spar- und Termineinlagen ebenfalls unter 0 % fallen lassen. In der Folge könnten sich die Kontoinhaber ihre Einlagen auf Giro- und Sparkonten in großem Stil in bar auszahlen lassen.

Aus Sicht der Zentralbank würde die Zinssenkung dann nicht so wirken wie sie es beabsichtigt. Eine Inflationsrate im Euroraum von durchschnittlich knapp 2 % stellt sicher, dass auch Euro-Länder, in denen die Inflationsrate vom Durchschnitt etwas nach unten abweicht, nicht gleich in eine Deflation geraten.

Entwicklung der Inflationsrate im Euroraum

Seit Einführung des Euro hat die jährliche Inflationsrate im Euroraum von Jahr zu Jahr geschwankt. Im langjährigen Durchschnitt betrug sie 1,7 %. Die Preisentwicklung im Euroraum war in den vergangenen Jahren durch starke

Inflationsraten im Euroraum

Land	2007	2009	2011	2014	2016
Belgien	1,8	0,0	3,4	0,5	1,8
Deutschland	2,3	0,2	2,5	0,8	0,4
Estland	6,7	0,2	5,1	0,5	0,8
Finnland	1,6	1,6	3,3	1,2	0,4
Frankreich	1,6	0,1	2,3	0,6	0,3
Griechenland	3,0	1,3	3,1	-1,4	0,0
Irland	2,9	-1,7	1,2	0,3	-0,2
Italien	2,0	0,8	2,9	0,2	-0,1
Lettland	10,1	3,3	4,2	0,7	0,1
Litauen	5,8	4,2	4,1	0,2	0,7
Luxemburg	2,7	0,0	3,7	0,7	0,0
Malta	0,7	1,8	2,5	0,8	0,9
Niederlande	1,6	1,0	2,5	0,3	0,1
Österreich	2,2	0,4	3,6	1,5	1,0
Portugal	2,4	-0,9	3,6	-0,2	0,6
Slowakei	1,9	0,9	4,1	-0,1	-0,5
Slowenien	3,8	0,9	2,1	0,4	-0,2
Spanien	2,8	-0,2	3,1	-0,2	-0,3
Zypern	2,2	0,2	3,5	-0,3	-1,2
Euroraum	**2,1**	**0,3**	**2,7**	**0,4**	**0,2**

Schwankungen der Energiepreise geprägt. Im Jahr 2008 trieben die steigenden Energiepreise die Inflationsrate nach oben. Doch schon im

Das Preisniveau wird von vielen Faktoren beeinflusst.

Jahr darauf bewirkte die durch die Finanzturbulenzen verursachte globale Wirtschaftskrise eine moderate Senkung des Preisniveaus im Euroraum. Die andauernde Wirtschaftskrise in einigen Euro-Ländern sowie ein starker Rückgang des Ölpreises drücken die Inflationsrate seit 2014 – wie schon im Jahre 2009 – auf ein niedriges Niveau.

5.3.3 Vorteile von Preisstabilität

Preisstabilität ist auf längere Sicht eine grundlegende Voraussetzung für das reibungslose Funktionieren der Marktwirtschaft, für nachhaltiges Wirtschaftswachstum und die Mehrung des wirtschaftlichen Wohlstands. Spätestens die Erfahrungen der 1970er Jahre haben gezeigt, dass Inflation das Wachstum und die Beschäftigung nicht dauerhaft fördert, vielmehr schädlich ist.

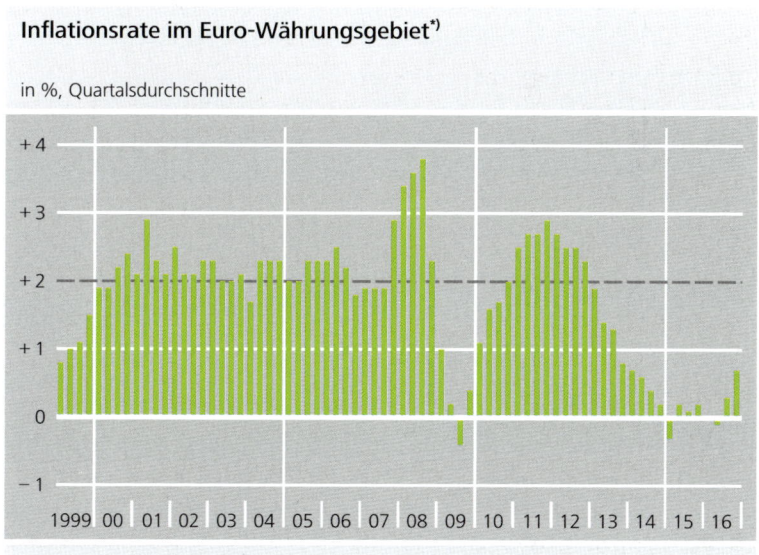

Inflationsrate im Euro-Währungsgebiet*)

in %, Quartalsdurchschnitte

Quelle: Eurostat. * Harmonisierter Verbraucherpreisindex.

Herrscht Preisstabilität, sind Veränderungen der relativen Preise leicht erkennbar. Die Preisentwicklungen signalisieren dann unverfälscht, ob ein Gut knapper wird oder im Überfluss vorhanden ist. Das sind wichtige Informationen sowohl für die produzierenden Unternehmen als auch für die Verbraucher. Preisstabilität verbessert somit die Transparenz und erhöht so die Kalkulations- und Planungssicherheit. Das wiederum sorgt für einen effizienten Einsatz der wirtschaftlichen Ressourcen sowie für gute Rahmenbedingungen für Investitionen. Dazu trägt auch bei, dass in einem Umfeld, in dem Preisstabilität herrscht, die Risikoprämien auf die Kreditzinsen vergleichsweise niedrig sind. Das begünstigt Investitionen, die Schaffung von Arbeitsplätzen und Wirtschaftswachstum. Zudem erhält Preisstabilität die Kaufkraft der Einkommen und verhindert die Entwertung von Geldvermögen.

Demgegenüber verzerren Inflation und Deflation die Preissignale und stören damit den Steuerungsmechanismus der Marktwirtschaft. Einmal in Gang gekommen, verstärken sich inflationäre oder deflationäre Prozesse häufig selbst und ziehen immer weitere Kreise der Volkswirtschaft in Mitleidenschaft. Deshalb ist es wichtig, dass die Zentralbank frühzeitig gegensteuert.

Bereits geringe jährliche Preissteigerungsraten schwächen den Geldwert auf mittlere und lange Sicht sehr deutlich. Das spüren besonders die Sparer und die Anleger in festverzinslichen Wertpapieren. Zwar steigen mit der Inflation tendenziell auch die Zinsen. Doch kann man höhere Zinsen oft nur bei der Neuanlage eines Geldbetrags erzielen. Liegt das Geld einmal zu einem fixen Nominalzins langfristig fest, hat der Anleger bei unerwartet hohen Preissteigerungsraten gleich doppelt das Nachsehen: Sowohl die laufende Zinszahlung als auch das angelegte Geld verlieren an Wert. Inflation kann damit für die Altersvorsorge geplante Ersparnisse entwerten – und so den Anreiz nehmen, private Vorsorge zu leisten.

Inflation und Deflation zerstören die Aussagekraft von Preisen.

Während Inflation die Sparer benachteiligt, begünstigt sie die Schuldner. Denn ihre nominalen Verbindlichkeiten verlieren real an Wert. Das setzt Anreize, Schulden aufzunehmen und das Geld zum Beispiel in Immobilien zu investieren. Solch eine „Flucht in die Sachwerte" ist volkswirtschaftlich nicht effizient und kann zu spekulativen „Preisblasen" führen, die großen Schaden anrichten können.

Insgesamt führt Inflation zu einer willkürlichen Umverteilung von Vermögen und zu Wachstumseinbußen.

Wie die Erfahrung lehrt, geht Inflation typischerweise zu Lasten der sozial Schwächeren. Benachteiligt von Inflation sind vor allem die Bezieher fester Einkommen (z. B. Gehalt, Rente, Sozialleistungen), da sie bei Inflation mit ihrem nominal fixen Einkommen weniger kaufen können. Auch die Steuerzahler können „Opfer" der Inflation sein, weil sie auf rein inflationsbedingte Einkommenszuwächse über-

Preisstabilität nützt
letztlich jedem.

proportional Steuern zahlen müssen („kalte Progression"). Inflation verdeckt oder mildert die sozialen Gegensätze nicht. Im Gegenteil: Sie verstärkt sie sogar. Andauernde Inflation greift somit die Grundlagen der marktwirtschaftlichen Ordnung gleich von mehreren Seiten an, verschärft Verteilungskonflikte in der Gesellschaft und führt auf Dauer zu Wachstumsverlusten.

Nicht nur Inflation, sondern auch Deflation, also ein Rückgang des Preisniveaus, ist für die Volkswirtschaft schädlich und unerwünscht. Zwar profitieren die Verbraucher zunächst davon, wenn die Preise ganz allgemein sinken. Doch kann dies dazu führen, dass die Verbraucher in Hoffnung auf weiter sinkende Preise Konsumausgaben wie zum Beispiel den Erwerb von Autos, Möbeln und vielem anderen aufschieben. Das kann dann die Unternehmen zur Einschränkung ihrer Produktion, zum Stopp von Investitionen und zur Entlassung von Arbeitnehmern veranlassen. Weil die Arbeitslosen über weniger Einkommen verfügen und ihren Konsum einschränken, geht die gesamtwirtschaftliche Nachfrage noch weiter zurück. Die Unternehmen reagieren darauf mit weiteren Produktionskürzungen, Preissenkungen und Entlassungen. Fallende Preise erhöhen zudem den realen Gegenwert ausstehender Schulden sowie die realen Zinsen (die um die Preisänderungsrate bereinigten Zinsen). In der Tendenz dämpft auch dies die Nachfrage, insbesondere nach Investitionsgütern.

5.4 Der Ordnungsrahmen für die gemeinsame Währung

Die europäischen Politikerinnen und Politiker, die den Euro als gemeinsame Währung schufen, folgten zwei Leitgedanken: Zum einen sollten die Vorteile einer Währungsunion nutzbar gemacht werden, zum anderen aber sollten die nationalen Parlamente und Regierungen der Mitgliedstaaten weiterhin für die Finanzpolitik zuständig sein. Als Ergebnis ist die Geldpolitik im Euroraum zentralisiert, während die Finanzpolitik dezentral ausgeübt wird – wobei allerdings mehrere institutionalisierte Verfahren für eine Koordination sorgen sollen. Dieser Ordnungsrahmen wurde in Reaktion auf die Finanz- und Staatsschuldenkrise in mehrfacher Hinsicht weiterentwickelt und gestärkt.

Die Vorteile einer Währungsunion liegen auf der Hand: Mit der Einführung einer gemeinsamen Währung entfallen Wechselkursschwankungen. Das schafft Planungssicherheit, reduziert Kosten und führt zu mehr Wettbewerb und Wirtschaftswachstum. Die Anfälligkeit gegenüber weltweiten Störungen an den Devisenmärkten wird geringer.

Die Vorteile des größeren Währungsraums stellen sich aber nur dann ein, wenn die gemeinsame Währung in ihrem Wert stabil ist. Jedes Mitgliedsland in einer Währungsunion muss dazu seine Wirtschafts-, Finanz- und Lohnpolitiken an die veränderten Rahmenbedingungen anpassen. Denn wenn ein Land der Währungsunion beigetreten ist, kann es keine eigene Zins- und Wechselkurspolitik mehr verfolgen. Deshalb sollten beispielsweise die Tarifparteien bei Lohnerhöhungen die Auswirkungen auf die Wettbewerbsfähigkeit beachten. Denn in einer Währungsunion kann ein Land einem Verlust an internationaler Wettbewerbsfähigkeit – zum Beispiel aufgrund überhöhter Lohnsteigerungen – nicht mehr dadurch entgegenwirken, dass es die eigene Währung abwerten lässt.

Trotz einer gemeinsamen Geldpolitik bleibt die Finanzpolitik national.

Zu den Risiken einer Währungsunion zählt auch, dass sich finanzpolitische Fehlentwicklungen in einem Land negativ auf die anderen Mitgliedstaaten auswirken können. Preisstabilität kann auf Dauer nämlich nur erreicht und gesichert werden, wenn die staatliche Finanzpolitik in allen Mitgliedsländern stabilitätsorientiert geführt wird. Insbesondere bei hohen und schnell steigenden Staatsschulden können Konflikte zwischen Finanzpolitik und einer stabilitätsorientierten Geldpo-

Die Geldpolitik muss von einer stabilitätsorientierten Finanzpolitik begleitet werden.

litik entstehen: Kurz- bis mittelfristig ist bei einer zu expansiven Fiskalpolitik die Geldpolitik zu einem restriktiveren Kurs gezwungen, um Preisstabilität zu gewährleisten. Langfristig steigt bei einer hohen Verschuldung des Staates der Anreiz für die Finanzpolitiker, die Geldpolitiker zu einer lockeren Geldpolitik mit niedrigen Zinsen zu drängen, um die Lasten des hohen Schuldenstandes zu verringern.

Um die Risiken für den Euroraum mit seinen speziellen Bedingungen zu begrenzen, setzten die politischen Gründer auf eine Doppelstrategie: Zum einen sollten rechtliche Vorschriften den Spielraum der nationalen Politiken einschränken, zum anderen sollten „Sanktionen durch den Markt" disziplinierend wirken. Niedergelegt wurden diese Vorschriften zunächst im Vertrag über die Europäische Union („Maastricht-Vertrag") und im Stabilitäts- und Wachstumspakt. Beide Regelwerke wurden im Laufe der Zeit mehrfach verändert. So wurde der Maastricht-Vertrag zum Vertrag über die Arbeitsweise der Europäischen Union (AEU) weiterentwickelt. Insbesondere in Reaktion auf die Staatsschuldenkrise wurden die Regelwerke um weitere Abkommen ergänzt sowie neue Institutionen geschaffen.

5.4.1 Unabhängigkeit der Zentralbank

Für eine erfolgreiche Stabilitätspolitik braucht eine Zentralbank neben einem klaren Gesetzesauftrag auch ein hohes Maß an Unabhängigkeit von politischen Stellen. Sie muss frei über den Einsatz ihrer geldpolitischen Instrumente entscheiden können und darf nicht zu Maßnahmen gezwungen werden, die ihrem Auftrag zuwiderlaufen. Unabhängige Zentralbanken sind erfahrungsgemäß besser in der Lage, den Geldwert zu sichern, weil sie nicht den kurzfristigen Handlungszwängen und wahltaktischen Überlegungen von Regierungen unterliegen. Deutschland musste im letzten Jahrhundert bittere Erfahrungen mit einer von den jeweiligen Regierungen abhängigen Zentralbank machen. Die Finanzierung des Ersten Weltkrieges sowie der Kriegsfolgekosten mit Hilfe der

Die Erfahrung zeigt: Zentralbanken müssen unabhängig sein.

Notenbank endete 1923 in einer Hyperinflation und einer völligen Entwertung der Mark. Auch nach dem Zweiten Weltkrieg stand einer riesigen Geldmenge ein nur geringes Güterangebot gegenüber. Dies machte eine umfassende Neuordnung des Geldwesens unausweichlich. Die Währungsreform von 1948 markierte mit der Einführung der D-Mark einen neuen Abschnitt in der wechselvollen deutschen Währungsgeschichte. Damit sie ihren Stabilitätsauftrag ohne politischen Druck ausführen konnte, wurde der Deutschen Bundesbank ein hohes Maß an Unabhängigkeit verliehen. Damit war sie bei der Ausübung ihrer Befugnisse frei von Weisungen der Bundesregierung.

Unabhängigkeit des Eurosystems

Die im AEU-Vertrag in Artikel 130 verankerte Unabhängigkeit des Eurosystems geht noch über die früheren Regelungen bezüglich der Unabhängigkeit der Deutschen Bundesbank hinaus. Der Vertrag und das Statut des ESZB können nicht durch ein einfaches nationales Gesetz geändert werden. Hierfür wäre die Zustimmung aller EU-Länder nötig. Die Unabhängigkeit beschränkt sich dabei nicht nur auf die Europäische Zentralbank. Auch die nationalen Zentralbanken müssen spätestens bei der Einführung des Euro in die Unabhängigkeit entlassen worden sein (rechtliche Konvergenz).

Die Unabhängigkeit des Eurosystems ist in mehrfacher Hinsicht gewährleistet: institutionell, funktionell, finanziell und personell. Sie ist institutionell dadurch gesichert, dass es nationalen und supranationalen Stellen verboten ist, der EZB oder den nationalen Zentralbanken Weisungen zu erteilen; selbst der Versuch der Beeinflussung ist untersagt. Die funktionelle Unabhängigkeit des Eurosystems besteht in der alleinigen Verantwortung für die Wahl seiner Strategien und Maßnahmen, um Preisstabilität zu erreichen. Dazu gehört auch, dass diese Autonomie nicht durch eine irgendwie geartete Verpflichtung zur Kreditgewährung an den Staat unterlaufen wird. Den nationalen Zentralbanken ist die Vergabe von Krediten an die Europäische Union, an die nationalen Regierungen und sonstige Einrichtungen des öffentlichen Rechts ebenso verboten wie der unmittelbare Erwerb von Schuldtiteln öffentlicher Stellen. Dieses Verbot der „monetären Staatsfinanzierung" ist in Artikel 123 des AEU-Vertrags festgeschrieben.

Weiter ist das Eurosystem auch finanziell unabhängig. Die Zentralbanken können frei und unabhängig
über ihre finanziellen Mittel verfügen. Eine Übertragung dieser Verantwortung auf nationale Regierungen oder Parlamente ist verboten.
Die unabhängigen nationalen Zentralbanken sind zudem die alleinigen
Kapitalzeichner der EZB. Zur per-
sonellen Unabhängigkeit trägt die
lange Amtszeit der Mitglieder des

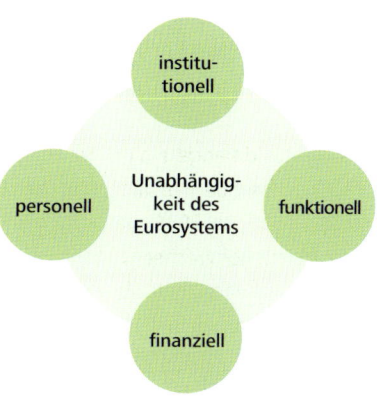

EZB-Rats sowie deren Schutz vor willkürlicher, vorzeitiger Amtsenthebung bei:
So werden die Mitglieder des EZB-Direktoriums einmalig auf acht Jahre ernannt, wobei eine Wiederernennung nicht zulässig ist. Das stellt sicher, dass
sie ihre Entscheidungen nicht an etwaigen Chancen ausrichten, für eine zweite Amtszeit ernannt zu werden. Von der regulären Vertragsdauer von acht
Jahren wurde lediglich bei der Gründung der EZB abgewichen, um zu vermeiden, dass nach acht Jahren alle Verträge gleichzeitig auslaufen. Die Präsidenten
der nationalen Zentralbanken haben eine Amtszeit von mindestens fünf Jahren,
können jedoch wiederernannt werden.

Im Bereich der äußeren Währungspolitik besteht hinsichtlich der funktionellen
Unabhängigkeit allerdings eine Einschränkung: Der Rat der Wirtschafts- und
Finanzminister (Ecofin-Rat) kann förmliche Vereinbarungen über das Wechsel-
kurssystem treffen. Entsprechende Beschlüsse bedürfen einer vorherigen
Empfehlung der EU-Kommission oder der EZB und dürfen das vorrangige Ziel
der Preisstabilität nicht gefährden.

Unabhängigkeit bedingt Rechenschaftspflicht

Die Unabhängigkeit des Eurosystems ist weder Selbstzweck noch Blankovoll-
macht. Sie soll sicherstellen, dass die Geldpolitik stabilitätsorientiert handeln
kann. Im Gegenzug für die Unabhängigkeit muss sich das Eurosystem auf diesen
Auftrag beschränken – es darf also keine anderen politischen Ziele verfolgen,
für die per Gesetz die gewählten Parlamente zuständig sind. Gerade weil die
Zentralbanken des Eurosystems politisch unabhängig sind, sind sie zur Offenheit

verpflichtet: Sie müssen über ihre Entscheidungen und den Erfolg ihrer Maßnahmen öffentlich Rechenschaft ablegen. Hierzu berichtet die EZB dem Europäischen Parlament, der Europäischen Kommission und dem Europäischen
Rat über die Geld- und Währungspolitik sowie die übrigen Tätigkeiten des
Eurosystems. Außerdem muss die EZB mindestens vierteljährlich einen Bericht
über ihre Tätigkeiten veröffentlichen. Faktisch kommt sie dieser Verpflichtung
durch ihre alle sechs Wochen erscheinenden Wirtschaftsberichte nach. Zudem
steht der Präsident der EZB den Medien nach den geldpolitischen Sitzungen
des EZB-Rats auf einer Pressekonferenz Rede und Antwort. Seit Anfang 2015
veröffentlicht der EZB-Rat außerdem zusammenfassende Protokolle über seine
geldpolitischen Sitzungen. Abgesehen von dieser Verpflichtung zur Rechenschaft liegt es ohnehin im Interesse des Eurosystems, der Öffentlichkeit seine
Ziele und Maßnahmen verständlich zu machen, um so Glaubwürdigkeit und
Unterstützung zu gewinnen und zu bewahren.

5.4.2 Gegenseitiger Haftungsausschluss

Auch in der dritten Stufe der Wirtschafts- und Währungsunion sind grundsätzlich eigenverantwortliche nationale Finanzpolitiken vorgesehen: Die nationalen Politiker entscheiden weiterhin über die Gestaltung des jeweiligen
nationalen Staatshaushalts. Eigenverantwortung sollte nach dem Willen der
Gründer aber auch bedeuten, dass ein Land für die von ihm aufgenommenen
staatlichen Schulden alleine gerade stehen muss. Deshalb legt Artikel 125
des AEU-Vertrags einen gegen-
seitigen Haftungsausschluss fest:

*Kein Mitgliedsland des Euro-
raums haftet für die Schulden
eines anderen („No Bail-out").*

Weder die Gemeinschaft noch die
Mitgliedstaaten haften für die Schulden eines Mitglieds. In der Fachsprache ist von der „No Bail-out"-
Regel die Rede oder dem Verbot eines „Bail-out", also dem Verbot,
einem Schuldner seine Schulden abzunehmen. Dieses Verbot soll jeden
Mitgliedstaat dazu bringen, solide mit seinen Finanzen umzugehen. Dieser
Haftungsausschluss sollte auch bewirken, dass die Anleger an den Finanzmärkten die Staatsschulden eines Landes allein nach der Finanzkraft des
betreffenden Landes beurteilen. Davon wiederum sollte eine diszipline-
rende Wirkung auf die nationalen Politiker ausgehen: Denn kommen die

Anleger zu der Einschätzung, dass ein Staat übermäßig viel Schulden macht, sehen sie erhöhte Risiken für die pünktliche Bedienung der Staatsschulden mit Zins und Tilgung. Wegen des erhöhten Risikos gewähren sie diesem Staat dann neue Kredite nur zu erhöhten Zinsen. Für den Staat verteuert sich also die Kreditaufnahme. Diese „finanzielle Sanktion" sollte die Politiker dieses Staates dazu bringen, weniger Schulden zu machen und damit den Staatshaushalt in der Tendenz wieder ins Lot zu bringen.

5.4.3 Der Stabilitäts- und Wachstumspakt

Wenn ein Land dem Euroraum beitreten will, muss es zuvor die in Artikel 140 AEU-Vertrag niedergelegten Konvergenzkriterien erfüllt haben. Hinsichtlich des Kriteriums einer dauerhaft tragbaren Finanzlage der öffentlichen Hand schreibt Artikel 126 des AEU-Vertrags dies auch für die Zeit nach dem Eintritt vor: „Die Mitgliedstaaten vermeiden übermäßige öffentliche Defizite". Als Obergrenze für die jährliche Neuverschuldung gilt dabei grundsätzlich die Marke von 3 % des Bruttoinlandsprodukts (BIP). Nur in festgelegten seltenen Ausnahmefällen darf die Defizitquote eines Teilnehmerlandes über diesem Wert liegen. Droht eine Überschreitung, kann die EU-Kommission eine Frühwarnung aussprechen. Wird festgestellt, dass ein „übermäßiges Defizit" vorliegt, kann

Im Stabilitäts- und Wachstumspakt verpflichten sich die Euro-Länder zu einer soliden Haushaltsführung.

der Ecofin-Rat dem betreffenden Land Maßnahmen zur Korrektur der Fehlentwicklung auferlegen. Bei anhaltenden Verletzungen kann eine Geldbuße verhängt werden. Dieses Verfahren soll disziplinierend wirken und den nationalen politischen Akteuren Anreize bieten, eine solide Fiskalpolitik zu verfolgen.

In dem 1997 geschlossenen Stabilitäts- und Wachstumspakt wurden die Regelungen des Vertrags konkretisiert und ergänzt. So verpflichteten sich die EU-Länder in diesem „Euro-Stabilitätspakt", mittelfristig zumindest nahezu ausgeglichene Haushalte oder Überschüsse aufzuweisen. Damit dies überwacht werden kann, müssen die Mitgliedsländer mehrjährige „Stabilitätsprogramme" vorlegen. Die jährlichen Aktualisierungen dieser Programme werden vom Ecofin-Rat überprüft.

Zudem sieht der AEU-Vertrag vor, dass die staatlichen Schulden höchstens 60 % des BIP betragen sollen. Dieser Referenzwert darf nur überschritten werden, wenn die Schuldenquote rückläufig ist und sich damit dem Referenzwert annähert. Mit Rückgriff auf diese Ausnahme wurde bei einigen Ländern bei Einführung der gemeinsamen Währung eine höhere Schuldenquote akzeptiert. Im Zuge der Finanz- und Staatsschuldenkrise ist die Schuldenquote der meisten Euro-Länder stark gestiegen. Die Schuldenquote Deutschlands erhöhte sich auf mehr als 80 %.

Die Regierungen der EU-Staaten sind mit „Stabilitätssündern" in den Anfangsjahren der gemeinsamen Währung eher milde umgegangen. Dabei dürfte eine Rolle gespielt haben, dass viele Regierungen selbst Schwierigkeiten mit der Einhaltung der Regeln hatten. Insofern urteilten im Ecofin-Rat „Sünder über Sünder". Nicht zuletzt waren die beiden größten Euro-

Der Stabilitäts- und Wachstumspakt ist nur wirksam, wenn er konsequent umgesetzt wird.

Länder Deutschland und Frankreich diesbezüglich schlechte Vorbilder. Die Reform des Pakts im Jahr 2005 hat zudem die Ermessensspielräume bei der Bewertung der öffentlichen Finanzen ausgeweitet sowie die entsprechenden Fristen zur Korrektur erweitert. Nicht zuletzt aufgrund der insgesamt eher laxen Anwendung der gemeinsamen europäischen Fiskalregeln versäumten zahlreiche Länder, in den „guten Zeiten" des ersten Jahrzehnts der gemeinsamen Währung solide öffentliche Finanzen zu erreichen. In Reaktion auf die Finanz- und Staatsschuldenkrise wurde unter anderem auch der Stabilitäts- und Wachstumspakt reformiert und durch weitere Vertragswerke flankiert.

5.5 Krise erzwingt Rettungsmaßnahmen und Anpassung des Ordnungsrahmens

In Reaktion auf den Ausbruch der Staatsschuldenkrise im Winter 2009/2010 und ihre Zuspitzung im Frühjahr 2010 haben die Politiker zahlreiche Initiativen ergriffen. In einer ganzen Serie von „Krisengipfeln" beschlossen sie in der folgenden Zeit zum einen vielfältige Rettungsmaßnahmen, um die Zahlungsfähigkeit aller Euro-Länder sicherzustellen und um Gefahren für die Stabilität des Finanzsystems im Euro-Währungsraum entgegenzuwirken. Weiterhin einigten sie sich auf neue Regeln zur Führung („governance") der Wirtschafts- und Finanzpolitik, um die Union zu stärken und künftigen Krisen vorzubeugen.

5.5.1 Beginn der Rettungsprogramme

In den ersten Monaten 2010 verschlechterte sich die Einschätzung der Finanzlage des griechischen Staates durch die Kapitalmarktakteure so stark, dass Griechenland die Zahlungsunfähigkeit drohte. Viele Fachleute befürchteten, dass der Zahlungsausfall Griechenlands auch Banken, die Griechenland Geld geliehen hatten, in Mitleidenschaft ziehen könnte, und dass dies die Kreditgeber ganz allgemein stark verunsichern würde. Als Folge könnten dann auch andere Banken betroffen und die Stabilität des Finanzsystems im Euro-Währungsraum insgesamt gefährdet werden. Andere Euro-Länder hätten dann möglicherweise ebenfalls keine Kredite mehr erhalten und wären ihrerseits zahlungsunfähig geworden. So könnte die Krise ein Land nach dem anderen anstecken und schließlich sogar den Bestand der gemeinsamen Währung gefährden.

Nicht zuletzt aufgrund solcher Besorgnisse stellten vor allem die Euro-Länder und der Internationale Währungsfonds (IWF) im Mai 2010 ein Rettungsprogramm für Griechenland zusammen. Es war auf drei Jahre angelegt und hatte ein Volumen von insgesamt 110 Milliarden Euro. Die Geldgeber gewährten dabei jeweils bilaterale Kredite. Sie übernahmen aber keine Haftung für die ausstehenden Schulden Griechenlands. Kritiker sahen in diesem Arrangement dennoch eine Umgehung der „No Bail-out"-Regel. Als Gegenleistung für die Kredite musste sich die Regierung in Athen zu einschneidenden Reformen verpflichten, um das jährliche Haushaltsdefizit zu verringern und gesamtwirtschaftliche Fehlentwicklungen zu korrigieren. Elemente dieses Programms waren deutliche Kürzungen der Sozialausgaben und Steuererhöhungen.

5.5.2 Vom provisorischen zum permanenten Rettungsschirm

Da sich die Lage an den Finanzmärkten auch nach Verabschiedung des ersten Programms für Griechenland weiter verschärfte und die Finanz-

Mehrere Maßnahmen werden als „Euro-Rettungsschirm" bezeichnet.

stabilität im Euroraum akut bedroht erschien, beschlossen die EU-Politiker eine Reihe von Stabilisierungsmaßnahmen. Dazu gehörten neben einer beschleunigten Konsolidierung der öffentlichen Haushalte und einer Reform des fiskalischen Regelwerks auch sogenannte Rettungsschirme. Mit den Mitteln dieser Fonds können angeschlagene Länder rasch unterstützt werden, bilaterale Kredite zwischen Euro-Ländern – wie beim ersten Griechenland-Programm – sind nicht mehr nötig. Diese Gewissheit trägt zur Beruhigung der privaten Geldgeber bei.

EFSM und EFSF

Schon im Mai 2010 richtete die EU den Europäischen Finanzstabilisierungsmechanismus EFSM (European Financial Stabilisation Mechanism) mit einem Volumen von etwa 60 Milliarden Euro ein. Die Mittel dazu kann sich die EU über die Ausgabe von EU-Anleihen beschaffen, für die sie mit ihren eigenen Einnahmen haftet. Demgegenüber würden bei sogenannten „Euro-Bonds" die Euro-Länder haften.

Die Europäische Finanzstabilisierungsfazilität (European Financial Stability Facility, EFSF) wurde 2010 unter dem Eindruck der Finanz- und Staatsschuldenkrise von den EU-Staaten als vorübergehendes Rettungsprogramm eingerichtet. Über die Fazilität konnte Staaten des Euroraums finanzielle Unterstützung gewährt werden, sofern sich diese Staaten zu bestimmten Reformprogrammen verpflichteten. Die Fazilität konnte am Kapitalmarkt durch Emission von Wertpapieren maximal 440 Milliarden Euro aufnehmen. Diese Wertpapiere haben die Euro-Länder durch einen Garantierahmen von insgesamt 780 Milliarden Euro gedeckt. Auf Deutschland entfallen Garantien von bis zu 211 Milliarden Euro.

Übersicht Rettungsmaßnahmen

	Erstes Griechenland-Programm (Mai 2010)	EFSM (Mai 2010)	EFSF (Juni 2010)	ESM (Oktober 2012)
Volumen	110 Mrd. €	60 Mrd. €	440 Mrd. €	500 Mrd. €
Finanzierung	Euro-Länder (80) und IWF (30)	Anleihen der EU	EFSF-Anleihen	ESM-Anleihen

Seit dem 1. Juli 2013 vereinbart die – inzwischen durch den Europäischen Stabilitätsmechanismus ersetzte – EFSF keine neuen Programme mehr, sie führt die vereinbarten Programme aber noch aus.

Europäischer Stabilitätsmechanismus (ESM)

Im Dezember 2010 beschloss der Europäische Rat, einen Fonds als „permanenten Rettungsschirm" einzurichten. Dem Fonds stehen insgesamt 500 Milliarden Euro zur Verfügung, die er sich größtenteils über die Ausgabe von Anleihen am Kapitalmarkt beschaffen soll. Damit er diesen Betrag zu günstigen Konditionen aufnehmen kann, haben sich die Euro-Länder verpflichtet, für insge-

Der ESM wird als „permanenter Rettungsschirm" eingerichtet.

samt 620 Milliarden Euro zu garantieren und zusätzlich 80 Milliarden Euro in bar einzuzahlen. Deutschland ist daran mit rund 27 % beteiligt. Das entspricht insgesamt rund 190 Milliarden Euro.

Der Fonds steht bereit, um „im Notfall die Stabilität des Euroraums als Ganzes zu sichern". Er kann dazu Euro-Länder, die in vorübergehende Zahlungsschwierigkeiten geraten sind, mit Krediten und anderen Maßnahmen unterstützen und sie im Gegenzug im Rahmen eines Reformprogramms zu Korrekturmaßnahmen verpflichten. Dies soll zu einer Beruhigung der Finanzmärkte beitragen. Das Abkommen zum ESM sieht weiter vor, dass alle teilnehmenden Länder neue Staatsanleihen mit „Collective Action Clauses" ausstatten müssen. Im Falle eines staatlichen Konkurses machen diese Regeln die Umschuldung der staatlichen Verbindlichkeiten – wie die Vereinbarung eines Schuldenschnitts – juristisch einfacher. Die obligatorische Einführung dieser Vertragsklauseln macht deutlich, dass Staaten im Prinzip insolvent werden können. Das entspricht dem gegenseitigen Haftungsausschluss gemäß Artikel 125 des AEU-Vertrags. Der ESM trat im Oktober 2012 in Kraft.

Inanspruchnahme der Rettungsschirme

In den Jahren 2010 bis 2013 hat der EFSF Irland, Portugal und Griechenland langlaufende Kredite in Milliardenhöhe gewährt. Die Regierungen mussten sich jeweils verpflichten, strenge Auflagen einzuhalten, die darauf zielten, die

Die Inanspruchnahme der Rettungsschirme ist mit strengen Auflagen verbunden.

staatlichen Finanzen zu sanieren und die Wirtschaft zu reformieren. Ferner sehen die Rettungsprogramme typischerweise vor, dass Vertreter von EU-Kommission, Europäischer Zentralbank und Internationalem Währungsfonds die Umsetzung der vereinbarten Maßnahmen überwachen und die Kredittranchen erst dann auszahlen, wenn bestimmte „Meilensteine" im Programm erreicht sind.

Im Dezember 2013 wurde das EFSF-Hilfs-Programm für Irland abgeschlossen. Portugal folgte im Mai 2014. Im Jahre 2012 gewährte der ESM Spanien und Zypern langlaufende Kredite. Das Hilfsprogramm für Spanien wurde Ende 2013 abgeschlossen, dasjenige für Zypern im März 2016. Alle „Programmländer" müssen die Kredite, die sie aufgenommen haben, in den nächsten Jahren samt Zinsen zurückzahlen. Manche dieser Kredite haben Laufzeiten von 20 Jahren und mehr.

Nach dem ersten Hilfsprogramm benötigte Griechenland im Frühjahr 2012 ein umfängliches EFSF-Kreditprogramm, ferner erließen private Gläubiger dem Staat im Rahmen eines „Schuldenschnitts" einen Teil seiner Schulden. Anfang 2015 spitzte sich die Wirtschafts-, Banken- und Staatsschuldenkrise in Griechenland wieder zu. Im August 2015 gewährte der ESM Griechenland ein drittes Rettungspaket über bis zu 86 Milliarden Euro, die schrittweise ausgezahlt werden, wenn Griechenland die vereinbarten Wirtschaftsreformen umgesetzt hat.

5.5.3 Reform des Stabilitäts- und Wachstumspakts sowie Fiskalpakts

Neben den kurzfristigen Rettungsmaßnahmen erarbeiteten die EU-Politiker zahlreiche Programme, welche darauf zielen, die eigentlichen Ursachen der Krise zu beseitigen und die Währungsunion langfristig zu stabilisieren und zu stärken. Dazu zählt eine Reform des Stabilitäts- und Wachstumspakts, die im Dezember 2011 in Kraft getreten ist. Der Pakt sieht seither unter anderem strengere Vorgaben für die staatliche Budgetpolitik vor, wenn ein Land bei der Schuldenquote die Grenze von 60 % verletzt. Der „überschiessende" Prozentsatz muss jährlich um ein Zwanzigstel abgebaut werden. Auch der Sanktionsmechanismus bei Nichtbefolgen der Vorgaben wurde leicht verschärft.

Im Frühjahr 2012 einigten sich die Regierungen von 25 der damals 27 EU-Länder auf ein Vertragswerk, das für mehr Haushaltsdisziplin sorgen soll, den sogenannten Fiskalpakt (fiscal compact; vollständige deutsche Bezeichnung: Vertrag über Stabilität, Koordinierung und Steuerung in der Wirtschafts- und Währungsunion). Der Fiskalpakt trat Anfang 2013 in Kraft. Er ergänzt und verschärft den reformierten Stabilitäts- und Wachstumspakt. Da Großbritannien und Tschechien ihre Teilnahme ablehnten, ist der Fiskalpakt keine Ergänzung des AEU-Vertrags, sondern ein zwischenstaatliches Abkommen.

Der Fiskalpakt sieht unter anderem vor, dass jedes teilnehmende Land eine „Schuldenbremse" einführen muss.
Im Rahmen der Schuldenbremse darf der Staatshaushalt nach einer Übergangszeit im Normalfall nur ein sehr geringes strukturelles Defizit aufweisen. Verletzt ein Staat diese Regeln,

Der Großteil der EU-Staaten hat eine „Schuldenbremse" vereinbart.

wird automatisch ein Korrekturmechanismus eingeleitet, der darauf abzielt, die Fehlentwicklung zu korrigieren. Außerdem wurde im Rahmen des Fiskalpakts festgelegt, dass ein Defizitverfahren nur durch eine Zweidrittel-Mehrheit der Finanzminister gestoppt werden kann. Insofern geht diese Bestimmung über die Regeln zum Defizitverfahren im Stabilitäts- und Wachstumspakt hinaus.

5.5.4 Weitere Maßnahmen zur Stärkung des Euroraums

– „Europäische Semester": Demnach müssen die EU-Regierungen von 2011 an die Planungen für ihre Staatshaushalte frühzeitig den europäischen Gremien mitteilen und ihre Planungen gegebenenfalls anpassen.

– Verfahren bei gesamtwirtschaftlichen Ungleichgewichten (MIP, Macroeconomic Imbalances Procedure): Ein Frühwarnsystem macht die EU-Länder auf entstehende Ungleichgewichte aufmerksam, beispielsweise in der Leistungsbilanz. EU-Kommission und Rat können dem Land Maßnahmen zur Korrektur der Ungleichgewichte empfehlen und gegebenenfalls Sanktionen verhängen.

– Euro-Plus-Pakt: Im Frühjahr 2011 einigten sich die Euro-Länder sowie einige weitere EU-Länder auf die Selbstverpflichtung, einmal jährlich konkrete nationale Ziele und Maßnahmen zur Förderung von Wettbewerbsfähigkeit, Beschäftigung, Tragfähigkeit der öffentlichen Finanzen und Finanzstabilität zu benennen – und sich an der Umsetzung dieser Ziele messen zu lassen.

Das Wichtigste im Überblick:

– In der dritten Stufe der Wirtschafts- und Währungsunion haben Anfang 1999 elf EU-Länder den Euro als ihre gemeinsame Währung eingeführt. Den Euro gab es zunächst nur als Buchgeld, 2002 folgte die Einführung des Euro-Bargelds.

– Das Eurosystem umfasst die Europäische Zentralbank (EZB) und die Zentralbanken der Euro-Länder. Das ESZB besteht aus der EZB und den Zentralbanken aller EU-Länder. Die Deutsche Bundesbank ist damit Teil von beidem.

– Der EZB-Rat ist oberstes Beschlussorgan des Eurosystems. Er entscheidet über die Geldpolitik im Euroraum. Er setzt sich aus dem sechsköpfigen EZB-Direktorium sowie den Präsidenten der nationalen Zentralbanken des Eurosystems zusammen, darunter dem Präsidenten der Deutschen Bundesbank.

– Bevor ein EU-Staat den Euro als Währung einführen darf, muss er vier Konvergenzkriterien erfüllen hinsichtlich Preisstabilität, Höhe der langfristigen Zinsen, Haushaltsdisziplin und Wechselkursstabilität.

– Vorrangiges Ziel des Eurosystems ist es, Preisstabilität im Euroraum zu gewährleisten. Der HVPI ist der Preisindex, der die Entwicklung des Preisniveaus im Euroraum anzeigt.

– Das Eurosystem definiert Preisstabilität als Anstieg des HVPI im Euroraum von unter 2 % gegenüber dem Vorjahr.

Preisstabilität soll mittelfristig gewährleistet sein. Der EZB-Rat zielt dabei darauf ab, eine mittelfristige Preissteigerungsrate von unter, aber nahe 2 % zu erreichen.

– Preisstabilität ist die Voraussetzung für eine funktionierende Wirtschaft. Inflation benachteiligt Sparer und Anleger. Sowohl Inflation als auch Deflation verzerren die Aussagekraft der Preise und beeinträchtigen das Wirtschaftswachstum.

– Im Euro-Währungsgebiet ist die Geldpolitik zentralisiert, während die Finanzpolitik in der jeweiligen nationalen Verantwortung liegt. Die Geldpolitik muss von einer stabilitätsorientierten Finanzpolitik begleitet werden.

– Für eine erfolgreiche stabilitätsorientierte Geldpolitik muss eine Zentralbank erfahrungsgemäß unabhängig sein. Das Eurosystem ist in mehrfacher Hinsicht unabhängig: institutionell, funktionell, finanziell und personell.

– Es ist vertraglich festgelegt, dass in der Europäischen Union weder die Gemeinschaft noch ein Mitgliedstaat für die Schulden eines anderen haftet („No Bail-out").

– Im Stabilitäts- und Wachstumspakt haben sich die Euro-Länder verpflichtet, mittelfristig einen ausgeglichenen Haushalt zu erreichen. Zudem wurde von den meisten EU-Staaten eine „Schuldenbremse" beschlossen.

– Im Zuge der Schuldenkrise wurden zahlreiche Gegenmaßnahmen zur Stärkung der gemeinsamen Währung ergriffen. Unter anderem wurde der permanente „Rettungsschirm" (ESM) errichtet, der Mitgliedsländern bei Bedarf Kredite unter strengen Auflagen gewährt.

Kapitel 6
Die Geldpolitik des Eurosystems

6. Die Geldpolitik des Eurosystems

Vorrangiges Ziel der Geldpolitik des Eurosystems ist es, Preisstabilität zu gewährleisten. Das gesamtwirtschaftliche Preisniveau bildet sich – vergleichbar mit den Preisen einzelner Güter – durch Angebot und Nachfrage auf dem gesamtwirtschaftlichen Gütermarkt. Es steigt tendenziell, wenn die gesamtwirtschaftliche Nachfrage stärker zunimmt als das Angebot, und es sinkt im umgekehrten Fall. Damit die Preise der einzelnen Waren und Dienstleistungen unverzerrte Signale über die relative Knappheit

Vorrangiges Ziel der Geldpolitik ist es, Preisstabilität zu gewährleisten.

auf den Märkten geben und somit knappe Ressourcen in der Volkswirtschaft möglichst effizient lenken können, sollte das Zusammenspiel von Angebot und Nachfrage auf den einzelnen Märkten möglichst frei sein. Daher steuert das Eurosystem die Preise nicht direkt, sondern nimmt letztlich lediglich Einfluss auf die gesamtwirtschaftliche Nachfrage.

Eine besondere Rolle für die gesamtwirtschaftliche Nachfrage spielen die Zinsen. Höhere Zinsen stärken den Anreiz zum Sparen und verteuern kredit-

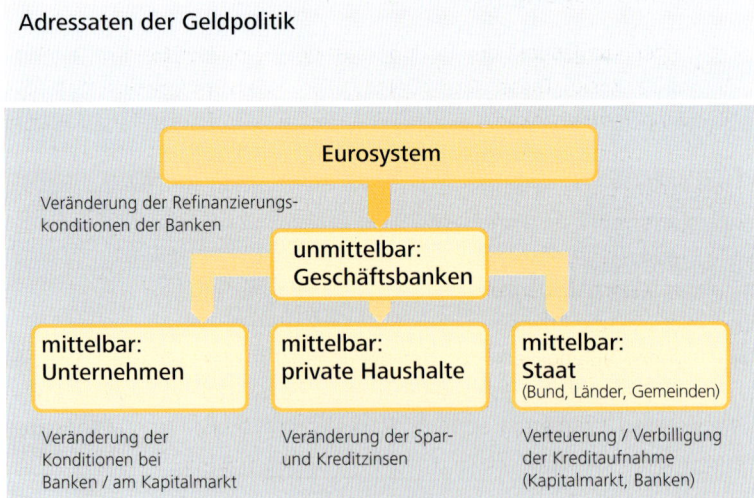

Adressaten der Geldpolitik

finanzierte Ausgaben. Dies dämpft die gesamtwirtschaftliche Nachfrage und somit die Preisentwicklung. Umgekehrt führen niedrigere Zinsen tendenziell zu einer stärkeren Nachfrage und darüber in der Tendenz zu einem stärkeren Preisauftrieb. Die Marktzinsen werden vom Eurosystem nicht direkt bestimmt, weil auch sie eine volkswirtschaftlich wichtige Signal- und Lenkungsfunktion haben.

Das geldpolitische Instrumentarium des Eurosystems setzt lediglich an den kurzfristigen Zinssätzen für Zentralbankgeld an und wirkt ausgehend von dort mittelbar auf die übrigen Marktzinsen und letztlich auf das Preisniveau. Dieser Übertragungsprozess benötigt Zeit und ist sehr komplex. So hängt er unter anderem davon ab, wie private Haushalte, Unternehmen und der Staat reagieren, wenn die Zentralbank eine geldpolitische Maßnahme trifft.

Seine geldpolitischen Entscheidungen trifft das Eurosystem auf Grundlage einer geldpolitischen Strategie, mit deren Hilfe es einen etwaigen Handlungsbedarf erkennt und aus der sich seine geldpolitische Reaktion ergibt. Wegen der Wirkungsverzögerungen muss die Strategie vorausschauend sein. Daher richtet das Eurosystem seine Geldpolitik an Indikatoren aus, die Gefahren für die Preisstabilität frühzeitig anzeigen.

6.1 Die Übertragung geldpolitischer Impulse

Ein wichtiger Ansatzpunkt der Geldpolitik ist der Bedarf der Geschäftsbanken an Zentralbankgeld. Dieser Bedarf ergibt sich zum einen daraus, dass die Bankkunden Zentralbankgeld in Form von Bargeld nachfragen. Zum anderen verpflichtet das Eurosystem die Geschäftsbanken zur Haltung von Mindestreserven in Form von Zentralbankgeld. Darüber hinaus benötigen Geschäftsbanken Zentralbankgeld für die Abwicklung des

Ein wichtiger Ansatzpunkt der Geldpolitik ist der Bedarf an Zentralbankgeld.

bargeldlosen Zahlungsverkehrs. Um dem Bedarf an Zentralbankgeld nachzukommen, vergibt das Eurosystem an die Geschäftsbanken üblicherweise Kredite. Den Kreditbetrag schreibt die kreditgewährende Zentralbank der Geschäftsbank auf deren Zentralbankkonto als Einlage gut.

Diese Einlagen auf Konten der Zentralbanken des Eurosystems sowie das umlaufende Bargeld sind Zentralbankgeld. Die Bezeichnung weist darauf hin, dass dieses Geld nur von der Zentralbank geschaffen werden kann. Dieses Monopol ist für das Eurosystem ein wichtiger Hebel, da es so die Zinsen für Zentralbankgeld bestimmen und damit Einfluss auf die Zinskonditionen der Banken im Einlagen- und Kreditgeschäft nehmen kann.

Der Transmissionsmechanismus

Schon lange untersuchen Wirtschaftswissenschaftler den sogenannten Transmissionsmechanismus der Geldpolitik: Welche Wirkungen gehen davon aus, wenn eine Zentralbank den Zinssatz für Zentralbankgeld anhebt oder senkt? Über welche Kanäle und mit welchen Folgen übertragen sich die geldpolitischen Impulse auf die Wirtschaft? Wie funktioniert dieser Transmissionsmechanismus? Wie bei vielen anderen wirtschaftswissenschaftlichen Fragestellungen gilt auch bei diesen Forschungsbemühungen, dass sich die Komplexität moderner Volkswirtschaften nicht mit einer einzigen Theorie erfassen lässt. Die Fachleute des Eurosystems nehmen deshalb unterschiedliche Wirkungskanäle in den Blick. Solche Analysen zeigen, dass die Wirkungsketten in den einzelnen Kanälen unterschiedlich schnell einsetzen und ablaufen. Die Analyse des Transmissionsmechanismus wird zudem dadurch erschwert, dass sich die Stärke einer Wirkungskette im Zeitablauf ändern kann, denn das Verhalten von Unternehmern, Konsumenten, Bankmanagern und Politikern unterliegt einem ständigen Wandel. Schon eine vereinfachte Darstellung des Transmissionsmechanismus illustriert, wie komplex das Gefüge aus Wirkungen, Nebenwirkungen und Rückwirkungen ist.

Transmission geldpolitischer Impulse

(schematische und stark vereinfachte Darstellung)

Leitzins	↑	↓
Geldmarktzinsen	↑	↓
Bankzinsen Kapitalmarktzinsen	↑	↓
Nachfrage nach Krediten Geldmenge	↓	↑
Nachfrage auf Gütermärkten	↓	↑
Preisentwicklung	↓	↑

Kurzfristige Auswirkungen geldpolitischer Impulse

In einer marktwirtschaftlich orientierten Wirtschaftsordnung sollen Angebot und Nachfrage über die relativen Preise – also über das Verhältnis einzelner Preise zueinander – gesteuert werden.

Entsprechend übt auch das Eurosystem seinen geldpolitischen Einfluss mittels Preisveränderungen aus: Es erhöht oder senkt beispielsweise den Zinssatz, zu dem die Geschäfts-

> *Die Leitzinsen beeinflussen die kurzfristigen Zinsen und darüber die allgemeine Zinsentwicklung.*

banken von ihm Kredite – und damit Zentralbankgeld – erhalten können. Erhöht es diesen Zinssatz, müssen die Banken mehr für das Ausleihen von Zentralbankgeld zahlen. Der Zinssatz für Kredite, die sich die Geschäftsbanken gegenseitig am Interbankengeldmarkt gewähren, steigt dann normalerweise ebenfalls.

Die höheren Beschaffungskosten geben die Banken in Form steigender Kreditzinsen an ihre Kunden weiter. Mit höheren kurzfristigen Zinsen verschiebt sich in der Regel die gesamte Zinsstruktur nach oben, sodass oft auch die längerfristigen Zinssätze – und damit die Finanzierungskosten für längerfristige Kredite – steigen. Da die geldpolitischen Zinssätze alle anderen Zinssätze am Markt beeinflussen, werden sie als „Leitzinsen" bezeichnet.

Längerfristige Auswirkungen

Der Zusammenhang zwischen den Leitzinsen und den langfristigen Zinssätzen – den Kapitalmarktzinsen – ist aber nicht so eng wie bei den kurzfristigen Zinssätzen. Hebt die Zentralbank ihre Zinsen an, steigen die langfristigen Zinsen oft nicht im gleichen Ausmaß. Fließt beispielsweise ausländisches Kapital ins Land, können die langfristigen Zinsen trotz einer Leitzinserhöhung zunächst unverändert bleiben oder im Extremfall sogar sinken. Auch muss eine Senkung der Leitzinsen nicht immer ein Absinken der langfristigen Zinsen zur Folge haben – beispielsweise wenn die Anleger an den Finanzmärkten besorgt sind, dass es zu Inflation kommt. Die Anleger verlangen dann einen Ausgleich in Form höherer Zinsen für den erwarteten realen Wertverlust, der mit der langfristigen Geldanlage verbunden ist. Die Geldpolitik berücksichtigt solche Reaktionen bei Auswahl und Dosierung ihrer Instrumente.

Einfluss der langfristigen Zinsen

Sind Kaufentscheidungen von Haushalten und Unternehmen mit einer Kreditaufnahme verbunden, dann handelt es sich überwiegend um längerfristige Anschaffungen wie beispielsweise den Kauf eines Autos oder einer Immobilie, von Maschinen oder den Bau einer Fabrik. Für diese Entscheidungen sind weniger die kurzfristigen als die langfristigen Zinssätze ausschlaggebend. Höhere langfristige Zinsen dämpfen die Kreditnachfrage und deshalb die gesamtwirtschaftliche Nachfrage. Inflationsgefahren aufgrund einer zu hohen gesamtwirtschaftlichen Nachfrage können daher durch Anhebung der Leitzinssätze verringert werden, da dies in der Regel die Kreditfinanzierung verteuert.

Die langfristigen Zinsen haben Einfluss auf Konsum und Investitionen und damit auch auf das Preisniveau.

Zudem regen höhere Zinsen die Wirtschaftssubjekte dazu an, mehr zu sparen: Wenn die Zinsen für längerfristige Anlagen steigen, lohnt es sich, heute auf Konsum zu verzichten und die Mittel für längere Zeit gewinnbringend anzulegen. Auch dies dämpft in der Tendenz die gesamtwirtschaftliche Nachfrage nach Waren und Dienstleistungen. Dies wiederum begrenzt den Spielraum der Unternehmen, die Preise zu erhöhen und verringert so den inflationären Preisauftrieb.

Umgekehrt verhält es sich bei fallenden Zinsen: Die Neigung der Anleger, Geld längerfristig bei Banken anzulegen, nimmt ab. Die Verbraucher steigern ihre Nachfrage nach Konsumgütern. Gleichzeitig wird es für Unternehmen und Haushalte billiger, Kredite aufzunehmen. Das regt die Investitionstätigkeit an und erhöht die Nachfrage nach langlebigen Konsumgütern. Dies wiederum kann zu höherer Inflation führen.

Wechselkurseinflüsse

Ein wichtiger Wirkungskanal der Geldpolitik ist auch der Wechselkurs, also das Austauschverhältnis zweier Währungen. Steigen beispielsweise im Inland die Zinsen, so wird eine Geldanlage am heimischen Kapitalmarkt tendenziell attraktiver, sowohl für inländische als auch für ausländische Anleger. Dadurch entsteht eine höhere Nachfrage nach inländischer Währung, die zu einer Aufwertung der eigenen Währung führt. Umgekehrt verläuft der Prozess, wenn die Zinsen im Inland im Vergleich zum Ausland sinken.

Solche Wechselkursänderungen haben Auswirkungen auf die gesamtwirtschaftliche Nachfrage und das Preisniveau. Gewinnt beispielsweise der Euro gegenüber einer ausländischen Währung an Wert („Aufwertung des Euro"), werden ausländische Produkte für Käufer im Euroraum tendenziell günstiger. In Euro gerechnet verbilligen sich die

Auch Wechselkursänderungen haben Einfluss auf die Preisentwicklung.

vom Euroraum aus dem Ausland eingeführten Güter – was in der Tendenz die Preise aller im Inland angebotenen Güter drückt. Gleichzeitig müssen die ausländischen Nachfrager – in ausländischer Währung gerechnet – mehr für die Güter aus dem Euroraum bezahlen.

Die Nachfrage nach solchen Gütern nimmt deshalb in der Tendenz ab. Auch dies dämpft den Preisanstieg im Euroraum, da die Unternehmen versuchen werden, durch Preissenkungen ihre Produkte attraktiver zu machen.

Folgen von Wechselkursveränderungen auf die Verbraucherpreise

(schematische und stark vereinfachte Darstellung)

	Aufwertung	Abwertung
Importpreise	↓	↑
Exportpreise	↑	↓
Güternachfrage im Inland	↓	↑
Preisentwicklung (Annahme: gleichbleibendes Angebot)	↓	↑

Umgekehrt verhält es sich bei einer Abwertung des Euro: Aus Sicht des Euroraums verteuern sich die Einfuhren, während sich die preisliche Wettbewerbsfähigkeit des Euroraums und damit die Absatzmöglichkeit für die Ausfuhren verbessert. Die Folge: Die Preise werden tendenziell steigen, die Inflation beschleunigt sich.

Inflationserwartungen

Eine weitere aus geldpolitischer Perspektive zentrale Größe sind die Inflationserwartungen. Die erwartete Inflationsrate kann nämlich die tatsächliche Entwicklung des Preisniveaus stark beeinflussen. Erwarten die Menschen zum Beispiel, dass die Inflation zunimmt – etwa wegen eines Anstiegs von

Rohstoffpreisen – werden die Gewerkschaften typischerweise versuchen, dem erwarteten Kaufkraftverlust mithilfe höherer Nominallöhne vorzubeugen. In der Folge werden

Die erwartete Inflationsrate beeinflusst die tatsächliche Preisentwicklung.

die Unternehmen versuchen, die erhöhten Lohnkosten auf die Preise ihrer Güter und Dienstleistungen zu überwälzen. So kann eine Preis-Lohn-Spirale entstehen, die das Ziel der Preisstabilität gefährdet.

Ähnlich beeinflussen die Inflationserwartungen das Verhalten der Anleger an den Finanzmärkten: Erwarten sie einen Anstieg der Inflation im Inland, werden sie in der Tendenz Kapital in Länder mit geringerer Inflation umschichten. Diese Kapitalexporte lassen die heimische Währung tendenziell abwerten, d. h. Importe ausländischer Güter werden teurer. Dies erhöht in der Tendenz die Nachfrage nach inländischen Gütern und somit auch deren Preise.

Die Geldpolitik muss deshalb durch eine überzeugende Stabilitätspolitik und eine transparente Kommunikation Vertrauen in die Wertbeständigkeit des Geldes schaffen. Es gilt, die Inflationserwartungen im Einklang mit dem Ziel der Preisstabilität zu verankern.

Die Wirkung der Geldpolitik ist nicht immer klar vorhersehbar

Der Übertragungsprozess geldpolitischer Impulse ist komplex. Denn wie aufgezeigt gibt es mehrere Wirkungsketten, die gleichzeitig ablaufen, sich unter Umständen gegenseitig verstärken oder dämpfen und die sich im Zeitablauf ändern können. Manche dieser Prozesse laufen schnell ab: Die Finanzmärkte zum Beispiel reagieren meist unmittelbar auf Änderungen des Leitzinses. Bei Banken dauert es hingegen oft einige Zeit, bis diese beispielsweise eine Senkung der Leitzinsen an ihre Kunden in Form niedrigerer

Die Wirkung geldpolitischer Maßnahmen hängt von vielen Faktoren ab.

Kreditzinsen weitergeben. Wie schnell sich die gesamtwirtschaftliche Nachfrage und die Preise verändern, hängt zudem nicht nur von der Veränderung der Leitzinsen, sondern auch von vielen anderen Faktoren ab, wie etwa der Entwicklung der Weltwirtschaft oder der Intensität des Wettbewerbs.

Auch neigen die Banken im Konjunkturabschwung dazu, die Kreditvergabe einzuschränken, weil ihnen die Gefahr eines Kreditausfalls zu hoch erscheint. Dies kann die Wirkung einer Leitzinssenkung beeinträchtigen.

Eine Zentralbank muss die langen und variablen Wirkungsverzögerungen der Geldpolitik stets im Blick behalten. Dies gilt für das Eurosystem im Besonderen, da es in den einzelnen Euro-Ländern unterschiedliche Finanzierungsgewohnheiten, Konjunkturzyklen und Wirtschaftsstrukturen gibt – und damit ganz unterschiedliche Übertragungswege.

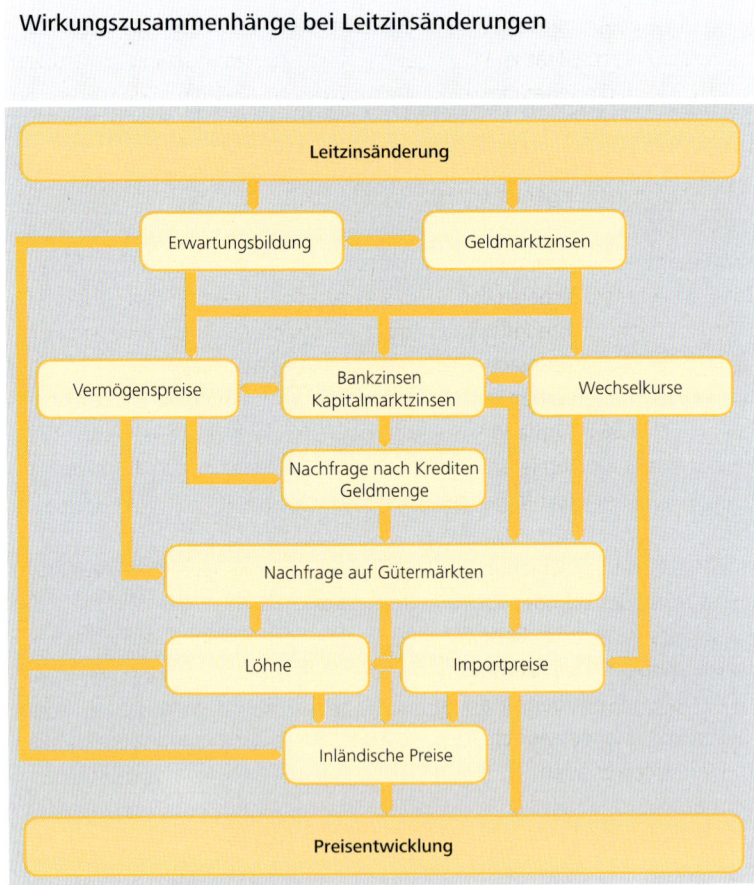

Wirkungszusammenhänge bei Leitzinsänderungen

- Leitzinsänderung
- Erwartungsbildung
- Geldmarktzinsen
- Vermögenspreise
- Bankzinsen Kapitalmarktzinsen
- Wechselkurse
- Nachfrage nach Krediten Geldmenge
- Nachfrage auf Gütermärkten
- Löhne
- Importpreise
- Inländische Preise
- Preisentwicklung

6.2 Die geldpolitische Strategie des Eurosystems

Um sein vorrangiges Ziel zu erreichen, Preisstabilität auf mittlere Frist zu gewährleisten, folgt der EZB-Rat einer „geldpolitischen Strategie". Diese Strategie erfüllt eine Doppelrolle: Zum einen strukturiert sie das Vorgehen, mit dem das Ziel der Preisstabilität erreicht werden soll. Zum anderen liefert sie einen Rahmen, geldpolitische Entscheidungen gegenüber der Öffentlichkeit klar und nachvollziehbar zu erläutern.

Die geldpolitische Strategie des EZB-Rats erfüllt eine Doppelrolle.

Das erste Element dieser Strategie besteht darin, quantitativ zu definieren, was unter Preisstabilität zu verstehen ist. Laut EZB-Rat ist Preisstabilität dann erreicht, wenn die Teuerungsrate mittelfristig unter, aber nahe 2 % gegenüber dem Vorjahr liegt. Das zweite Element der Strategie besteht darin, diejenigen Faktoren umfassend und systematisch zu analysieren, von denen Risiken für die Preisstabilität ausgehen können.

Die Preisentwicklung wird von einer Vielzahl von Faktoren bestimmt. Die Analyse muss deshalb sicherstellen, dass sie keine wesentlichen Einflussfaktoren für eine unerwünschte inflationäre oder deflationäre Entwicklung unberücksichtigt lässt. Beispielsweise kann die Ursache eines Preisanstiegs in einer starken Nachfrageausweitung begründet liegen, weil die inländischen Unternehmen in großem Umfang investieren oder weil die heimischen Verbraucher deutlich mehr konsumieren. Auch der Staat oder das Ausland können mit einer zusätzlichen Nachfrage Preissteigerungen auslösen.

Aber nicht nur Verschiebungen bei der gesamtwirtschaftlichen Nachfrage können inflationär oder deflationär wirken, gleiches gilt auch für die Angebotsseite – zum Beispiel, wenn sich die Produktionskosten schubartig verändern. Die Zentralbanken beobachten und analysieren solche Entwicklungen an den Märkten sehr genau. Dabei wird in der geldpolitischen Analyse zwischen den sogenannten Erst- und Zweitrundeneffekten unterschieden.

Erst- und Zweitrundeneffekte

Der Erstrundeneffekt beschreibt, wie sich Preisänderungen einzelner Produkte oder Dienstleistungen in der allgemeinen Preisentwicklung niederschlagen. Ein Beispiel ist ein starker Anstieg des Rohölpreises: Dieser Anstieg führt zu unmittelbaren Preissteigerungen bei vielen Ölprodukten wie zum Beispiel Benzin oder Plastik (direkter Erstrundeneffekt). Darüber hinausgehend schlägt sich der Rohölpreisanstieg auch in Preissteigerungen bei anderen Gütern und Dienstleistungen nieder, in denen Ölprodukte enthalten sind (indirekter Erstrundeneffekt). In diesem Zusammenhang ist beispielsweise an Flugreisen zu denken, für die Flugbenzin benötigt wird.

Bei Preisänderungen ist zwischen Erst- und Zweitrundeneffekten zu unterscheiden.

Allerdings ist keinesfalls sicher, in welchem Ausmaß und für wie lange ein starker Anstieg des Rohölpreises auf die nachgelagerten Preise durchschlägt. Denn dies hängt zum einen von Faktoren wie der konjunkturellen Lage der Volkswirtschaft sowie der Marktmacht der betroffenen Unternehmen ab, zum anderen von den Reaktionen der Verbraucher auf die Preiserhöhungen. Schränken die Verbraucher den Konsum der verteuerten Produkte und Dienstleistungen ein? Oder ersetzen sie die verteuerten Güter durch andere billigere? Oder behalten sie den Verbrauch bei und bauen zur Finanzierung der erhöhten Ausgaben ihre Ersparnisse ab?

Die Geldpolitik ist typischerweise nicht in der Lage, Einfluss auf die ursprüngliche Preisänderung der ersten Runde und auf den daraus resultierenden Effekt auf die Inflationsrate zu nehmen. Kein geldpolitischer Handlungsbedarf besteht dann, wenn die Reaktionen der Marktteilnehmer bewirken, dass es nicht zu unerwünschten inflationären oder deflationären Folgen kommt. In diesem Zusammenhang ist auch relevant, dass Erstrundeneffekte nur einen vorübergehenden Einfluss auf die Teuerungsrate haben. Denn eine ursprüngliche, einmalige Preisänderung ist nach einem Jahr nicht mehr in der Inflationsrate zu messen, da diese die Preisentwicklung im 12-Monats-Vergleich misst.

Die Geldpolitik muss aber im Auge behalten, dass die Preisänderungen der ersten Runde keinen inflationären oder deflationären Prozess in Gang bringen. Dazu gilt es, sogenannten Zweitrundeneffekten vorzubeugen, also geldpolitisch unerwünschten Reaktionen von Marktteilnehmern auf die Preisänderungen in der ersten Runde. Im Zentrum steht hier die Reaktion der lohnsetzenden Parteien. Sind beispielsweise nach einem Anstieg des Rohölpreises die Gewerkschaften bestrebt, die hierdurch reduzierte Kaufkraft ihrer Mitglieder durch eine kräftige Lohnerhöhung wieder auf das ursprüngliche Niveau zu heben, entsteht die Gefahr einer Preis-Lohn-Spirale. In einem solchen Fall können sich steigende Preise und steigende Löhne wechselseitig aufschaukeln. Als Folge kann es zu einer sich weiter beschleunigenden Inflation kommen.

Die Geldpolitik muss mit ihren Maßnahmen Zweitrunden-effekten vorbeugen.

In einer solchen Situation besteht zudem die Gefahr, dass die Inflationserwartungen steigen, was seinerseits das Wiedererlangen von Preisstabilität erschwert. Sind die Inflationserwartungen hingegen stabil auf niedrigem Niveau verankert, hilft dies, den allgemeinen Preisauftrieb zu beschränken. Ziel der Geldpolitik ist typischerweise, Zweitrundeneffekten durch den Einsatz geldpolitischer Instrumente vorzubeugen.

Zwei-Säulen-Strategie des Eurosystems

Der EZB-Rat stützt sich bei seinen geldpolitischen Entscheidungen auf eine umfassende Analyse von Indikatoren, die auf Risiken für die Preisstabilität hinweisen. Dieser Analyse liegen zwei einander ergänzende Ansätze zugrunde: Mit der „wirtschaftlichen Analyse" macht sich das Euro-system anhand einer Fülle von gesamtwirtschaftlichen und finan-

Der EZB-Rat stützt seine Geld-politik auf zwei einander ergänzende Analyseansätze.

ziellen Indikatoren ein umfassendes Bild über die kurz- und mittelfristigen Inflationsaussichten. Bei der „monetären Analyse" steht die Entwicklung der Geldmenge und der Kredite im Mittelpunkt der Beobachtung. Dahinter steht die Erkenntnis, dass Inflation längerfristig mit einer entsprechenden Geldausweitung einhergehen muss. Dieser zweigliedrige Ansatz für die Analyse von Risiken für die Preisstabilität wird als „Zwei-Säulen-Strategie" des Eurosystems bezeichnet.

Geldpolitische Strategie des Eurosystems

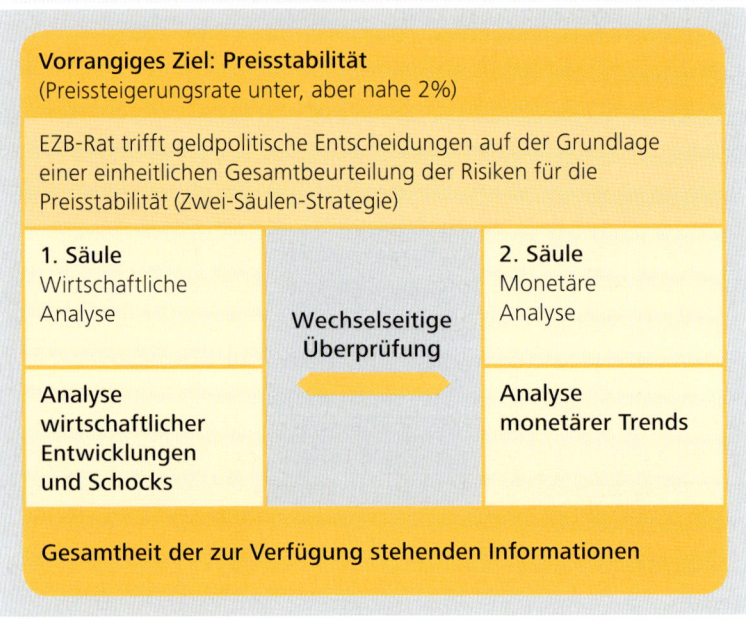

Vorrangiges Ziel: Preisstabilität
(Preissteigerungsrate unter, aber nahe 2%)

EZB-Rat trifft geldpolitische Entscheidungen auf der Grundlage einer einheitlichen Gesamtbeurteilung der Risiken für die Preisstabilität (Zwei-Säulen-Strategie)

1. Säule
Wirtschaftliche
Analyse

**Wechselseitige
Überprüfung**

2. Säule
Monetäre
Analyse

**Analyse
wirtschaftlicher
Entwicklungen
und Schocks**

**Analyse
monetärer Trends**

Gesamtheit der zur Verfügung stehenden Informationen

Wirtschaftliche Analyse

Zu den Faktoren, von denen Gefahren für die Preisstabilität in näherer Zukunft ausgehen können, zählen beispielsweise die konjunkturelle Entwicklung (Nachfragedruck), die binnenwirtschaftliche Kostensituation (Löhne und Lohnverhandlungen) und die außenwirtschaftliche Lage (Wechselkurs, Rohstoff-, insbesondere Ölpreise). Ferner liefern Finanzmarktpreise und entsprechende Umfragen Anhaltspunkte für die Inflationserwartungen der Wirtschaft. Die wirtschaftliche Analyse führt somit zu einer fundierten Einschätzung der kurz- bis mittelfristigen Inflationsaussichten.

Im Rahmen der wirtschaftlichen Analyse spielen die „gesamtwirtschaftlichen Projektionen" des Eurosystems eine wichtige Rolle. Zwei Mal im Jahr (jeweils im Juni und im Dezember) veröffentlicht das Eurosystem solche Projektionen, die gemeinsam von Fachleuten der EZB und der nationalen Zentralbanken erstellt werden. Fachleute der EZB bringen diese Projektionen jeweils im März und September auf den aktuellen Stand. Die Projektionen liefern ein zusammenhängendes Bild sowohl der aktuellen als auch der voraussichtlichen Entwicklung der Wirtschaft.

Im Zentrum der Projektionen für den Euroraum stehen Vorausschätzungen zur gesamtwirtschaftlichen Leistung (dem Bruttoinlandsprodukt) und der Verbraucherpreisentwicklung (gemessen am Harmonisierten Verbraucherpreisindex). Der Begriff „Projektion" bringt zum Ausdruck, dass es sich hierbei um das Ergebnis eines Szenarios handelt, das auf einer Reihe von Annahmen zum Beispiel hinsichtlich der Entwicklung des Ölpreises oder der Wechselkurse basiert. Wie alle Prognosen sind auch die Projektionen des Eurosystems mit erheblicher Unsicherheit behaftet.

Für den EZB-Rat erfüllen die Projektionen eine maßgebliche Funktion, wenn es darum geht, Risiken für die Preisstabilität zu erkennen. Jedoch berücksichtigt der EZB-Rat auch weitere Faktoren, darunter zum Beispiel die monetäre Entwicklung oder politische Ereignisse. Somit spielen die Projektionen zwar eine wichtige, jedoch nicht die allein entscheidende Rolle für geldpolitische Entscheidungen.

Monetäre Analyse

Auf längere Sicht gibt es zwischen Geldmengenwachstum und Inflation eine Beziehung: Auf Dauer kann es nur dann zu Inflation kommen, wenn der Anstieg der Preise durch eine entsprechende Geldvermehrung finanziert wird.

Die monetäre Analyse beobachtet den Zusammenhang zwischen Geldmengenwachstum und Preisentwicklung.

Dieser Zusammenhang eröffnet der Geldpolitik Analysemöglichkeiten, die über den kurz- bis mittelfristigen Betrachtungszeitraum der wirtschaftlichen Analyse hinausgehen. Das Eurosystem beobachtet daher laufend den Zusammenhang zwischen der Geldmengen- und der Preisentwicklung im Euro-Währungsgebiet. Insbesondere die trendmäßige Entwicklung der Geldmenge M3 liefert – über längere Zeiträume betrachtet – wichtige Informationen für die kommende Preisentwicklung.

Die Geldmengenentwicklung kann allerdings kurzfristig durch Faktoren beeinflusst werden, die ihre Aussagekraft als Indikator für die kommende Inflationsentwicklung beeinträchtigen. Beispielsweise können die Wirtschaftssubjekte in großem Stil Kredite aus spekulativen Motiven aufnehmen, um damit Käufe von Vermögenswerten wie Aktien, Anleihen und Investmentfondsanteilen zu finanzieren. Die mit der Kreditaufnahme verbundene Schöpfung von Buchgeld führt dann nicht zu erhöhter Nachfrage nach Gütern und Dienstleistungen, aber möglicherweise zu einem Anstieg der Preise

Die Ergebnisse der wirtschaftlichen und der monetären Analyse werden wechselseitig überprüft.

für Vermögenswerte. Die Veränderung der Geldmenge sagt in einem solchen Umfeld möglicherweise wenig über die künftige Entwicklung der Verbraucherpreise und Risiken für die Preisstabilität aus. Das Eurosystem untersucht deshalb neben dem M3-Wachstum auch die Entwicklung der Geldmengen M1 und M2, ferner die Entwicklung der Kredite sowie weitere Faktoren, die Preissteigerungen oder -senkungen auslösen können.

Die längerfristig angelegte monetäre Analyse dient dem EZB-Rat auch dazu, die Ergebnisse der kurz- bis mittelfristig orientierten wirtschaftlichen Analyse zu überprüfen. Diese Gegenprüfung („cross-checking") verringert die Gefahr, dass die Geldpolitik relevante Informationen für die Bewertung künftiger Preisgefahren übersieht.

6.3 Die geldpolitischen Instrumente des Eurosystems

Das Eurosystem greift nicht direkt in die Kreditpolitik der Banken ein. Es nimmt vielmehr indirekt Einfluss und nutzt dabei den Umstand, dass die Banken dauerhaft einen Bedarf an Zentralbankgeld haben. In normalen Zeiten beeinflusst das Eurosystem das Wirtschaftsgeschehen vor allem über die Veränderung der drei Zinssätze für Zentralbankgeld, die „Leitzinsen". Im Einzelnen sind dies der Zinssatz für die Hauptrefinanzierungsgeschäfte sowie die Zinssätze für die Spitzenrefinanzierungsfazilität und die Einlagefazilität.

Leitzinsen des Eurosystems: Zinssätze für Hauptrefinanzierungsgeschäfte, Spitzenrefinanzierungsfazilität und Einlagefazilität.

Das Eurosystem kann die Leitzinsen kurzfristig anheben oder senken und hierdurch die Marktzinsen beeinflussen. Im Zuge der Finanz- und Staatsschuldenkrise ist das Eurosystem dazu übergegangen, die Marktzinsen auch durch den Ankauf von Anleihen zu beeinflussen. Ein weiteres geldpolitisches Instrument ist die Mindestreserve.

Notenbankfähige Sicherheiten

Das Eurosystem gewährt einer Geschäftsbank nur dann einen Kredit, wenn diese ausreichend Sicherheiten als Pfand stellen kann. Hierdurch soll das Eurosystem gegen Verluste aus seinen geldpolitischen Geschäften geschützt werden: Zahlt der Schuldner den Kredit nicht zurück, kann das Eurosystem durch den Verkauf der hinterlegten Pfänder einen möglichen Verlust ausgleichen. Das Eurosystem akzeptiert ein breites Spektrum von Sicherheiten. Dieser sogenannte Sicherheitenrahmen besteht aus am Markt handelbaren Sicherheiten,

Für die Kreditgewährung im Rahmen geldpolitischer Geschäfte müssen notenbankfähige Sicherheiten hinterlegt werden.

wie beispielsweise Anleihen bestimmter Bonitätsklassen, sowie aus nichtmarktfähigen Sicherheiten wie etwa Kreditforderungen. Das Eurosystem analysiert fortlaufend, welchen Wert die hinterlegten Sicherheiten haben. Ausschlaggebend ist dabei nicht der Nominalwert der Sicherheiten, sondern ihr Marktwert – abzüglich einer Sicherheitsmarge. Verliert eine Sicherheit während der Laufzeit des Kredits an Wert, muss der Schuldner zusätzliche Sicherheiten stellen.

Die nationalen Zentralbanken führen die Geldpolitik durch

Die geldpolitischen Entscheidungen werden im EZB-Rat getroffen, in dem die Mitglieder des EZB-Direktoriums sowie die Präsidenten bzw. Gouverneure der nationalen Zentralbanken Sitz und Stimmrecht haben. Die operative Durchführung der Geldpolitik liegt hingegen weitestgehend bei den nationalen Zentralbanken, in Deutschland also bei der Bundesbank. Bei ihnen unterhalten die Geschäftsbanken ihre Zentralbankkonten und die Mindestreserve. Die Offenmarktgeschäfte und das Management der Sicherheiten werden ebenso von den nationalen Zentralbanken durchgeführt wie die Geschäfte im Rahmen der ständigen Fazilitäten. Auf diese Weise können die operativen Erfahrungen der nationalen Zentralbanken sowie die bei ihnen bestehende technische und organisatorische Infrastruktur optimal genutzt werden. Lediglich in Ausnahmefällen darf die EZB Geldmarktgeschäfte mit ausgewählten Geschäftspartnern direkt abwickeln.

Der Geldmarkt

Auch wenn jede Geschäftsbank Zentralbankgeld benötigt, nehmen längst nicht alle Geschäftsbanken im Euroraum an den Refinanzierungsgeschäften der Zentralbank teil. Die meisten überlassen dies den größeren Instituten. Diese verleihen dann den anderen Banken einen Teil des ersteigerten Zentralbankgeldes weiter. Der Markt, auf dem Angebot und Nachfrage nach diesen Interbankenkrediten an Zentralbankgeld zusammentreffen, heißt Geldmarkt

Banken, die nicht selbst Zentralbankgeld ersteigern, versorgen sich hiermit am sogenannten Geldmarkt.

(kurz für „Markt für Zentralbankgeld"). Angebot und Nachfrage auf dem Geldmarkt sind eng mit dem bargeldlosen Zahlungsverkehr verknüpft: Geschäftsbanken, denen Zentralbankgeld abgeflossen ist, können ihren Zentralbankgeldbedarf über den Geldmarkt decken. Die Geschäfte am Geldmarkt werden über das Zahlungsverkehrssystem TARGET2 abgewickelt, das die Ausführung von Aufträgen binnen Sekunden ermöglicht.

Am häufigsten wird am Geldmarkt „Tagesgeld" gehandelt, d. h. Interbankenkredite mit einer Laufzeit über nur eine Nacht. Hintergrund ist, dass das Mindestreserveguthaben einer Bank an jedem Geschäftstag genau zu Geschäftsschluss aus der Höhe der Einlagen dieser Bank bei der Zentralbank berechnet wird. Die Einlagen bleiben dann über Nacht auf den Konten der Geschäftsbanken bei den Zentralbanken des Eurosystems liegen. Auf dem Geldmarkt werden aber neben „Tagesgeld" auch Interbankenkredite mit Laufzeiten von einer Woche oder von einem oder mehreren Monaten gehandelt.

Bis zum Ausbruch der Finanzkrise im Sommer 2007 haben sich die Geschäftsbanken über den Geldmarkt meistens unbesicherte Kredite gewährt. Als plötzlich die Befürchtung aufkam, dass Banken über Nacht in Konkurs gehen könnten, versiegte dieser Kredithandel zeitweilig. Inzwischen ist der Geldmarkt differenziert: Als gesund geltende Banken können wieder unbesicherte Kredite erhalten, andere müssen bei ihrem Kreditgeber hochwertige Sicherheiten als Pfand hinterlegen.

Das Eurosystem ist nach dem Ausbruch der Krise dazu übergegangen, dem Bankensystem über Refinanzierungsgeschäfte deutlich mehr Zentralbankgeld bereitzustellen als zuvor und dabei die entsprechenden Laufzeiten stark zu verlängern. Gleichzeitig werden seitdem auch Sicherheiten mit geringerer Güte als Pfand akzeptiert. Seit dem Beginn der großvolumigen Anleiheankäufe durch das Eurosystem herrscht am Euro-Geldmarkt ein Überfluss an Zentralbankgeld. Das Volumen der regulären Refinanzierungsgeschäfte hat deshalb abgenommen.

6.3.1 Die Mindestreservepflicht

Die Mindestreservepflicht ist ein zentraler Bestandteil des geldpolitischen Handlungsrahmens des Eurosystems. Sie regelt, dass die Geschäftsbanken eine bestimmte Mindesteinlage auf ihrem Zentralbankkonto halten müssen. Bezweckt wird damit in erster Linie, dass die Banken dauerhaft einen stabilen Bedarf an Zentralbankgeld haben und dadurch darauf angewiesen sind, direkt oder indirekt an den Refinanzierungsgeschäften des

> *Die Banken sind verpflichtet, Mindestguthaben bei der Zentralbank zu halten.*

Eurosystems teilzunehmen. Das wiederum ermöglicht es dem Eurosystem, über die Veränderung der Leitzinsen Einfluss auf das Wirtschaftsgeschehen und die Entwicklung des Preisniveaus zu nehmen. Das Eurosystem hat zudem die Möglichkeit, den Umfang der zu haltenden Mindestreserven zu verändern und darüber den Bedarf der Geschäftsbanken an Zentralbankgeld zu beeinflussen.

Berechnung der Mindestreserve

Die Höhe der Mindestreserve ergibt sich aus den reservepflichtigen Verbindlichkeiten einer Geschäftsbank, gemessen am Ende ausgewählter Monate (Monatsultimo). Reservepflichtig sind beispielsweise täglich fällige Kundeneinlagen, Schuldverschreibungen mit vereinbarter Laufzeit von bis zu zwei Jahren und Geldmarktpapiere. Diese reservepflichtigen Verbindlichkeiten werden mit dem Mindestreservesatz – von beispielsweise pauschal 1 % – multipliziert. Die Geschäftsbank muss den sich so ergebenden Betrag als Einlage bei der Zentralbank halten. Die Mindestreserveperiode dauert seit 2015 typischerweise 42 oder 49 Tage und beginnt jeweils am Mittwoch nach der geldpolitischen EZB-Ratssitzung.

Die Höhe der Mindestreserve berechnet sich aus Verbindlichkeiten der Bank.

Um den durch die Krise strapazierten Geschäftsbanken entgegenzukommen, hat das Eurosystem den Mindestreservesatz im Januar 2012 von zuvor 2 % auf 1 % gesenkt. Durch diese Maßnahme müssen sich die Geschäftsbanken weniger Zentralbankgeld als zuvor beschaffen – und sie müssen dementsprechend auch weniger Sicherheiten beim Eurosystem hinterlegen.

Pufferfunktion der Mindestreserve

Die Banken müssen die vorgeschriebene Mindestreserve nicht an jedem Tag in voller Höhe als Einlage auf ihrem Zentralbankkonto halten, sondern nur im Durchschnitt über die gesamte Mindestreserveperiode. Das verschafft den Banken Flexibilität, da das Reserveguthaben so wie ein Puffer wirken kann. Das ist nötig, da ein Teil des Zahlungsverkehrs – beispielsweise wenn Bankkunden große Beträge überweisen – über TARGET2 abgewickelt wird: Es kommt dann auf dem Zentralbankkonto der überweisenden Bank zu einer Abbuchung von Zentralbankgeld, auf dem Konto der empfangenden Bank zu einer entsprechenden Erhöhung ihrer Einlage.

Die Mindestreserve muss nicht ständig in voller Höhe, sondern nur im Durchschnitt gehalten werden.

Fließt einer Bank durch den Zahlungsverkehr ihrer Kundschaft beispielsweise an einem Tag Zentralbankgeld ab, mindert das die bestehende Zentralbankgeld-Einlage, welche die Bank aufgrund der Mindestreservepflicht unterhält. Der Bank steht es dann frei, ihre Einlage durch Kreditaufnahme am Geldmarkt noch am gleichen Tag wieder zu erhöhen oder aber abzuwarten, ob ihr an den folgenden Tagen Zentralbankgeld zufließt. Durch die Möglichkeit, die Mindestreserve nur im Durchschnitt der Mindest-

> *Reserveguthaben können flexibel genutzt werden. Das trägt zur Stabilisierung der Geldmarktzinsen bei.*

reserveperiode erfüllen zu müssen, ist es für die Banken nicht nötig, ständig am Geldmarkt aktiv zu sein. Das wiederum trägt zur Stabilisierung der Geldmarktzinsen bei. Jede Geschäftsbank muss jedoch sicherstellen, dass sie am letzten Tag der Mindestreserveperiode das Mindestreserve-Soll im Durchschnitt erfüllt hat.

Die als Mindestreserve gehaltenen Einlagen werden vom Eurosystem verzinst, und zwar zum durchschnittlichen Zinssatz der Hauptrefinanzierungsgeschäfte. Die Geschäftsbanken haben somit durch die Mindestreservepflicht praktisch keinen Zins- und Wettbewerbsnachteil gegenüber den

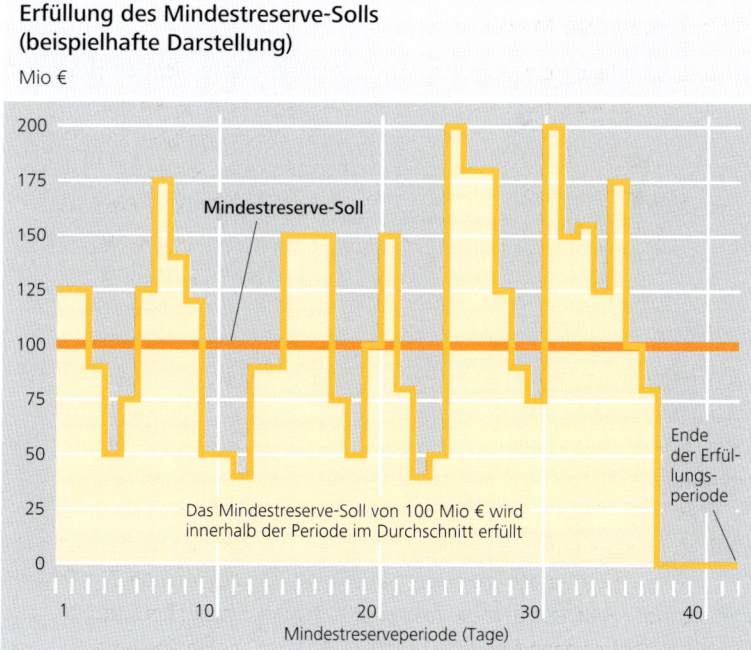

Erfüllung des Mindestreserve-Solls (beispielhafte Darstellung)

Mio €

Mindestreserve-Soll

Das Mindestreserve-Soll von 100 Mio € wird innerhalb der Periode im Durchschnitt erfüllt

Ende der Erfüllungsperiode

Mindestreserveperiode (Tage)

Banken außerhalb des Euro-Währungsgebiets, wenn diese keine Mindest-reserve unterhalten müssen. Hält eine Bank über die Mindestreserveperiode im Durchschnitt eine höhere Einlage auf ihrem Zentralbankkonto als ihr Mindestreserve-Soll beträgt, wird dieses „Überschussguthaben" nicht ver-zinst. Seit Juni 2014 wird für Überschussguthaben ein negativer Zinssatz be-rechnet, der genauso hoch ist wie der negative Zinssatz der Einlagefazilität. Das gibt den Banken einen Anreiz, überschüssiges Zentralbankgeld über den Geldmarkt an andere Banken auszuleihen.

6.3.2 Offenmarktgeschäfte

Zentralbankgeld wird in normalen Zeiten vor allem über die sogenannten Offenmarktgeschäfte zugeführt, die deshalb im Zentrum der geldpolitischen Operationen des Eurosystems stehen. Sie umfassen Kredite der Zentralbank an die Geschäftsbanken, die durch Hinterlegung von Pfändern besichert sind, sowie den Kauf von Wertpapieren durch die Zentralbank „am offenen Markt".

Gewährt die Zentralbank einer Geschäftsbank einen Kredit oder kauft ihr Wertpapiere ab, so schreibt sie der Geschäftsbank den entsprechenden Kredit- oder Kaufbetrag als Sichteinlage auf ihrem Zentralbankkonto gut: Es wird Zentralbankgeld geschaffen, über das die Geschäftsbank verfü-gen kann. Zahlt die Geschäftsbank den Kredit zurück oder kauft sie der Zentralbank Wertpapiere ab, wird die Sichteinlage der Geschäftsbank bei der Zentralbank um den ent-

Bei Offenmarktgeschäften versorgen sich Banken mit Zentral-bankgeld durch Verkauf oder Hinterlegung von Wertpapieren.

sprechenden Betrag vermindert. In beiden Fällen wird vorher geschaffenes Zentralbankgeld wieder vernichtet.

Die Zentralbank kann Wertpapiere endgültig („outright") oder nur für eine bestimmte Zeit ankaufen bzw. verkaufen („befristete Transaktion"). Bei einer befristeten Wertpapier-Transaktion kauft die Zentralbank den Geschäfts-banken Wertpapiere ab, doch müssen sich diese verpflichten, die Papiere nach einer bestimmten Zeit (z. B. nach einer Woche) wieder zurückzukaufen. Auch in diesem Fall wird dann das zuvor geschaffene Zentralbankgeld –

wie bei der Tilgung eines Kredits – wieder vernichtet. Solch ein Offenmarkt-geschäft mit Rückkaufvereinbarung nennt man in der Fachsprache Pensi-onsgeschäft, auf Englisch: „repurchase agreement" oder kurz „Repo". Diese kurzlaufenden Geschäfte erleichtern es dem Eurosystem, das Volumen des bereitgestellten Zentralbankgeldes sowie dessen Zins kurzfristig zu verän-dern. Im Gegensatz zu endgültigen An- und Verkäufen haben „Repos" keinen direkten Einfluss auf die Wertpapierkurse am Markt.

Hauptrefinanzierungsgeschäfte

Das Eurosystem stellt Zentralbankgeld im Normalfall größtenteils über be-fristete Geschäfte mit kurzer Laufzeit bereit. Diese Hauptrefinanzierungsge-schäfte haben eine Laufzeit von sie-ben Tagen. Bei der Zuteilung eines neuen Geschäfts kann das Euro-system berücksichtigen, ob sich der Bedarf der Geschäftsbanken an Zentralbankgeld verändert hat, bei-

Der Zinssatz des Hauptrefinanzie-rungsgeschäfts ist der wichtigste der drei Leitzinsen.

spielsweise weil die Wirtschaft wegen des Weihnachtsgeschäfts mehr Bargeld benötigt. Der Zinssatz für das Hauptrefinanzierungsgeschäft ist der wichtigste der drei Leitzinsen. Nur der EZB-Rat kann über seine Veränderung entschei-den. Oft hebt bzw. senkt er dann aber auch die beiden anderen Leitzinsen, d. h. die Zinssätze für die ständigen Fazilitäten.

Im Zuge der Finanz- und Staatsschuldenkrise hat das Eurosystem Zentral-bankgeld von 2008 an verstärkt über längerlaufende Refinanzierungsge-schäfte sowie Ankäufe von Wertpapieren bereitgestellt. Der Zinssatz für das wöchentliche Hauptrefinanzierungsgeschäft behielt gleichwohl seine Funkti-on, den geldpolitischen Kurs des Eurosystems zu signalisieren. Hebt der EZB-Rat die Leitzinsen an, wird dies oft als „Straffung" der Geldpolitik bezeichnet. Bei einer Zinssenkung ist von einer „Lockerung" die Rede.

Längerfristige Refinanzierungsgeschäfte

Die längerfristigen Refinanzierungsgeschäfte dienen dazu, dem Bankensystem längerfristig Zentralbankgeld zur Verfügung zu stellen. Vor Ausbruch der Finanzkrise hatten diese Geschäfte mit ihrer Laufzeit von drei Monaten nur

Geldpolitische Instrumente

Geldpolitische Geschäfte	Transaktionsart		Laufzeit	Rhythmus	Verfahren
	Liquiditäts-bereit-stellung	Liquiditäts-abschöpfung			
Offenmarktgeschäfte					
Haupt-refinanzierungs-geschäfte	befristete Transaktionen	–	eine Woche	wöchentlich	Standard-tender
Längerfristige Refinanzierungs-geschäfte	befristete Transaktionen	–	einen Monat und länger	regelmäßig und unregel-mäßig	Standard-tender
Fein-steuerungs-operationen	– Devisen-swaps – befristete Trans-aktionen	– Devisen-swaps – Herein-nahme von Termin-einlagen – Befristete Trans-aktionen	nicht standardisiert	unregel-mäßig	– Schnell-tender – Bilaterale Geschäfte
Strukturelle Operationen	befristete Transaktionen	Emission von Schuldver-schreibungen	standardi-siert / nicht standardisiert	regelmäßig und unregel-mäßig	Standard-tender
	endgültige Käufe	endgültige Verkäufe	–	unregel-mäßig	Bilaterale Geschäfte
Ständige Fazilitäten					
Spitzenrefinan-zierungsfazilität	befristete Transaktionen	–	über Nacht	Inanspruchnahme auf Initiative der Geschäftspartner	
Einlagefazilität	–	Einlagen-annahme	über Nacht	Inanspruchnahme auf Initiative der Geschäftspartner	

einen kleinen Anteil am gesamten Refinanzierungsvolumen. Im Zuge der Finanzkrise hat das Eurosystem den Anteil des längerfristig bereit-gestellten Zentralbankgelds vorü-

Durch die Krise haben die länger-fristigen Refinanzierungsgeschäfte an Bedeutung gewonnen.

bergehend deutlich ausgeweitet, zum Beispiel über Geschäfte mit Laufzeiten von sechs und zwölf Monaten. Vor dem Hintergrund der Staatsschuldenkrise und des weitverbreiteten Misstrauens der Banken untereinander ging das Eurosystem Ende 2011 noch einen Schritt weiter und stellte den Geschäfts-banken über zwei Geschäfte Zentralbankgeld mit einer Laufzeit von drei Jahren zur Verfügung.

Um die Kreditvergabe der Banken an den privaten Sektor zu erhöhen und die Funktionsfähigkeit des Transmissionsmechanismus zu verbessern, hat der EZB-Rat von Herbst 2014 bis Frühjahr 2017 mehrere „gezielte längerfristige Refinanzierungsgeschäfte" (Targeted Longer-Term Refinancing Operations, TLTRO) mit einer Laufzeit von bis zu vier Jahren durchgeführt. Die Grundidee hierbei lautete: Die Zinskonditionen der TLTRO sind für Geschäftsbanken grundsätzlich umso günstiger, je mehr Kredite diese dem nichtfinanziellen Sektor gewähren. Der Zinssatz für TLTRO-Kredite kann in diesem Zusammen-hang sogar negativ werden.

Feinsteuerungsoperationen

Feinsteuerungsoperationen setzt das Eurosystem von Fall zu Fall ein, um die Auswirkungen unerwarteter Schwankungen des Bedarfs an Zentralbankgeld auf die Zinssätze auszugleichen. Mit Feinsteuerungsmaßnahmen kann Zentral-bankgeld zugeführt oder abgeschöpft werden. Um Zentralbankgeld zuzu-führen, kann das Eurosystem zum Beispiel sehr kurzfristige Kredite gewähren. Um Zentralbankgeld abzuschöpfen, kann es den Geschäftsbanken anbieten, Termineinlagen anzunehmen. Eine andere Art von Feinsteuerungsoperation sind Devisenswapgeschäfte. Dabei kauft das Eurosystem von den Banken für kurze Zeit Devisen gegen Gutschrift von Sichteinlagen in Zentralbankgeld; dies führt den Banken Zentralbankgeld zu. Am Ende der Laufzeit müssen die Banken die Devisen wieder zu Lasten ihrer Sichteinlagen vom Eurosystem zurückkaufen. Ebenso kann das Eurosystem Devisen aus dem eigenen Bestand für einen befristeten Zeitraum verkaufen und so Zentralbankgeld zeitweise abschöpfen.

**Volumen der Offenmarktgeschäfte und
Inanspruchnahme der Einlagefazilität**

Tageswerte, Mrd €

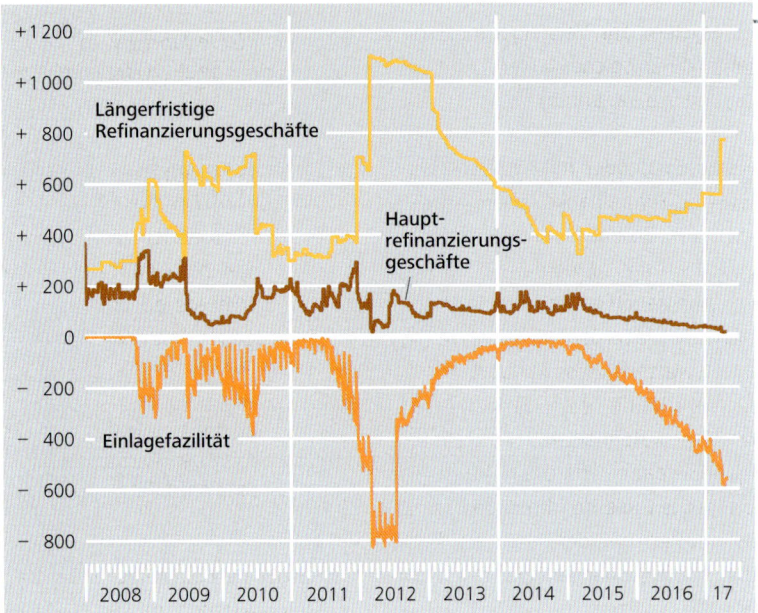

Strukturelle Operationen

Die strukturellen Operationen dienen dazu, den Bedarf der Geschäftsbanken an Zentralbankgeld langfristig zu beeinflussen. Ist der Bedarf aufgrund besonderer Entwicklungen so niedrig, dass die Banken kaum noch auf Refinanzierungsgeschäfte angewiesen sind, können die geldpolitischen Instrumente nicht in gewünschter Form „greifen". Abhilfe kann das Eurosystem beispielsweise durch den Verkauf von Schuldverschreibungen schaffen: Die kaufenden Geschäftsbanken müssen den Kaufpreis aus ihren Einlagen in Zentralbankgeld entrichten, was den Bestand an Zentralbankgeld dauerhaft verringert. Die Geschäftsbanken sind dann zur Deckung ihres Bedarfs an Zentralbankgeld wieder stärker auf die wöchentlichen Refinanzierungsgeschäfte angewiesen.

Verfahrensweise bei Tendergeschäften

Das Eurosystem wickelt die offenmarktpolitischen Transaktionen entweder als „Tender" (Versteigerungsverfahren) oder als bilaterale Geschäfte (Direktabschluss) ab. Im Regelfall nutzt das Eurosystem das Versteigerungsverfahren. Für solche Auktionen gibt es mehrere Varianten.

Über Tenderverfahren wird Zentralbankgeld „versteigert".

Beim „Zinstender mit Mindestbietungssatz" teilt das Eurosystem vorab mit, wie viel Zentralbankgeld es insgesamt bereitstellen wird und welchen Zinssatz eine Geschäftsbank mindestens bieten muss, um bei der Versteigerung berücksichtigt zu werden. Die Geschäftsbanken geben ihre Gebote dann „im verschlossenen Umschlag" ab, d. h. keine kennt die Gebote der anderen. Dabei nennt jede Bank sowohl die gewünschte Menge an Zentralbankgeld als auch, welchen Zinssatz – den Preis für den Kredit – sie dafür bietet. Das Eurosystem sichtet alle Gebote und teilt dann „von oben" zu, d. h. die Banken, die den höchsten Zinssatz bieten, werden als erste be-

Beim Zinstender muss das Gebot neben der Menge auch den Zinssatz enthalten..

rücksichtigt, dann die Gebote mit den nächsthöchsten Zinssätzen – bis das vom Eurosystem geplante Zuteilungsvolumen ausgeschöpft ist. Gebote zum letzten noch zum Zuge kommenden Zinssatz werden gegebenenfalls nur anteilig bedient. Bietet eine Bank einen zu niedrigen Zinssatz, läuft sie Gefahr, bei der Zuteilung nicht berücksichtigt zu werden.

Beim Zinstender können die Gebote entweder zu einem einheitlichen Satz (holländisches Verfahren) oder zu den individuellen Bietungssätzen der Banken (amerikanisches Verfahren) zugeteilt werden. Das Eurosystem nutzt Letzteres. Diese Versteigerung von Zentralbankgeld an die Meistbietenden trägt dem marktwirtschaftlichen Prinzip der Steuerung von Angebot und Nachfrage über die Preise Rechnung. Bis zum Herbst 2008 setzte das Eurosystem beim Hauptrefinanzierungsgeschäft üblicherweise den beschriebenen Zinstender mit einem Mindestbietungssatz und einem vom Eurosystem begrenzten Zuteilungsvolumen ein.

Ein alternatives Versteigerungsverfahren ist der Mengentender. Normalerweise legt das Eurosystem dabei den Zins im Vorhinein fest, ferner auch den Betrag an Zentralbankgeld, den es insgesamt zuteilen will. Die Banken nennen in ihren Geboten lediglich die Menge an Zentralbankgeld, die sie zu diesem Zins erhalten möchten. Übersteigt die Summe der Gebote das von der Zentralbank anvisierte Gesamtzuteilungvolumen, werden die Einzelgebote anteilig bedient ("repartiert"). In den Anfangsjahren der Währungsunion hat das Eurosystem Zentralbankgeld über solche Mengentender dem Bankensystem zur Verfügung gestellt, später ging es zum Zinstender mit Mindestbietungssatz über.

Beim Mengentender steht der Zinssatz fest, das Gebot muss nur die Menge enthalten.

In der Finanz- und Bankenkrise ist das Eurosystem wieder zu Mengentendern zurückgegangen, nun aber mit "Vollzuteilung". Dies bedeutet, dass das Eurosystem kein Gesamtzuteilungsvolumen vorab festlegt, sondern jeder

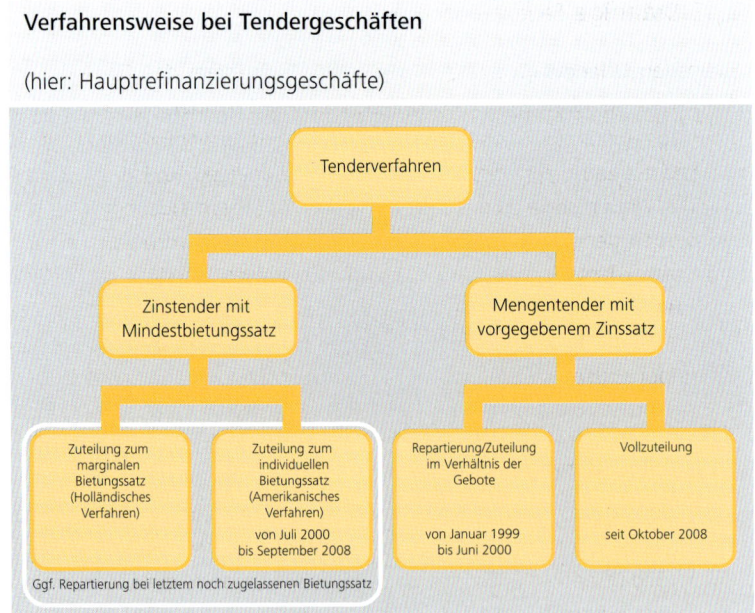

Verfahrensweise bei Tendergeschäften

(hier: Hauptrefinanzierungsgeschäfte)

Geschäftsbank den von ihr gewünschten Betrag an Zentralbankgeld zum Zinssatz des Mengentenders vollständig zur Verfügung stellt – vorausgesetzt, die Geschäftsbank kann die vom Eurosystem vorgeschriebenen Sicherheiten als Pfand hinterlegen. Der EZB-Rat entschloss sich zu diesem Schritt, weil manche Geschäftsbanken aufgrund der Vertrauenskrise unter den Banken nicht mehr in der Lage waren, sich Zentralbankgeld über Interbankenkredite am Geldmarkt zu beschaffen.

Bei der Durchführung der Tender gibt es zwei Varianten: Am „Standardtender" können alle zugelassenen Geschäftspartner des Eurosystems teilnehmen. Laufzeit und Geschäftsabwicklung – von der Ankündigung bis zur Gutschrift in der Regel drei Tage – sind standardisiert. Hingegen kann der Teilnehmerkreis bei „Schnelltendern" auf bestimmte Institute begrenzt werden. Sie werden innerhalb von nur 90 Minuten nach Ankündigung des Geschäfts durchgeführt und am gleichen Tag abgewickelt. Das Eurosystem kann so kurzfristig auf überraschende Entwicklungen und Krisensituationen reagieren.

6.3.3 Ständige Fazilitäten

Neben den Offenmarktgeschäften bietet das Eurosystem den Banken zwei sogenannte ständige Fazilitäten an: die Spitzenrefinanzierungsfazilität und die Einlagefazilität. Sie dienen der Zuführung oder Abschöpfung von Zentralbankgeld bis zum nächsten Geschäftstag. Die ständigen Fazilitäten können von den Geschäftsbanken auf eigene Initiative und nach eigenem Ermessen in Anspruch genommen werden. Ihre geldpolitische Funktion besteht vor allem darin, dass die von der Zentralbank gesetzten Zinssätze der beiden Fazilitäten dem Marktzinssatz für kurzlaufende Interbankenkredite („Tagesgeld") in der Regel eine Ober- und Untergrenze setzen und somit einen Zinskorridor bilden.

Spitzenrefinanzierungsfazilität

Bei der Spitzenrefinanzierungsfazilität kann eine Bank „über Nacht" auf eigene Initiative einen Kredit bei der Zentralbank aufnehmen, um einen kurzfristigen Bedarf an Zentralbankgeld abzudecken. Sie muss aber auch diesen Kredit durch Hinterlegung von Pfändern besichern.

*Der Zinssatz der Spitzen-
refinanzierungsfazilität bildet
die Obergrenze…*

Am nächsten Tag muss der Kredit getilgt werden. Der Zinssatz der Spitzenrefinanzierungsfazilität, ist normalerweise höher als der des Hauptrefinanzierungsgeschäfts. Er bildet im Allgemeinen die Obergrenze für den Tagesgeldzinssatz. Denn keine Bank, die über ausreichend Sicherheiten verfügt, wird einer anderen Bank für einen Übernachtkredit einen höheren Zinssatz zahlen, als sie bei der Zentralbank für einen Übernachtkredit zahlen muss.

Einlagefazilität

Im Rahmen der Einlagefazilität können die Banken überschüssige – und damit unverzinste – Sichteinlagen über Nacht auf einem speziellen Konto bei der Zentralbank zu einem festen Zinssatz anlegen. Dieser Zins ist niedriger als der Satz des jeweils aktuellen Hauptrefinanzierungsgeschäfts. Er bildet im Allgemeinen die Untergrenze des Tagesgeldzinssatzes und verhindert somit ein starkes Absinken dieses Zinses nach unten. Denn normalerweise wird keine Bank Zentralbankgeld an eine andere Bank zu einem niedrigeren Zinssatz verleihen, als sie für eine vollständig ausfallsichere Einlage bei der Zentralbank erhalten kann.

*… und der Zinssatz der
Einlagefazilität die Untergrenze
der Geldmarktzinsen.*

Da der Zinssatz der Einlagefazilität im Normalfall ungünstiger ist als der Satz für Tagesgeld am Geldmarkt, bestand für die Banken vor Ausbruch der Finanz- und Staatsschuldenkrise kein Anreiz, die Einlagefazilität in größerem Stil zu nutzen. Nach dem Ausbruch der Krise hat sich dies zeitweise geändert: Aus Angst vor Ausfällen ihrer Geschäftspartner legten die Banken überschüssiges Geld lieber zu einem niedrigeren Zinssatz bei der Zentralbank an, als es an andere Banken zu einem höheren Zinssatz zu verleihen.
Seit Juni 2014 berechnet das Eurosystem für die Einlagefazilität einen negativen Zinssatz, der genauso hoch ist wie der negative Zinssatz auf Überschussguthaben. Durch den massiven Ankauf von Anleihen im Rahmen der „Quantitativen Lockerung" hat der Überschuss an Zentralbankgeld – den die Geschäftsbanken letztlich zu negativen Zinssätzen bei den Zentralbanken des Eurosystems anlegen müssen – stark zugenommen.

Zentralbankzinsen und Tagesgeldzinsen

in %

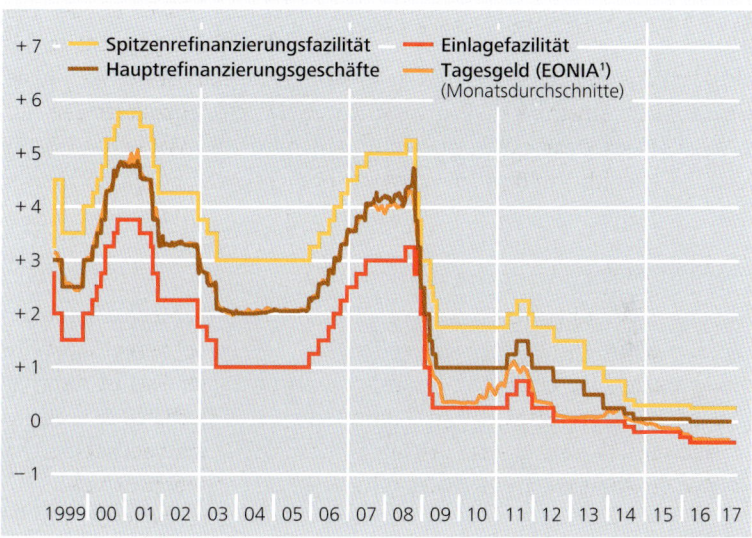

Spitzenrefinanzierungsfazilität	Einlagefazilität
Hauptrefinanzierungsgeschäfte	Tagesgeld (EONIA[1]) (Monatsdurchschnitte)

[1]EONIA: Euro Overnight Index Average

Geldmarktsteuerung des Eurosystems

In normalen Zeiten versorgt das Eurosystem das Bankensystem über das Hauptrefinanzierungsgeschäft gerade mit so viel Zentralbankgeld, wie das Bankensystem benötigt, um Mindestreserve-Soll und Bargeldbedarf abzudecken. Der Zinssatz für Tagesgeld liegt dann an den meisten Tagen nahe am Satz für das Hauptrefinanzierungsgeschäft. Dies wiederum ermöglicht es dem Eurosystem, durch die Anhebung oder Senkung des Zinssatzes für das Hauptrefinanzierungsgeschäft den Zinssatz für Tagesgeld zu steuern und dadurch mittelbar alle übrigen Marktzinsen zu beeinflussen.

> *Über das Verändern der Zinssätze für die Refinanzierungsgeschäfte beeinflusst das Eurosystem die Marktzinsen.*

Würde das Eurosystem weniger Zentralbankgeld bereitstellen, als das Banken-system benötigt, müssten sich die Banken den Fehlbetrag über die höher ver-zinste Spitzenrefinanzierungsfazilität beschaffen. In der Tendenz ließe dies den Tagesgeldzins deutlich über den Zinssatz des Hauptrefinanzierungsgeschäfts steigen, welcher damit nicht länger der „Anker" für die Zinsen für Tagesgeld am Geldmarkt und die übrigen Marktzinsen wäre. Ähnlich legen die Ge-schäftsbanken in normalen Zeiten bei einer Überversorgung mit Zentralbank-geld den Überschussbetrag in der Einlagefazilität an, um überhaupt einen Zins zu erwirtschaften. Dadurch sinkt der Tagesgeldzinssatz in der Tendenz unter den Zinssatz des Hauptrefinanzierungsgeschäfts – unter Umständen bis auf den Zinssatz für die Einlagefazilität.

Um eine Über- oder Unterversorgung zu vermeiden, hat das Eurosystem in der Zeit vor Ausbruch der Krise die Versorgung mit Zentralbankgeld möglichst genau nach dem geschätzten Gesamtbedarf der Geschäftsbanken bemessen. Nötigenfalls führte es dem Bankensystem über Feinsteuerungsoperationen Zentralbankgeld kurzfristig entweder zu oder entzog es entsprechend.

6.4 Krisenbedingte Sondermaßnahmen des Eurosystems

Seit 2007 hat das Eurosystem eine Reihe von Sondermaßnahmen ergrif-fen, um den negativen Auswirkungen der Krise entgegenzuwirken. Es hat dabei stets darauf hingewiesen, dass diese Maßnahmen die Grund-probleme der Krise – insbesondere die angespannte Lage der Staats-haushalte und der Banken in eini-gen Euro-Ländern – nicht beheben können. Sie können lediglich dazu

Mithilfe geldpolitischer Sondermaßnahmen wurde den Auswirkungen der Krise entgegengewirkt.

dienen, die Lage kurzfristig zu stabilisieren und den verantwortlichen Entscheidern – allen voran den Regierungen – eine gewisse Zeit für die notwendigen Reformen und strukturellen Anpassungen zu verschaffen. Im Folgenden werden einige der Sondermaßnahmen kurz dargestellt.

6.4.1 Vollzuteilungspolitik

Nach Ausbruch der Finanzmarktkrise funktionierte der Interbanken-Geldhandel nicht mehr so reibungslos wie zuvor. Viele Banken befürchteten, Verluste zu erleiden, wenn einer ihrer Geschäftspartner über Nacht illiquide oder insolvent würde. Die Banken hielten sich deshalb mit Kreditgeschäften untereinander zurück, sodass der Liquiditätsausgleich zwischen Banken mit zu viel Zentralbankgeld und

Der Übergang zur Vollzuteilungspolitik half in der Krise, Liquiditätsnöte der Banken zu verhindern.

solchen mit zu wenig über den Interbankenmarkt zeitweise stark gestört war. Um sicherzustellen, dass durch diese Entwicklung nicht eine Vielzahl von Banken gleichzeitig in Liquiditätsnot gerät, ging das Eurosystem im Oktober 2008 bei seinen Refinanzierungsgeschäften zum Mengentender mit Vollzuteilung über. Bei diesen Geschäften erhalten die Geschäftsbanken zu einem vom EZB-Rat festgelegten Zinssatz jeden von ihnen gewünschten Betrag an Zentralbankgeld, sofern sie ausreichend Sicherheiten stellen können, die den Anforderungen des Eurosystems genügen. In den Folgejahren nutzten dies insbesondere die Banken derjenigen Länder, die stark von der Krise betroffen waren. Dies wiederum führte zu größeren Liquiditätsüberschüssen im Bankensystem insgesamt. Die einzelnen Banken „parkten" in dieser Situation Überschüsse in der Einlagefazilität, da das Eurosystem Überschussguthaben auf den normalen Zentralbankkonten nicht verzinst. Als Folge der überreichlichen Liquiditätsausstattung ist der Tagesgeldzins unter den Zins des Hauptrefinanzierungsgeschäftes gesunken - bisweilen bis auf den Zinssatz der Einlagefazilität.

Im Juni 2014 hat das Eurosystem den Zinssatz für das Hauptrefinanzierungsgeschäft weiter gesenkt. Gleichzeitig senkte es auch die Zinsen für die Einlagefazilität sowie für überschüssige Einlagen auf den Zentralbankkonten, die über das Mindestreserve-Soll hinausgehen. Die beiden letztgenannten Zinssätze wurden dadurch negativ. Das bedeutet: Banken, die Zentralbankgeld in der Einlagefazilität oder als Überschussreserven auf ihren Zentralbankkonten halten, bekommen dafür keine Zinsen vergütet, sondern müssen Zinsen an das Eurosystem zahlen. Dies soll die Anreize für die Banken aufrechterhalten, überschüssiges Zentralbankgeld am Geldmarkt auszuleihen und ganz allgemein das Kreditgeschäft zu intensivieren.

Der Aufbau von TARGET2-Salden

Zu den mittelbaren Folgen der Vollzuteilungspolitik zählt der Aufbau von Salden im Zahlungsverkehrssystem TARGET2. Dahinter steht folgender Zusammenhang: Wenn ein Unternehmen zum Beispiel eine Maschine bezahlt, die es in einem anderen Euro-Land erworben hat, oder wenn ein Anleger Geld bei einer Bank in einem anderen Euro-Land anlegt, dann wird diese Überweisung letztlich über das TARGET2-System abgewickelt. Die nationale Zentralbank bucht auf dem Konto der überweisenden Bank den entsprechenden Betrag in Zentralbankgeld ab. Gleichzeitig schreibt sie diesen Betrag der nationalen Zentralbank der empfangenden Bank als Sichteinlage gut. Die empfangende Zentralbank schreibt diesen Betrag ihrerseits der empfangenden Geschäftsbank als Sichteinlage in Zentralbankgeld gut, diese wiederum dem empfangenden Kunden auf dessen Konto bei ihr in Buchgeld.

> *Ein TARGET2-Saldo ist eine Forderung oder eine Verbindlichkeit einer nationalen Zentralbank gegenüber der EZB.*

Am Ende jedes Geschäftstags werden im TARGET2-System alle bilateralen Forderungen zwischen den nationalen Zentralbanken in Positionen gegenüber der EZB umgewandelt und miteinander verrechnet. Nationale Zentralbanken mit Zuflüssen an Zentralbankgeld erhalten danach je genau eine Forderung an die EZB. Die EZB wiederum erhält je genau eine Forderung an die nationalen Zentralbanken mit Zentralbankgeldabflüssen. Diese Forderungen (und die entsprechenden Verbindlichkeiten) werden als TARGET2-Salden bezeichnet. Eine Zentralbank mit einer Forderung gegenüber der EZB hat einen positiven Saldo. Eine Zentralbank mit einer Verbindlichkeit gegenüber der EZB hat einen negativen TARGET2-Saldo.

Vor Ausbruch der Krise war die überweisende Bank typischerweise in der Lage, sich das abgeflossene Zentralbankgeld bei Bedarf über einen Interbankenkredit am Geldmarkt oder andere marktbasierte Finanzierungsformen wiederzubeschaffen. Im Ergebnis führte dies dazu, dass Banken aus Ländern mit Geldzuflüssen das überschüssige Geld an Banken aus Ländern mit Geldabflüssen verliehen und so die TARGET2-Salden der nationalen Zentralbanken gering blieben.

Nach Ausbruch der Krise herrschte unter den Banken große Unsicherheit, dass andere Banken über Nacht insolvent werden und ihnen gewährte Kredite nicht mehr zurückzahlen könnten. Vor diesem Hintergrund gingen Banken dazu über, empfangene Beträge an Zentralbankgeld nicht wieder über den Geldmarkt an andere Banken auszuleihen, sondern

Die TARGET2-Salden vergrößerten sich aufgrund der Störungen am Geldmarkt.

in der Einlagefazilität des Eurosystems anzulegen. Banken mit Liquiditätsabflüssen mussten sich das für ihren Überweisungsverkehr benötigte Zentralbankgeld daher oft über eine Ausweitung der Refinanzierungsgeschäfte mit ihrer nationalen Zentralbank besorgen.

Dieses Verhalten der Geschäftsbanken hat dazu geführt, dass sich bei einigen nationalen Zentralbanken hohe TARGET2-Salden aufgebaut haben. Auch das 2015 begonnene Programm zum Ankauf von Vermögenswerten (Asset Purchase Programme, APP) trägt zum Anstieg der Salden bei. Ende Mai 2017 beliefen sich die Forderungen der Bundesbank gegenüber der EZB auf rund 857,3 Milliarden Euro, während andere Zentralbanken des Eurosystems gegenüber der EZB hohe Verbindlichkeiten hatten.

6.4.2 Forward Guidance

Als „Forward Guidance" wird in der Fachsprache der Zentralbanken eine Kommunikationsstrategie bezeichnet, bei der die Zentralbank die Öffentlichkeit gezielt über die längerfristige Ausrichtung der Geldpolitik informiert. Die Zentralbank versucht mit einer solchen „Orientierung über die zukünftige Ausrichtung der Geldpolitik", Unsicherheiten über den künftigen Kurs der Geldpolitik zu

Über die „Forward Guidance" informiert die Zentralbank über die längerfristige Ausrichtung der Geldpolitik.

reduzieren und die Erwartungen der Wirtschaftssubjekte in ihrem Sinne zu steuern. Erwarten diese aufgrund der „Forward Guidance" beispielsweise für einen längeren Zeitraum einen niedrigen Leitzins, sollte sich dies dämpfend auch auf die längerfristigen Zinsen auswirken.

Unter dem Eindruck anhaltend unerwünscht niedriger Teuerungsraten ist das Eurosystem im Juli 2013 zu solch einer gezielten Erwartungssteuerung übergegangen. Bis dahin hatte es der EZB-Rat typischerweise vermieden, sich über den Kurs der Geldpolitik längerfristig festzulegen. Allerdings sind auch die Aussagen der Forward Guidance nicht als unbedingte Zusage über die kommenden geldpolitischen Maßnahmen zu verstehen. Vielmehr behält sich der EZB-Rat weiterhin vor, seine in Aussicht gestellte Geldpolitik bei unerwarteten Entwicklungen kurzfristig zu ändern, wenn dies zum Erhalt der Preisstabilität notwendig sein sollte.

6.4.3 Erweiterung des Sicherheitenrahmens

In Reaktion auf die Krise hat das Eurosystem die Anforderungen an die Sicherheiten in der Tendenz gelockert. Hiermit soll sichergestellt werden, dass die Geschäftsbanken in der Regel über ausreichend Sicherheiten verfügen,

Vom Eurosystem akzeptierte marktfähige Sicherheiten

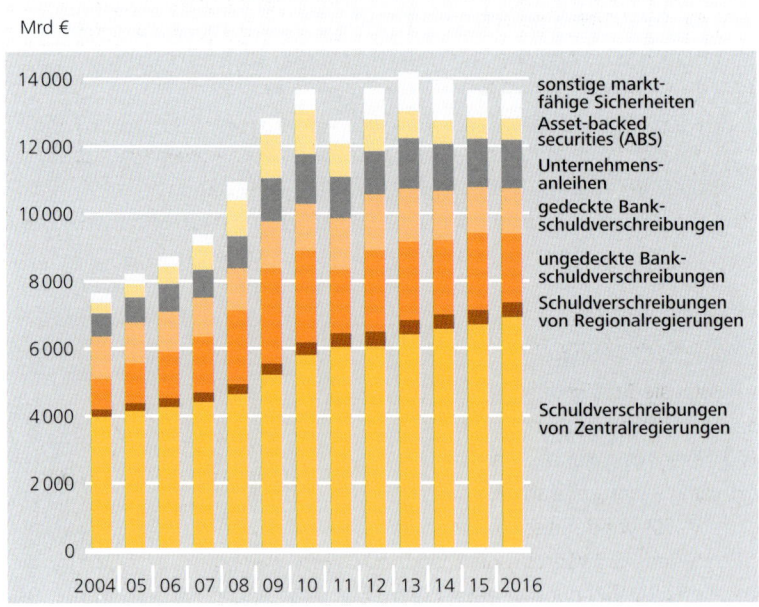

um sich benötigtes Zentralbankgeld mithilfe der Refinanzierungsgeschäfte beschaffen zu können.

6.4.4 Ankaufprogramme

Im Laufe der Banken-, Finanz- und Staatsschuldenkrise hat der EZB-Rat über die Zinspolitik und die Vollzuteilung hinaus weitere Sondermaßnahmen beschlossen, um den negativen Auswirkungen der Krise entgegenzuwirken. So kauft das Eurosystem seit dem Jahr 2009 im Rahmen mehrerer Programme bestimmte Wertpapiere an.

Securities Markets Programme (SMP)

Im Mai 2010 beschloss der EZB-Rat das „Securities Markets Programme" (SMP, Programm für die Wertpapiermärkte). In der Folge kaufte das Eurosystem Anleihen bestimmter Euro-Staaten an, die von der Krise besonders stark betroffen waren. Ziel des Programms war es, Störungen an den Wertpapiermärkten zu beheben und einen angmessenen geldpolitischen Transmissionsmechanismus wieder-

Das Securities Markets Programme sollte Störungen an den Wertpapiermärkten beheben.

herzustellen. Insgesamt hat das Eurosystem über das SMP Wertpapiere im Bilanzwert von 219 Milliarden Euro angekauft. Das Ankaufprogramm wurde im September 2012 formell beendet. Seither schmilzt das Volumen dieses Portfolios kontinuierlich ab, weil Staatsanleihen auslaufen und getilgt werden.

Outright Monetary Transactions (OMT)

Als sich die Staatsschuldenkrise im Sommer 2012 verschärfte, kündigte EZB-Präsident Mario Draghi am 26. Juli in einer vielbeachteten Rede an, die EZB werde alles Notwendige tun, um die Währungsunion zu erhalten („Within our mandate, the

Bedingung für den Ankauf von Staatsanleihen im Rahmen der Outright Monetary Transactions ist die Erfüllung wirtschaftspolitischer Auflagen.

ECB is ready to do whatever it takes to preserve the euro."). Im September 2012 legte das Eurosystem ein neues Programm zum gezielten Ankauf von Anleihen bestimmter Euro-Staaten auf, sogenannte Outright Monetary Transactions (OMT, Geldpolitsche Outright-Geschäfte).

Das Programm soll das Funktionieren des geldpolitischen Transmissionsprozesses und die Einheitlichkeit der Geldpolitik sicherstellen. Voraussetzung für den Ankauf von Staatsanleihen im Rahmen des OMT-Programms ist, dass sich der betreffende Staat einem Programm mit wirtschaftspolitischen Auflagen des Europäischen Stabilitätsmechanismus unterwirft („Konditionalität"). Bisher hat das Eurosystem im Rahmen des OMT-Programms keine Anleihen angekauft.

Quantitative Lockerung (Quantitative Easing)

Die Geldpolitik steht vor besonderen Herausforderungen, wenn die Teuerungsrate unerwünscht niedrig ist, der Zinssatz für das Hauptrefinanzierungsgeschäft aber praktisch nicht mehr weiter verringert werden kann, da er schon auf 0 % gesenkt wurde. In solchen Situationen kann es notwendig werden, dass die Zentralbank über eine „quantitative Lockerung" (englisch: Quantitative Easing, QE) Einfluss auf die Marktzinsen nimmt. Dazu kauft die Zentralbank in großem Stil Anleihen an. Sie schafft damit neues Zentralbankgeld, dessen Menge (Quantität) folglich zunimmt – daher der Begriff „quantitative Lockerung". Solche Ankäufe treiben in der Tendenz die Kurse der betroffenen Papiere nach oben, was deren Marktrenditen fallen lässt. Dies bewirkt, dass in der Tendenz auch die Renditen anderer Anleihen und somit die langfristigen Zinssätze ganz allgemein sinken. Das wiederum kann die Nachfrage von Unternehmen und Konsumenten nach Krediten beleben und damit die Konjunktur in Schwung bringen.

Quantitative Lockerung soll die langfristigen Zinssätze senken, um das Preisstabilitätsziel zu erreichen.

Zudem führt das niedrigere Zinsniveau in der Tendenz dazu, dass Kapital in Länder abfließt, in denen das Zinsniveau höher ist. Solche Kapitalabflüsse lassen die heimische Währung abwerten, was wiederum das Exportgeschäft stimuliert. Auch dies belebt die Binnenkonjunktur.

Im Ergebnis kann QE bewirken, dass die Teuerungsrate steigt und sich dem von der Zentralbank angestrebten Zielwert nähert.

Wirkungszusammenhänge bei Wertpapierkäufen im Rahmen der quantitativen Lockerung

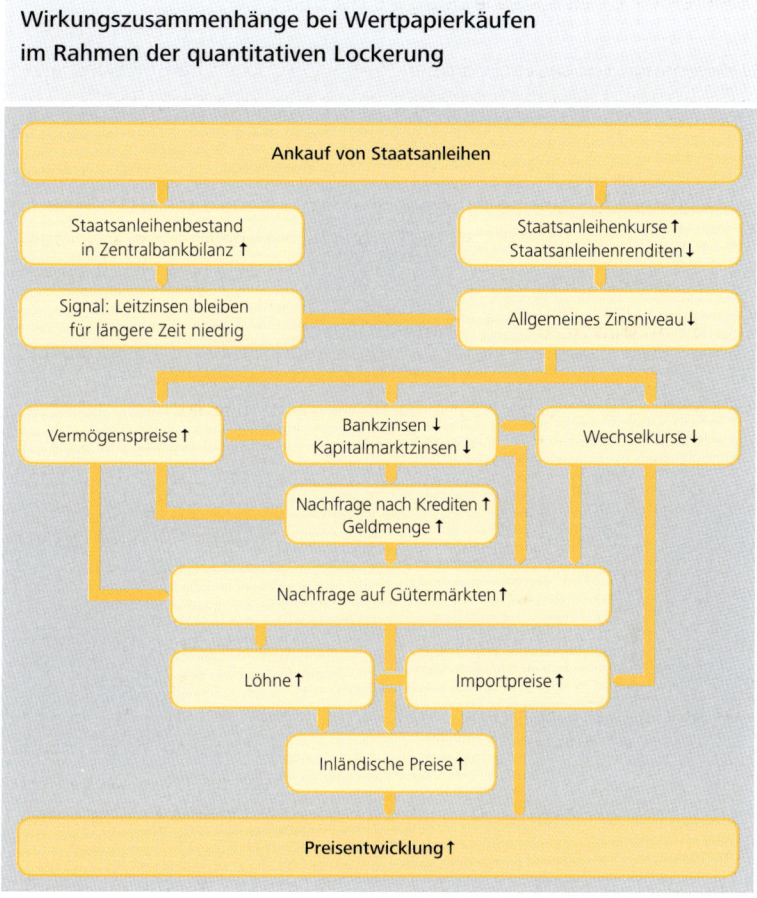

Im Januar 2015 hat der EZB-Rat mit dem „Programm zum Ankauf von Vermögenswerten" (Asset Purchase Programme, APP) beschlossen, auch im Euroraum eine „quantitative Lockerung" zu betreiben. Ziel dieses Programms ist es, durch eine weitere Lockerung der monetären und finanziellen Bedingungen darauf hinzuwirken, dass sich langfristig die Teuerungsraten wieder dem

Ankaufprogramme des Eurosystems im Überblick

Ankaufprogramm	Start	Ende	Volumina in EUR (max.)	Ziel
Beendet bzw. inaktiv				
Covered Bond Purchase Programme 1 (auch: CBPP1)	07/2009	06/2010	60 Mrd.	Ankauf von gedeckten Schuldverschreibungen, um dieses Marktsegment zu stützen, das für die Refinanzierung der Banken von großer Bedeutung ist und von der Finanzkrise in besonderem Maße betroffen war.
Securities Markets Programme (auch: SMP)	05/2010	09/2012	219 Mrd. (Stand zum 31.12.2012)	Ankauf von Anleihen bestimmter Euro-Staaten, um Störungen im geldpolitischen Transmissonsmechanismus entgegenzuwirken.
Covered Bond Purchase Programme 2 (auch: CBPP2)	11/2011	10/2012	16 Mrd. (ursprüngliches Ziel: 40 Mrd.)	Ankauf von gedeckten Schuldverschreibungen, um die Refinanzierungsbedingungen für Kreditinstitute und Unternehmen zu lockern und Kreditinstitute dazu anzuhalten, die Kreditgewährung an Kunden aufrecht zu erhalten und auszuweiten.
Outright Monetary Transactions (auch: OMT)	09/2012	offen	offen	Ankauf von Anleihen bestimmter Euro-Staaten, um einen angemessenen monetären Transmissionsprozess und die Einheitlichkeit der Geldpolitik sicherzustellen. Voraussetzung: Betreffender Staat unterwirft sich Auflagen im Rahmen eines EFSF-/ESM-Programms (Konditionalität).
Aktiv: Erweitertes Programm zum Ankauf von Vermögenswerten				
Covered Bond Purchase Programme 3 (auch: CBPP3)	10/2014			Ankauf von gedeckten Schuldverschreibungen und forderungsbesicherten Wertpapieren (ABS), um im Verbund mit gezielten längerfristigen Refinanzierungsgeschäften den monetären Transmissionsprozess zu verbessern und die Kreditversorgung der Wirtschaft im Euroraum zu erleichtern.
Asset-Backed Securities Purchase Programme (auch: ABSPP)	11/2014			
Public Sector Purchase Programme (auch: PSPP)	03/2015	Mindestens bis Dezember 2017 (bis nachhaltige Änderung der Inflationsrate erkennbar)	Monatlich 60 Mrd., von April 2016 bis März 2017 monatlich 80 Mrd.	Ankauf von Anleihen der Euro-Staaten (mit Ausnahme Griechenlands) sowie anderer europäischer Institutionen nach einem festgelegten Schlüssel und mit besonderen Regeln für die Verteilung von Gewinnen und Verlusten aus diesen Ankäufen. Ziel: Den Risiken einer zu lange anhaltenden Phase niedriger Inflation zu begegnen und so die Erfüllung des Mandats Preisstabilität zu gewährleisten.
Corporate Sector Purchase Programme (auch: CSPP)	06/2016			Ankauf von auf Euro lautenden Investment-Grade-Anleihen von Unternehmen (ohne Banken) aus dem Euro-Währungsgebiet. Ziel: Das Durchwirken der Wertpapierkäufe des Eurosystems auf die Finanzierungsbedingungen in der Realwirtschaft weiter zu stärken.

Niveau von knapp 2 % annähern. Von März 2015 an tätigte das Eurosystem APP-Käufe von zunächst 60 Milliarden Euro monatlich. Von April 2016 bis März 2017 betrugen die Käufe 80 Milliarden Euro, seither wieder 60 Milliarden Euro monatlich. Der EZB-Rat kündigte an, die Käufe zunächst bis Dezember 2017 fortzuführen, möglicherweise aber auch darüber hinaus – „bis der EZB-Rat erkennt, dass sich die Inflation wieder der Zielgröße von unter, aber nahe 2 % über die mittlere Frist annähert". Für die Ankäufe im Rahmen des APP gibt es detaillierte Regeln. Zu den Besonderheiten zählt, dass für die Verteilung möglicher Verluste aus angekauften Wertpapieren zum Teil andere Regeln gelten als für die übrigen geldpolitischen Geschäfte des Eurosystems.

6.5 Flankierung der Geldpolitik

Mit dem Statut des Europäischen Systems der Zentralbanken hat der Gesetzgeber rechtliche Rahmenbedingungen für einen stabilen Euro geschaffen. Das Eurosystem ist ausdrücklich der Preisstabilität verpflichtet. Es ist unabhängig von politischen Weisungen und darf keine öffentlichen Haushaltsdefizite finanzieren.

Die vielfältigen Ursachen inflationärer Prozesse bedingen, dass eine stabilitätsorientierte Geldpolitik durch eine ebenso stabilitätsorientierte Wirtschafts-, Finanz- und Lohnpolitik ergänzt werden muss. Nur dann kann Preisstabilität ohne übermäßig hohe volkswirtschaftliche Reibungsverluste gewährleistet werden. Der Stabilitätskurs des Eurosystems bedarf also der breiten Unterstützung durch die übrigen wirtschaftspolitischen Akteure, beispielsweise der Regierungen und der Tarifparteien.

Eine stabilitätsorientierte Geldpolitik muss von einer entsprechenden Wirtschafts-, Finanz- und Lohnpolitik begleitet werden.

Tarifpartner mit besonderer Stabilitätsverantwortung

Eine besondere Verantwortung kommt den Tarifvertragsparteien bei ihrer Lohnpolitik zu. Denn übermäßige Lohnsteigerungen können schnell zu Preissteigerungen führen, wenn die Unternehmen diese höheren Lohnkosten über ihre Produktpreise weitergeben. Gegen diese Preissteigerungstendenzen kann die Geldpolitik kurzfristig nur wenig ausrichten. Besonders relevant ist das vor allem dann, wenn diese Preiserhöhungen ihrerseits wieder zu höheren Lohnabschlüssen führen, weil die Arbeitnehmer einen Inflationsausgleich durchsetzen. Um solch eine inflationäre Lohn-Preis-Lohn-Spirale zu stoppen, bedarf es in der Regel drastischer geldpolitischer Maßnahmen, die nicht ohne negative Auswirkungen auf das gesamtwirtschaftliche Wachstum und die Beschäftigung bleiben.

Übermäßige Lohnsteigerungen können eine Lohn-Preis-Spirale auslösen.

Die Tarifpartner müssen sich auch bewusst sein, dass die Globalisierung die Rahmenbedingungen für die Lohnpolitik verändert hat. Aufgrund des verschärften internationalen Wettbewerbs können überhöhte Lohnabschlüsse schnell zum Verlust von Arbeitsplätzen führen. In den Ländern des Euroraums ist dieser Zusammenhang besonders relevant, denn anders als vor der Einführung der Gemeinschaftswährung lassen sich übermäßige Lohnsteigerungen nicht mehr mithilfe einer Abwertung der nationalen Währung ausgleichen.

Stabilitätsorientierte Finanzpolitik von besonderer Bedeutung

Eine stabilitätsorientierte Geldpolitik muss durch eine stabilitätsorientierte Finanzpolitik flankiert werden, denn auf den Staat entfällt ein erheblicher Teil der gesamtwirtschaftlichen Nachfrage. Zudem kann er über kreditfinanzierte Ausgabenprogramme seine Nachfrage kurzfristig deutlich erhöhen. Auch kann der Staat über seine Ausgaben- und Steuerpolitik sowie über die Tarifabschlüsse im öffentlichen Dienst die Einkommen der privaten Haushalte und Unternehmen

Die Finanzpolitik hat großen Einfluss auf die Entwicklung des Preisniveaus und damit auf die Geldpolitik.

beeinflussen. Die Finanzpolitik hat deshalb großen Einfluss auf die Konjunktur und in der Folge auch auf die Entwicklung des Preisniveaus.

Noch direkter schlagen sich Gebührenerhöhungen oder eine Änderung der Mehrwertsteuersätze auf die Entwicklung des Preisniveaus nieder. Die Geldpolitik wird vor allem dann erheblich erschwert, wenn die Finanzpolitik prozyklisch agiert, also wenn sie die Schwankungen der Konjunktur und damit auch der Preise verstärkt. Die Finanzpolitik kann darüber hinaus mit der Geldpolitik in Konflikt geraten, wenn es fraglich erscheint, ob auf lange Sicht die Einnahmen des Staates ausreichen, um die Ausgaben einschließlich der Zinszahlungen zu decken. In einem solchen Fall kann die Befürchtung aufkommen, dass Druck auf die Geldpolitik ausgeübt wird, damit diese eine höhere Inflation zulässt, um so die Schulden des Staates real zu entwerten.

Finanzierungssalden und Gesamtschuldenstände der Euroländer

in % des BIP

Land	Finanzierungssalden				Schuldenstand			
	2007	2010	2013	2016	2007	2010	2013	2016
Belgien	0,0	− 4,0	− 3,1	− 2,6	86,9	99,6	105,6	105,9
Deutschland	0,3	− 4,1	− 0,2	0,8	63,5	80,3	77,5	68,3
Estland	2,5	0,2	− 0,2	0,3	3,7	6,5	10,2	9,5
Finnland	5,1	− 2,6	− 2,6	− 1,9	34,0	47,1	56,5	63,6
Frankreich	− 2,5	− 6,8	− 4,0	− 3,4	64,2	81,5	92,3	96,0
Griechenland	− 6,7	− 11,1	− 13,1	0,7	103,1	146,0	177,4	179,0
Irland	0,2	− 32,4	− 5,7	− 0,6	24,0	87,4	119,5	75,4
Italien	− 1,5	− 4,2	− 2,9	− 2,4	99,7	115,3	129,0	132,6
Lettland	− 0,6	− 8,2	− 1,0	0,0	8,4	46,8	39,0	40,1
Litauen	− 1,0	− 6,9	− 2,6	0,3	16,7	36,3	38,7	40,2
Luxemburg	4,2	− 0,6	1,0	1,6	7,2	19,6	23,4	20,0
Malta	− 2,3	− 3,3	− 2,6	1,0	62,4	67,6	68,7	58,3
Niederlande	0,2	− 5,0	− 2,4	0,4	42,7	59,0	67,7	62,3
Österreich	− 1,3	− 4,5	− 1,4	− 1,6	64,8	82,4	81,3	84,6
Portugal	− 3,0	− 11,2	− 4,8	− 2,0	68,4	96,2	129,0	130,4
Slowakei	− 1,9	− 7,5	− 2,7	− 1,7	29,8	41,1	54,7	51,9
Slowenien	− 0,1	− 5,7	− 15,1	− 1,8	22,7	37,9	54,7	51,9
Spanien	2,0	− 9,4	− 7,0	− 4,5	35,5	60,1	95,5	99,4
Zypern	3,2	− 4,8	− 5,1	0,4	53,7	56,5	102,2	107,8
Euroraum	− 0,6*	− 6,1	− 3,0	− 1,5	64,9	83,8	91,4	89,2

Quelle: Eurostat   *ohne Lettland, Litauen, Estland

Um derartige Inflationserwartungen gar nicht erst aufkommen zu lassen, ist es wichtig, dass die Zentralbanken unabhängig sind und dass sie bei zunehmender Inflationsgefahr frühzeitig eingreifen und mit geldpolitischen Maßnahmen gegensteuern.

Staatsverschuldung Deutschlands

in % des BIP, Jahresendstände

In Deutschland hat sich die Staatsverschuldung in den vergangenen Jahrzehnten fast kontinuierlich erhöht, auch im Verhältnis zum Bruttoinlandsprodukt sind die Schulden stark gestiegen. Im Zuge der Krisen seit 2007 hat sich die Lage der Staatsfinanzen zunächst nochmals erheblich verschlechtert, denn zum einen sanken die Steuereinnahmen, zum anderen stiegen die Sozialausgaben. Hinzu kamen kreditfinanzierte Konjunkturprogramme sowie Ausgaben, um wankende Banken zu stützen. Zudem hat der Staat in großem Umfang finanzielle Mittel, überwiegend über Garantien, zur Verfügung gestellt, um die Zahlungsfähigkeit einiger Euro-Länder zu sichern.

Die Maßnahmen zur Bekämpfung der Krise wirkten, und mit der Erholung der Wirtschaft verbesserte sich auch die Finanzlage des Staates. Der Bundeshaushalt verzeichnet seit 2014 sogar Überschüsse. Ein wichtiger Schritt in diese Richtung war die im Jahre 2009 im Grundgesetz verankerte „Schuldenbremse", die Bund und Ländern seit 2011 verbindliche Vorgaben zum schrittweisen Abbau des Haushaltsdefizits macht. Seit 2016 darf die strukturelle, also die nicht-konjunkturbedingte jährliche Nettokreditaufnahme des Bundes maximal 0,35 % des Bruttoinlandsproduktes betragen. Den Bundesländern ist ab 2020 keine

Für nachhaltige öffentliche Finanzen wurde in Deutschland die „Schuldenbremse" eingeführt.

Nettokreditaufnahme mehr gestattet. Ausnahmen sind unter bestimmten Bedingungen aber zulässig.

Im Hinblick auf die langfristige Tragfähigkeit der Staatsfinanzen ist auch die demografische Entwicklung von besonderer Bedeutung. Dabei kommt es nicht nur auf die ausgewiesene Staatsverschuldung an, sondern auch sogenannte implizite Verbindlichkeiten spielen eine große Rolle. Sie ergeben sich beispielsweise aus dem Versprechen des Staates, auch künftig Renten an Ruheständler zu zahlen, obwohl die Zahl der Beitragszahler in die gesetzliche Rentenversicherung absehbar schrumpft.

Das Wichtigste im Überblick:

– Die Geldpolitik hat das Ziel, Preisstabilität zu wahren. Ihre Maßnahmen wirken nur mittelbar auf das Preisniveau. Der Bedarf der Geschäftsbanken an Zentralbankgeld ist der Ansatzpunkt der Geldpolitik.

– Die Zinssätze, zu denen die Banken bei der Zentralbank Zentralbankgeld ausleihen oder anlegen, beeinflussen die Zinssätze am Geld- und Kapitalmarkt. Sie werden daher „Leitzinsen" genannt. Leitzinsänderungen wirken sich in der Regel in gleicher Richtung auf die langfristigen Zinssätze aus.

– Eine Änderung der Leitzinsen soll auf Konsum- und Investitionsausgaben der Haushalte und Unternehmen und damit letztlich auf das Preisniveau wirken. Da das Preisniveau von vielen Faktoren beeinflusst wird, ist die Wirkung der geldpolitischen Impulse nicht klar vorhersehbar.

– Der EZB-Rat trifft geldpolitische Entscheidungen auf Grundlage seiner Einschätzung der Risiken für die Preisstabilität. Diese Einschätzung beruht auf einer Analyse der wirtschaftlichen und der monetären Daten (Zwei-Säulen-Strategie).

– Mit den geldpolitischen Instrumenten nimmt das Eurosystem Einfluss auf die Marktzinssätze und damit auf die Kreditvergabe der Geschäftsbanken. Die konventionellen geldpolitischen Instrumente des Eurosystems sind die Offenmarktgeschäfte und die ständigen Fazilitäten. Hinzu kommt die Mindestreserve.

– Die Banken sind verpflichtet, eine Mindesteinlage bei der Zentralbank zu halten. Diese Mindestreserve berechnet sich aus den Kundeneinlagen der Bank.

– Offenmarktgeschäfte umfassen besicherte Kredite der Zentralbank oder den endgültigen An- bzw. Verkauf von Wertpapieren. Offenmarktpolitische Transaktionen können als „Tender" (Versteigerungen) oder als bilaterale Geschäfte erfolgen.

– Zu den Offenmarktgeschäften zählen die Hauptrefinanzierungsgeschäfte, die längerfristigen Refinanzierungsgeschäfte, die Feinsteuerungsoperationen und die strukturellen Operationen. Der Zinssatz der Hauptrefinanzierungsgeschäfte ist der wichtigste der drei Leitzinsen.

– Die Zinssätze der ständigen Fazilitäten bilden die Ober- und Untergrenze für den Tagesgeldzinssatz. Über die Spitzenrefinanzierungsfazilität können die Banken Kredite über Nacht aufnehmen, um sich Zentralbankgeld zu beschaffen. Überschüssiges Zentralbankgeld können sie über Nacht in der Einlagefazilität anlegen.

– Banken, die sich nicht selbst Zentralbankgeld bei der Zentralbank besorgen, versorgen sich hiermit am sogenannten Geldmarkt. Dort wird Zentralbankgeld zwischen den Banken über Interbankenkredite ausgeliehen. Durch die Auswirkungen der Finanzkrise war die Funktionsfähigkeit des Geldmarkts zeitweise stark gestört.

– Um den Folgen der Finanz- und Staatsschuldenkrise zu begegnen, hat das Eurosystem eine Reihe von Sondermaßnahmen wie die Vollzuteilungspolitik und den massiven Ankauf von Anleihen ergriffen.

– Angesichts der vielfältigen Faktoren, die auf das Preisniveau wirken, muss die Geldpolitik im gesamten Euroraum von einer stabilitätsorientierten Wirtschafts-, Lohn- und Finanzpolitik begleitet werden.

Kapitel 7
Währung und internationale Zusammenarbeit

7. Währung und internationale Zusammenarbeit

Der Begriff Währung bezeichnet in einem weit gefassten Sinne die Verfassung und Ordnung des gesamten Geldwesens eines Staates, zumeist wird darunter aber die Geldeinheit eines Staates oder Gebietes verstanden. Nach wie vor haben die meisten Länder eine eigene nationale Währung. Eine Ausnahme bildet der Euroraum mit einer gemeinsamen Währung für 19 Länder. Eine Währung ist eng mit der Geschichte eines Landes oder eines Gebietes verbunden und trägt zu seiner Identität bei.

Die Währungsnamen werden im täglichen Gebrauch durch eine ungenormte Abkürzung (z. B. Schweizer Franken: sfr) oder durch ein eigenes Währungssymbol dargestellt, wie beispielsweise beim US-Dollar ($), dem britischen Pfund (£), dem japanischen Yen (¥) und dem Euro (€). Im internationalen Währungshandel werden alle Währungen allerdings mit einer genormten, aus drei Buchstaben bestehenden Abkürzung geführt, die in der Regel nach folgendem Schema aufgebaut ist: Die ersten beiden Buchstaben stehen für das Land, der dritte Buchstabe für die Währung (z. B. USD für US-Dollar oder JPY für japanischer Yen). Es gibt auch Ausnahmen von dieser Systematik wie beispielsweise beim Euro (EUR) oder russischen Rubel (RUB).

Im Alltag werden Währungen mit ungenormten Abkürzungen oder eigenen Währungssymbolen dargestellt.

Die internationale währungs- und wirtschaftspolitische Zusammenarbeit hat in den letzten Jahrzehnten weiter an Bedeutung gewonnen. Diese Entwicklung ist dabei vom politischen Willen getragen, Wirtschaftswachstum und Beschäftigung durch eine zunehmende globale Integration zu fördern. Mit einer wachsenden Globalisierung des Handels und der Finanzbeziehungen gehen allerdings auch zusätzliche Herausforderungen für die wirtschaftliche Stabilität einher, was der internationalen Zusammenarbeit eine stärkere Bedeutung verleiht. Besonders deutlich wird dies im Zuge der Bewältigung der globalen Finanzkrise ab dem Jahr 2007. Als Träger und Motor der länderübergreifenden Kooperation entstand in den vergangenen Jahrzehnten ein komplexes

Geflecht internationaler Organisationen und Gremien, das einer ständigen Weiterentwicklung unterliegt.

7.1 Wechsel- bzw. Devisenkurs

Aufgrund der unterschiedlichen Währungen müssen bei Geschäften über Landesgrenzen hinweg einheimische Zahlungsmittel in ausländische getauscht werden. Wenn beispielsweise ein deutscher Exporteur von seinem Geschäftspartner außerhalb des Euro-Währungsgebiets eine fremde Währung erhält, muss er diese in Euro wechseln. Möchte der Exporteur von seinem Geschäftspartner allerdings Euro erhalten, muss der ausländische Importeur für seine Landeswährung Euro kaufen.

Solche Tauschgeschäfte von Währungen erfolgen zum jeweils gültigen Wechselkurs. Der Wechselkurs ist das Austauschverhältnis zweier Währungen, das auf zwei verschiedene Arten dargestellt werden kann:

Wechselkurse in Mengen- und Preisnotierung

(Zahlenbeispiele frei gewählt)

Mengennotierung	Preisnotierung
1 Euro = 1,09 US-Dollar	1 US-Dollar = 0,92 Euro
1 Euro = 1,06 Schweizer Franken	1 Schweizer Franken = 0,94 Euro
1 Euro = 0,85 Britische Pfund	1 Britisches Pfund = 1,18 Euro

Die Mengennotierung zeigt an, wie viele Einheiten Fremdwährung man für eine Einheit der eigenen Währung bekommt. Die Preisnotierung gibt an, wie viel eine Einheit der Fremdwährung in eigener Währung kostet. Mathematisch sind die beiden Notierungen jeweils der Kehrwert der anderen.

Der Fachausdruck für eine Zahlungsanweisung an das Ausland in fremder Währung ist „Devise". Deshalb spricht man bei bargeldlosen Transaktionen mit unterschiedlichen Währungen vom Devisenkurs.

Sorten sind ausländisches Bargeld.

Ausländisches Bargeld („Sorten") wird meist zu einem speziellen Sortenkurs („Schalterkurs") getauscht. Dieser orientiert sich am Devisenkurs, ist aber nicht mit ihm identisch. Aus Sicht der Bank liegt der Ankaufskurs für Sorten über dem Devisenkurs, der Verkaufskurs darunter. Diese Differenz fängt die erhöhten Kosten der Geschäftsbanken und Wechselstuben durch den Umgang mit Bargeld auf. Die Spanne zwischen An- und Verkaufskurs kann jede Bank bzw. Wechselstube selbst festlegen. In der Regel werden nur Banknoten und keine Münzen getauscht.

Beispiel für Sortenkurse („Schalterkurse") in Mengennotierung

(Zahlenbeispiele frei gewählt)

1 EUR = ...	Sorten-verkaufskurs	Devisen-referenzkurs	Sorten-ankaufskurs
US-Dollar	1,0587	1,0886	1,1299
Schweizer Franken	1,0572	1,0689	1,1159
Britisches Pfund	0,8221	0,8487	0,8835

Bei den obigen Kursen muss ein Kunde der Bank oder Wechselstube für einen 100-Dollar-Schein 94,46 Euro bezahlen, sofern keine weiteren Gebühren berechnet werden. Bei sofortiger Rückgabe würde er für ihn 88,50 Euro bekommen.

Devisenmarkt

Seit 1999 ermittelt und veröffentlicht die Europäische Zentralbank Euro-Referenzkurse für ausgewählte Währungen. Diese Kurse sind jedoch nicht für den Devisenhandel bestimmt, sondern werden insbesondere als Umrechnungskurse in Bilanzen und Statistiken genutzt. Sie werden täglich kurz

Der Wechselkurs ist das Ergebnis aus Angebot und Nachfrage.

Devisen-Referenzkurse der Europäischen Zentralbank

Stand: 25.4.2017

	Währung	1 Euro =
AUD	Australischer Dollar	1,4454
BGN	Bulgarischer Lew	1,9558
BRL	Brasilianischer Real	3,4329
CAD	Kanadischer Dollar	1,479
CHF	Schweizer Franken	1,0826
CNY	Chinesischer Renminbi Yuan	7,4976
CZK	Tschechische Krone	26,771
DKK	Dänische Krone	7,4396
GBP	Britisches Pfund	0,84928
HKD	Hongkong-Dollar	8,4756
HRK	Kroatische Kuna	7,4645
HUF	Ungarischer Forint	311,7
IDR	Indonesischer Rupiah	14460,53
ILS	Israelischer Schekel	3,969
INR	Indische Rupie	70,013
JPY	Japanischer Yen	120,34
KRW	Südkoreanischer Won	1228,28
MXN	Mexikanischer Peso	20,5205
MYR	Malaysischer Ringgit	4,755
NOK	Norwegische Krone	9,3158
NZD	Neuseeland-Dollar	1,5636
PHP	Philippinischer Peso	54,078
PLN	Polnischer Zloty	4,2273
RON	Rumänische Leu	4,5255
RUB	Russischer Rubel	61,0111
SEK	Schwedische Krone	9,601
SGD	Singapur-Dollar	1,517
THB	Thailändischer Baht	37,487
TRY	Türkische Lira	3,9127
USD	US-Dollar	1,0891
ZAR	Südafrikanischer Rand	14,2071

nach 14:00 Uhr gemeinsam von der EZB mit den nationalen Zentralbanken des Eurosystems festgelegt und ab 16:00 Uhr auf der Internetseite der EZB veröffentlicht. Von anfänglich 17 ist die Anzahl der Referenzkurse inzwischen auf über 30 gestiegen.

Feste Wechselkurse

Die Wechselkurse sind eine wesentliche Kalkulationsgrundlage für Handel und Kapitalverkehr mit dem Ausland. So kann beispielsweise ein Unternehmen große Verluste erleiden, wenn es aufgrund von Wechselkursschwankungen zur Begleichung einer Rechnung in Fremdwährung mehr inländische Währung beschaffen muss, als es auf Basis vergangener Wechselkurse kalkuliert hatte. Lange Zeit war man deshalb der Meinung, dass die Wechselkurse fest sein oder sich nur in engen Grenzen bewegen sollten. Wechselkurse bilden sich jedoch durch Angebot und Nachfrage, die

Feste Wechselkurse werden durch Interventionen am Devisenmarkt aufrechterhalten.

von Tag zu Tag unterschiedlich sein können. Ein fester Kurs lässt sich deshalb nur aufrechterhalten, wenn eine Instanz dafür sorgt, dass sich Angebot und Nachfrage zu diesem Kurs ausgleichen: Dies sind die Zentralbanken. Sie sind bei festen Wechselkursen verpflichtet, den Kurs der eigenen Währung am Devisenmarkt je nach Marktlage durch Käufe oder Verkäufe von Devisen (Devisenmarktinterventionen) stabil zu halten. Solch eine Verpflichtung kann es einer Zentralbank allerdings schwer oder gar unmöglich machen, eine eigenständige, auf Preisstabilität ausgerichtete Geldpolitik zu verfolgen. Das haben beispielsweise die Erfahrungen Deutschlands in den 1960er und frühen 1970er Jahren gezeigt: Wenn es damals zu Mittelzuflüssen aus dem Ausland kam, musste die Bundesbank zur Verteidigung des Wechselkurses Devisen gegen Hergabe von D-Mark ankaufen. Dies aber blähte die inländische Geldmenge auf – was bisweilen in Widerspruch zur Geldpolitik der Bundesbank geriet. Gleichzeitig trugen die Ankäufe fremder Währungen zum Aufbau der deutschen Währungsreserven bei.

Zahlreiche Länder halten ihre Wechselkurse nach wie vor in einem festen Verhältnis zu einer anderen Währung, wie beispielsweise dem US-Dollar.

So soll mehr Vertrauen in die eigene Währung entstehen. Manche Länder geben sich selbst sogar vor, dass die im eigenen Land umlaufende Geldmenge stets voll durch Devisenreserven gedeckt sein muss ("Currency Board"). Ziel eines Currency Boards ist, die Stabilität der "Ankerwährung" ins eigene Land zu importieren. Dafür wird bewusst auf Spielraum für eine eigenständige Geldpolitik verzichtet.

Flexible Wechselkurse

Die meisten wichtigen Währungen haben heute flexible Wechselkurse. Ihr Kurs bildet sich am Devisenmarkt im Wechselspiel von Angebot und Nachfrage. Das gilt auch für den Euro. Sein Wert ist gegenüber wichtigen Währungen (z. B. US-Dollar, japanischer Yen, britisches Pfund) nicht fixiert, sondern beweglich. Die Währungen schwanken bzw. "floaten" gegenüber dem Euro. Ihre Wechselkurse

Der Wechselkurs des Euro ist flexibel.

können im Zeitverlauf gegenüber dem Euro sogar sehr stark schwanken. Dies führt zu Unsicherheit und reduziert die Planungs- und Kalkulationssicherheit für Handel und Kapitalverkehr. Durch eine Aufwertung der heimischen Währung verlieren die im Inland erzeugten Waren und Dienstleistungen an preislicher Wettbewerbsfähigkeit: Sie werden im Vergleich zu ausländischen Waren und Dienstleistungen teurer, während gleichzeitig Importe aus dem Ausland günstiger werden. Exporteure und Importeure können allerdings eine Reihe von Instrumenten wie beispielsweise Options- und Termingeschäfte nutzen, um solche Wechselkursrisiken einzugrenzen.

Festkurssystem von Bretton Woods

Nach dem Zweiten Weltkrieg bestand fast drei Jahrzehnte ein internationales Währungssystem mit festen Wechselkursen. Auf der Konferenz von Bretton Woods im Jahr 1944 wurde ein nach diesem Ort benanntes internationales Festkurssystem errichtet. Damit wollte man die Fehler der Vergangenheit vermeiden, als sich die Politik fast ausschließlich an

Wesentlicher Kernpunkt des Bretton-Woods-Systems waren feste Wechselkurse gegenüber dem US-Dollar.

den jeweils eigenen nationalen Interessen orientierte. Das neu geschaffene Währungssystem basierte auf der Erkenntnis, dass die Währungspolitik eines Landes auch die Interessen der übrigen Länder berührt.

Der Kernpunkt des Abkommens von Bretton Woods war der „Gold-Dollar-Standard". Die Länder verpflichteten sich, die Devisenkurse ihrer Währungen in sehr engen Grenzen gegenüber dem US-Dollar zu halten. Ihre Zentralbanken mussten also immer dann Dollar gegen eigene Währung kaufen, wenn der Dollarkurs an der unteren Grenze der vereinbarten Schwankungsbreite lag. Umgekehrt verkauften sie US-Dollar gegen die eigene Währung, sobald der Kurs an der oberen Grenze lag. Damit sorgten sie dafür, dass ihre jeweiligen nationalen Währungen nur in relativ engen Grenzen zum US-Dollar schwankten. Der Beitrag der USA zur Stabilität des Systems lag in der Goldeinlösungspflicht: Demnach musste die amerikanische Zentralbank US-Dollar, die ihr von ausländischen Zentralbanken oder anderen Währungsbehörden angedient wurden, zu einem festen Preis in Gold eintauschen. Der Kurs betrug 35 US-Dollar bzw. ab Dezember 1971 38 US-Dollar je Feinunze (eine Feinunze = 31,1 g).

Das Festkurssystem von Bretton Woods bestand offiziell bis 1973. Die amerikanische Zentralbank hatte – nicht zuletzt zur Finanzierung des Vietnam-Kriegs – übermäßig viele US-Dollar in Umlauf gebracht und konnte deshalb bereits seit 1971 ihrer Goldeinlösungsverpflichtung nicht mehr nachkommen. Seit dem Zusammenbruch des Bretton-Woods-Systems kann jedes Land sein Wechselkurssystem frei wählen.

Das Festkurssystem von Bretton Woods bestand von 1944 bis 1973.

Währungsreserven

Die Währungsreserven eines Landes bestehen aus Wertpapieren und Bankguthaben in ausländischer Währung (Devisen), Gold sowie Guthaben beim Internationalen Währungsfonds (Sonderziehungsrechte). Sie werden üblicherweise von der Zentralbank verwaltet. Devisenreserven dienen der Abwicklung von Zahlungen, die Regierungen in Fremdwährung leisten müssen. In Ländern mit festen Wechselkurssystemen kann die Zentralbank sie nutzen, um den Wechselkurs der eigenen Währung zu steuern. Währungsreserven erhöhen das internationale Vertrauen in die heimische Währung.

7.2 Europäisches Währungssystem

Seit dem Ende des Festkurssystems von Bretton Woods gab und gibt es in Europa wieder ein Wechselkurssystem mit festen Leitkursen. Im Jahr 1979 schlossen sich die meisten Länder der Europäischen Gemeinschaft im Europäischen Währungssystem (EWS) zusammen. Sie vereinbarten damals untereinander gegenseitig feste Leitkurse mit engen Schwankungsbreiten nach oben und unten (in der Regel ± 2,25 %). Zu den wesentlichen Elementen des EWS zählte der Europäische Wechselkursmechanismus (WKM). Wenn der Wechselkurs an die festgelegte Bandbreite stieß, waren die Zentralbanken prinzipiell verpflichtet, durch An- oder Verkauf von Devisen unbegrenzt zu intervenieren, um den Wechselkurs innerhalb der festgelegten Bandbreite zu halten. Als Rechen- und Bezugsgröße diente der ECU (= European Currency Unit), dessen Wert sich aus nationalen Währungen der damaligen EG-Staaten ergab. Das Ziel des EWS war es, ein Währungssystem zu schaffen, das mit grundsätzlich festen, aber anpassungsfähigen Wechselkursen zu einer größeren inneren und äußeren Stabilität in den Mitgliedstaaten führt. Außerdem sollte durch die Minimierung der Wechselkursrisiken der Waren-, Dienstleistungs- und Kapitalverkehr zwischen diesen Ländern gefördert werden.

Wechselkursmechanismus II (WKM II)

Anfang 1999 wurde das EWS in den Ländern des Euro-Währungsgebiets durch die Gemeinschaftswährung Euro abgelöst. Gleichzeitig wurde der Wechselkursmechanismus II (WKM II) eingeführt. Er bindet die Währungen von EU-Staaten außerhalb des Euroraums an den Euro. Der Euro gilt im WKM II als Leitwährung, an deren Kurs sich die anderen Währungen orientieren.

Die Teilnahme am WKM II ist eine Voraussetzung für die Einführung des Euro. Gemäß dem Konvergenzkriterium der Wechselkursstabilität muss jedes EU-Land, das dem Euroraum beitreten will, zwei Jahre lang „spannungsfrei" am WKM II teilgenommen haben. Der Wechselkurs der Währung dieses Landes darf also zwei Jahre lang eine festgelegte Schwankungsbreite gegenüber dem Euro nicht überschreiten. Das Land soll so unter Beweis stellen, dass die eigene Wirtschaft

Die Teilnahme am WKM II ist Voraussetzung für die Einführung des Euro.

Teilnahme der EU-Staaten am WKM II

- Gegenwärtige Teilnahme (Beitritt)
- Teilnahme grundsätzlich angestrebt
- Teilnahme mittelfristig nicht geplant
- Keine Teilnahme, da seit Beginn Mitglied im Euroraum
- Austritt infolge der Aufnahme in den Euroraum (Teilnahmezeitraum)

Finnland

Schweden

Estland (2004–2010)

Lettland (2005–2013)

Litauen (2004–2014)

Dänemark (1999)

Irland

Großbritannien

Niederlande

Belgien

Deutschland

Polen

Luxemburg

Tschechien

Slowakei (2005–2008)

Frankreich

Österreich

Ungarn

Rumänien

Slowenien (2004–2006)

Italien

Kroatien

Portugal

Spanien

Bulgarien

Malta (2005–2007)

Griechenland (1999–2000)

Zypern (2005–2007)

nicht auf gelegentliche Abwertungen angewiesen ist, um im Wettbewerb zu bestehen.

Inzwischen haben bereits mehrere Länder den WKM II erfolgreich durchlaufen und sind in den Euroraum eingetreten. Das gilt für Griechenland, Slowenien, Malta, Zypern, die Slowakei, Estland, Lettland und zuletzt Litauen. Dänemark nimmt bereits seit 1999 am WKM II teil, kann aber aufgrund einer Sondervereinbarung selbst entscheiden, ob es bei Erfüllung der Konvergenzkriterien in den Euroraum eintritt. Dies ist zurzeit nicht geplant, da sich die Bevölkerung in Dänemark in einer Volksabstimmung mehrheitlich dagegen ausgesprochen hat.

Ebenfalls aufgrund einer Sondervereinbarung stand es Großbritannien frei, den Euro bei Erfüllung der Konvergenzkriterien einzuführen. Großbritannien hat aber stets darauf verzichtet, am WKM II teilzunehmen. Durch die Entscheidung Großbritanniens, die EU zu verlassen, kommt eine Einführung des Euro nicht mehr in Frage. Obwohl Schweden keine Sondervereinbarung ausgehandelt hat, ist es dem WKM II bisher bewusst nicht beigetreten und erfüllt damit noch nicht alle Konvergenzkriterien. Die Mehrheit der Bevölkerung in Schweden hatte sich 2003 gegen die Einführung des Euro ausgesprochen. Bulgarien, Kroatien, Polen, Rumänien, Tschechien und Ungarn sind als EU-Mitglieder gehalten, den Euro als Währung einzuführen. Eine Voraussetzung dafür ist die Teilnahme am WKM II.

Interventionen zur Wechselkursstabilisierung im WKM II

Um den Wechselkurs des Euro gegenüber den übrigen Teilnehmerwährungen am WKM II in den vorgesehenen Schwankungsbreiten zu halten, müssen die betroffenen nationalen Zentralbanken und gegebenenfalls die Europäische Zentralbank mehr oder weniger stark an den Devisenmärkten intervenieren. Wird eine Grenze der festgelegten Schwankungsbreite erreicht, sind grundsätzlich Devisenmarktinterventionen in unbegrenzter Höhe vorgesehen.

Interventionen im WKM II dürfen nicht im Widerspruch zum Ziel Preisstabilität stehen.

Allerdings können sowohl die EZB als auch die nationalen Zentralbanken die Interventionen verweigern, wenn dies im Widerspruch zu ihrem Auftrag steht, die Preisstabilität zu sichern. Die Interventionen sollen außerdem nur als unterstützende Maßnahme zur Stabilisierung der Wechselkurse eingesetzt werden, denn sie können eine konvergenzorientierte Geld- und Finanzpolitik keinesfalls ersetzen. Zudem haben die EZB und die sonstigen am WKM II teilnehmenden Parteien das Recht, jederzeit eine Überprüfung der Leitkurse in Gang zu setzen. Leitkursanpassungen (Realignments) sind ausdrücklich erlaubt und wurden schon mehrfach vorgenommen.

7.3 Die Zahlungsbilanz

Die Zahlungsbilanz eines Landes bzw. eines Währungsraums hält die wirtschaftlichen Transaktionen zwischen Inland und Ausland fest. Der Aufbau der Zahlungsbilanz soll im Folgenden am Beispiel Deutschlands verdeutlicht werden. Aufgrund der Harmonisierung in der Europäischen Union unterscheidet sich der Aufbau der nationalen Zahlungsbilanz nicht von der europäischen.

Die Zahlungsbilanz ist eine umfassende systematische Darstellung der wirtschaftlichen Transaktionen zwischen Inländern und Ausländern innerhalb einer Periode. Ihre Konzepte, Methoden und ihre Gliederung richten sich nach dem Zahlungsbilanzhandbuch des IWF.

Die Zahlungsbilanz setzt sich aus mehreren Teilbilanzen zusammen: der Leistungsbilanz (I.), der Vermögensänderungsbilanz (II.), der Kapitalbilanz (III.) und dem Saldo der statistisch nicht aufgliederbaren Transaktionen (IV.).

Zur Leistungsbilanz (I.) zählen die Einfuhr und die Ausfuhr von Waren und Dienstleistungen, die Primäreinkommen mit Arbeitsentgelten und Vermögenseinkommen, sowie die Sekundäreinkommen. Die Vermögensänderungsbilanz (II.) enthält einmalige Transaktionen, denen keine erkennbaren Leistungen gegenüberstehen wie Erbschaften, Schenkungen oder ein Schuldenerlass für Entwicklungsländer. Werden Leistungs- und Vermögensänderungsbilanz zusammengenommen, so geht ein dortiger Überschuss mit einer Zunahme von Auslandsforderungen bzw. einer Abnahme von Auslandsverbindlichkeiten einher. Ein Defizit in der Leistungs- und Vermögensänderungsbilanz bedeutet umgekehrt eine Abnahme von Forderungen bzw. Zunahme an Verbindlichkeiten gegenüber dem Ausland.

Zahlungsbilanz der Bundesrepublik Deutschland* Stand: April 2017

Mrd €

Position	2007	2013	2016
I. Leistungsbilanz	+ 169,6	+ 189,6	+ 261,3
1. Warenhandel (fob/fob) [1]	+ 202,0	+ 212,7	+ 271,6
2. Dienstleistungen [2]	− 34,9	− 41,4	− 22,4
3. Primäreinkommen	+ 36,3	+ 62,0	+ 52,1
4. Sekundäreinkommen	− 33,8	− 43,6	− 40,0
II. Vermögensänderungsbilanz [3]	− 1,6	− 0,6	+ 1,1
III. Kapitalbilanz [4]	+ 183,2	+ 225,4	+ 231,3
1. Direktinvestitionen	+ 65,1	+ 20,1	+ 22,6
2. Wertpapieranlagen	− 153,8	+ 158,1	+ 207,9
3. Finanzderivate und Mitarbeiteraktienoptionen [5]	+ 83,6	+ 23,9	+ 32,8
4. Übriger Kapitalverkehr [6]	+ 187,4	+ 22,4	− 33,8
5. Währungsreserven [7]	+ 1,0	+ 0,8	+ 1,7
IV. Saldo der statistisch nicht aufgliederbaren Transaktionen [8]	+ 15,1	+ 36,3	− 31,2

* Gemäß den internationalen Standards des Balance of Payments Manual in der Auflage 6, des Internationalen Währungsfonds. 1 Ohne Fracht- und Versicherungskosten des Außenhandels. 2 Einschl. Fracht- und Versicherungskosten des Außenhandels. 3 Einschl. Nettoerwerb/-veräußerung von nicht produzierten Sachvermögen. 4 Zunahme an Nettoauslandsvermögen: + / Abnahme an Nettoauslandsvermögen: −. 5 Saldo der Transaktionen aus Optionen und Finanztermingeschäften. 6 Enthält insbesondere Finanz- und Handelskredite sowie Bargeld und Einlagen. 7 Ohne Zuteilung von Sonderziehungsrechten und bewertungsbedingten Änderungen. 8 Statistischer Restposten, der die Differenz zwischen dem Saldo der Kapitalbilanz und den Salden der Leistungs- sowie der Vermögensänderungsbilanz abbildet.

Differenzen in den Summen durch Runden der Zahlen.

In der Kapitalbilanz (III.) werden die finanziellen Transaktionen mit dem Ausland zusammengefasst wie zum Beispiel Wertpapieranlagen und Direktinvestitionen. Statistisch nicht aufgliederbare Transaktionen zeigt der sogenannte Restposten (IV.). Er entsteht, da eine Zuordnung der Transaktionen nicht immer möglich ist. Zudem spiegelt er Meldefehler und -lücken. Damit gleicht er die Zahlungsbilanz insgesamt aus.

Die Zahlungsbilanz ist im buchhalterischen Sinne als Ganzes immer ausgeglichen. Trotzdem ist häufig vom Zahlungsbilanzsaldo die Rede. Dies ist in

*Die Zahlungsbilanz ist stets
ausgeglichen.*

vielen Fällen nur eine unpräzise
Ausdrucksweise. Gemeint ist hierbei oft der Saldo einer Teilbilanz,
z. B. der Leistungsbilanz. Der Begriff „Zahlungsbilanz" ist ebenfalls

missverständlich, denn es handelt sich eigentlich nicht um eine Bilanz (d. h. um
eine Zeitpunktrechnung), sondern um eine Zeitraumbetrachtung.

7.3.1 Die Leistungsbilanz

Die Leistungsbilanz als wesentlicher Teil der Zahlungsbilanz setzt sich aus dem
Warenhandel (1.), den Dienstleistungen (2.), den Primäreinkommen (3.) sowie den Sekundäreinkommen (4.) zusammen.

Leistungsbilanz der Bundesrepublik Deutschland*   Stand: April 2017

Mrd €

Position	2007	2013	2016
1. Warenhandel (fob/fob)[1]	+ 202,0	+ 212,7	+ 271,6
Ausfuhr	926,8	1.080,2	1.195,0
Einfuhr	724,8	867,5	923,4
2. Dienstleistungen[2]	− 34,9	− 41,4	− 22,4
darunter: Reiseverkehr[3]	− 34,3	− 37,7	− 39,5
3. Primäreinkommen	+ 36,3	+ 62,0	+ 52,1
4. Sekundäreinkommen	− 33,8	− 43,6	− 40,0
Leistungsbilanzsaldo	+ 169,6	+ 189,6	+ 261,3

* Gemäß den internationalen Standards des Balance of Payments Manual in der Auflage 6,
des Internationalen Währungsfonds. 1 Ohne Fracht- und Versicherungskosten des Außenhandels. 2 Einschl. Fracht- und Versicherungskosten des Außenhandels. 3 Seit 2001 werden
auf der Ausgabenseite die Stichprobenergebnisse einer Haushaltsbefragung genutzt.
Differenzen in den Summen durch Runden der Zahlen.

Warenhandel

Der wichtigste Posten in der Leistungsbilanz der Bundesrepublik Deutschland ist der Warenhandel. Er zeigt, dass Deutschland im Jahr 2016 Waren für 1.195 Milliarden Euro exportiert sowie für 923 Milliarden Euro importiert und somit einen Überschuss von 272 Milliarden Euro erwirtschaftet hat. Gemessen an den in Deutschland erzeugten Leistungen – dem Bruttoinlandsprodukt (BIP), das 2016 rund 3,1 Billionen Euro betrug – machten der Export von Waren im Verhältnis zum BIP rund 38 % und der Import knapp 29 % aus. Ein Schwerpunkt des deutschen Warenhandels liegt im

Der Warenhandel zeigt die Differenz zwischen Warenexporten und Warenimporten.

Euroraum, allerdings mit abnehmender Tendenz. So schlugen die Exporte in den Euroraum 2016 mit etwa 35 % aller deutschen Exporte zu Buche, nach gut 40 % im Jahre 2010. Bei den Importen betrug der entsprechende Anteil im Jahre 2016 rund 37 % und 2010 rund 38 %.

Für das Gesamtbild aller leistungsbezogenen Geschäfte mit dem Ausland ist jedoch der Warenaustausch allein nicht maßgeblich. Daneben sind die Dienstleistungen, die Primäreinkommen und die Sekundäreinkommen zu berücksichtigen. Sie werden oft auch als „unsichtbare Leistungstransaktionen" bezeichnet.

Dienstleistungen

Dominiert wird der Saldo der Dienstleistungen von den vielen grenzüberschreitenden Reisen. Da viel weniger Ausländer Deutschland besuchen als Inländer das Ausland, übersteigen die Ausgaben die Einnahmen wesentlich. Daher weist der Saldo der deutschen Dienstleistungsbilanz regelmäßig ein Defizit auf. Im Jahr 2016 betrug dieses 22,4 Milliarden Euro.

Primäreinkommen

Die Teilbilanz der Primäreinkommen dokumentiert grenzüberschreitende Zahlungen aus Erwerbstätigkeit und Vermögensanlagen, u. a. Zins- und Dividendenzahlungen. Da die Deutschen aufgrund der langjährigen Außenhandelsüberschüsse Auslandsvermögen aufgebaut haben und daraus Einnahmen erzielen, weist diese Teilbilanz regelmäßig Überschüsse aus. Im Jahr 2016 betrug der Saldo rund 52,1 Milliarden Euro.

Sekundäreinkommen

Unter den Sekundäreinkommen werden – im Gegensatz zur Vermögensänderungsbilanz (Posten II der Zahlungsbilanz) – regelmäßige Zahlungen verstanden, denen keine erkennbare Leistung der anderen Seite gegenübersteht. Beispiele hierfür sind die Überweisungen der in Deutschland beschäftigten ausländischen Arbeitnehmer in ihre Heimatländer, Einkommens- und Vermögenssteuer, Sozialbeiträge und Sozialleistungen, aber auch Zahlungen des Staates an internationale Organisationen wie die Vereinten Nationen oder Leistungen im Rahmen der deutschen Entwicklungshilfe. Bei den Sekundäreinkommen hat Deutschland traditionell ein umfangreiches Defizit. Es betrug im Jahr 2016 40,0 Milliarden Euro.

Entwicklung der deutschen Leistungsbilanz

In den 1990er Jahren wies die deutsche Leistungsbilanz durchweg Defizite auf, zu denen nach der Wiedervereinigung insbesondere der große Nachholbedarf an Waren und Dienstleistungen der neuen Bundesländer beitrug. Dies führte zu einem kräftigen Anstieg der Importe nach Deutschland. In jüngerer Vergangenheit kam es durch die hohe Wettbewerbsfähigkeit der deutschen Wirtschaft sowie einen Sparüberhang zu großen Überschüssen – was zum Teil heftige Kritik von Seiten des Auslands sowie internationaler Organisationen auslöste.

Bedeutung von Leistungsbilanzsalden

Ein Leistungsbilanzdefizit zeigt an, dass das betreffende Land mehr verbraucht als produziert hat. Seine Importe übersteigen die Ausfuhren. Damit baut es Auslandsvermögen ab bzw. verschuldet sich im Ausland. Weist ein Land hingegen einen Leistungsbilanzüberschuss auf, so führt es mehr aus, als es selbst an fremden Waren und Dienstleistungen nachfragt. Dieses Land bildet damit Vermögen im Ausland.

Der Leistungsbilanzsaldo zeigt die Entwicklung des Auslandsvermögens.

Deutsche Leistungs- und Handelsbilanz

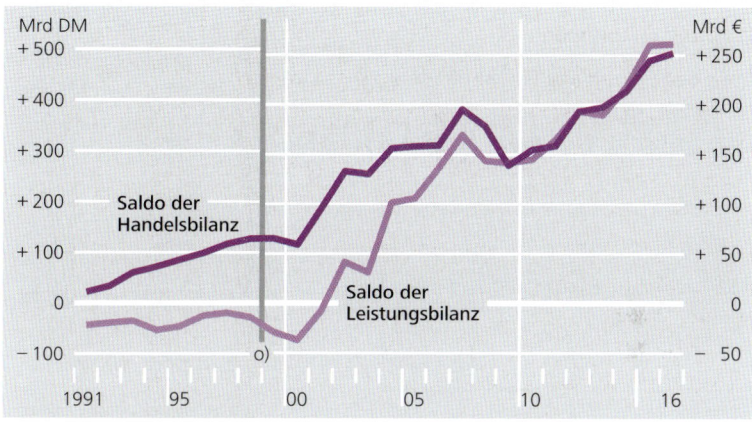

o Vor 1999 Angaben in D-Mark.

Steht einem Leistungsbilanzdefizit eine Abnahme der Währungsreserven des Landes gegenüber, so wurde das Defizit von der Zentralbank durch Auflösung von Auslandsvermögen (Währungsreserven) finanziert. Wenn dagegen der Staat oder die Wirtschaft Kredite im Ausland aufnehmen, dann bezahlt dieser Kapitalimport das Leistungsbilanzdefizit. Ein Leistungsbilanzsaldo spiegelt sich daher immer in anderen Posten der Zahlungsbilanz wider, die Aufschluss darüber geben, auf welche Art und Weise Auslandsvermögen gebildet oder abgebaut wurde.

7.3.2 Die Kapitalbilanz

In der Kapitalbilanz werden die finanziellen Transaktionen zwischen Inländern und Ausländern erfasst, die sich auch in veränderten Finanzpositionen niederschlagen (z. B. Einlagen, Wertpapiere oder Unternehmensbeteiligungen). Somit werden hier auch die transaktionsbedingten Veränderungen der Währungsreserven der Bundesbank verbucht. Ein positiver Kapitalbilanzsaldo zeigt eine transaktionsbedingte Zunahme, ein negativer Saldo eine entsprechende

Abnahme des Nettoauslandsvermögens. Letzteres kann beispielsweise aus einer ausländischen Direktinvestition in Deutschland oder aus ausländischen Anlagen in inländischen Wertpapieren resultieren. Deutsche Direktinvestitionen im Ausland oder Anlagen von Inländern in ausländischen Wertpapieren vergrößern spiegelbildlich das deutsche Auslandsvermögen.

Kapitalbilanz der Bundesrepublik Deutschland*

Stand: April 2017

Mrd €

Position	2007	2013	2016
1. Direktinvestitionen	+ 65,1	+ 20,1	+ 22,6
2. Wertpapieranlagen	− 153,8	+ 158,1	+ 207,9
3. Finanzderivate und Mitarbeiteraktienoptionen [1]	+ 83,6	+ 23,9	+ 32,8
4. Übriger Kapitalverkehr [2]	+ 187,4	+ 22,4	− 33,8
5. Währungsreserven [3]	+ 1,0	+ 0,8	+ 1,7
Kapitalbilanzsaldo	+ 183,2	+ 225,4	+ 231,3

* Gemäß den internationalen Standards des Balance of Payments Manual in der Auflage 6, des Internationalen Währungsfonds. Zunahme an Nettoauslandsvermögen: + / Abnahme an Nettoauslandsvermögen: −. 1 Saldo der Transaktionen aus Optionen und Finanztermingeschäften. 2 Enthält insbesondere Finanz- und Handelskredite sowie Bargeld und Einlagen. 3 Ohne Zuteilung von Sonderziehungsrechten und bewertungsbedingten Änderungen.

Direktinvestitionen

Als Direktinvestitionen gelten Finanzbeziehungen zwischen in- und ausländischen Unternehmen, an denen der Direktinvestor 10 % oder mehr hält. Neben Beteiligungen an fremden Firmen zählen auch gruppeninterne Finanz- und Handelskredite zu den Direktinvestitionen. So erwerben deutsche Firmen Anteile an ausländischen Unternehmen oder gründen Zweigniederlassungen im Ausland, um beispielsweise ihre Bezugs- und Absatzmärkte zu sichern oder sich mit Produktionsstätten im Ausland gegen Wechselkursschwankungen abzusichern. Umgekehrt erwerben ausländische Direktinvestoren Beteiligungen an deutschen Unternehmen.

Wertpapiere

Kapitalanleger legen ihr Geld zum Teil an den internationalen Kapitalmärkten, also grenzüberschreitend an. Dies kann zu starken jährlichen Schwankungen des Saldos der Wertpapieranlagen führen: Während dieser 2011 noch mit -34,3 Milliarden Euro negativ war (Ausländer erwarben mehr Wertpapiere inländischer Emittenten als umgekehrt), drehte er seit 2012 ins Positive, im Jahr 2016 betrug der Saldo 207,9 Milliarden Euro. Dies ist auf die spürbar gestiegene Nachfrage deutscher Anleger nach ausländischen zinsbringenden Papieren und Aktien zurückzuführen. Sie war höher als der weithin gestiegene Erwerb deutscher Anleihen durch ausländische Investoren, da diese Papiere weiterhin als sichere Anlageformen gelten. Unter Wertpapieren sind Aktien, festverzinsliche Papiere, Investmentfondsanteile oder Zertifikate zu verstehen.

Übrige Posten

Zu den Finanzderivaten gehören Options- und Termingeschäfte. Sie dienen der Absicherung bestimmter Risiken oder der Spekulation. Mitarbeiteraktienoptionen berechtigen die Arbeitnehmer dazu, eine bestimmte Anzahl von Aktien des Arbeitgebers zu einem festgelegten Preis entweder zu einem festgelegten Zeitpunkt oder binnen eines bestimmten Zeitraums zu erwerben.

Der übrige statistisch erfasste Kapitalverkehr umfasst sowohl Finanz- und Handelskredite (soweit diese nicht zu den Direktinvestitionen zählen) als auch Bankguthaben und sonstige Anlagen. Hierunter fallen auch Kredite, die der Staat im Ausland aufnimmt bzw. anderen Ländern gewährt. Daneben räumen inländische Firmen ihren ausländischen Abnehmern Handelskredite ein. Andererseits verschulden sie sich auch im Ausland. Veränderungen der bei der Bundesbank verwalteten Währungsreserven (z. B. Devisen und Gold) werden unter dem Posten „Veränderungen der Währungsreserven" erfasst.

7.3.3 Die Zahlungsbilanz des Euroraums

Die Zahlungsbilanz des Euroraums umfasst die Transaktionen des Euro-Währungsgebiets mit dem „Rest der Welt", nicht aber die Transaktionen

Einflüsse auf den Euro-Wechselkurs zeigt die Zahlungsbilanz des Euroraums.

innerhalb des Euroraums. Damit ist sie für die Geldpolitik des Eurosystems von Bedeutung. Durch die europaweiten Verflechtungen gleichen sich die Salden der nationalen Zahlungsbilanzen im Euroraum in der zusammengefassten Bilanz teilweise aus. Daher halten sich die Salden des Währungsgebiets als Ganzes trotz zeitweise hoher Überschüsse und Defizite einzelner Mitgliedsländer meist in engen Grenzen.

Zahlungsbilanz des Euroraums*

Stand: März 2017

Mrd €

Position	2008	2013	2016
I. Leistungsbilanz	**– 117,5**	**+ 216,0**	**+ 361,3**
1. Warenhandel (fob/fob)[1]	– 15,9	+ 210,2	+ 373,6
2. Dienstleistungen[2]	+ 48,6	+ 70,5	+ 69,8
3. Primäreinkommen	– 25,4	+ 79,8	+ 49,4
4. Sekundäreinkommen	– 124,8	– 144,6	– 131,6
II. Vermögensänderungsbilanz[3]	**+ 11,7**	**+ 19,3**	**+ 6,2**
III. Kapitalbilanz[4]	**– 311,1**	**+ 423,4**	**+ 391,9**
1. Direktinvestitionen	+ 226,8	+ 27,1	+ 278,6
2. Wertpapieranlagen	– 241,0	– 27,1	+ 443,2
3. Finanzderivate und Mitarbeiteraktienoptionen[5]	– 23,7	+ 31,8	+ 26,0
4. Übriger Kapitalverkehr[6]	– 276,4	+ 386,9	– 371,0
5. Währungsreserven[7]	+ 3,2	+ 4,6	+ 15,2
IV. Saldo der statistisch nicht aufgliederbaren Transaktionen[8]	**– 205,4**	**+ 188,0**	**+ 24,5**

* Gemäß den internationalen Standards des Balance of Payments Manual in der Auflage 6, des Internationalen Währungsfonds. 1 Ohne Fracht- und Versicherungskosten des Außenhandels. 2 Einschl. Fracht- und Versicherungskosten des Außenhandels. 3 Einschl. Nettoerwerb / -veräußerung von nicht produzierten Sachvermögen. 4 Zunahme an Nettoauslandsvermögen: + / Abnahme an Nettoauslandsvermögen: –. 5 Saldo der Transaktionen aus Optionen und Finanztermingeschäften. 6 Enthält insbesondere Finanz- und Handelskredite sowie Bargeld und Einlagen. 7 Ohne Zuteilung von Sonderziehungsrechten und bewertungsbedingten Änderungen. 8 Statistischer Restposten, der die Differenz zwischen dem Saldo der Kapitalbilanz und den Salden der Leistungs- sowie der Vermögensänderungsbilanz abbildet.

Differenzen in den Summen durch Runden der Zahlen.

7.4 Gremien und Institutionen
für Währungs- und Finanzfragen

Infolge der Internationalisierung der Finanzmärkte hat die weltweite politische Kooperation in Währungs- und Finanzfragen weiter an Bedeutung gewonnen. Es gibt mehrere internationale Gremien und Institutionen, die sich mit diesen Fragen beschäftigen und einen Rahmen für die internationale Zusammenarbeit bieten.

Internationaler Währungsfonds (IWF)

Bei der Förderung von wirtschaftlicher Stabilität und der Zusammenarbeit von Ländern im internationalen Währungssystem kommt dem Internationalen Währungsfonds (IWF) eine besondere Bedeutung zu. Der IWF überwacht laufend die Wirtschafts- und Währungspolitik seiner Mitgliedsländer. Eine wesentliche Rolle bei der Überwachung spielen jährliche Konsultationen mit den Mitgliedsländern, bei denen der Fonds sein Hauptaugenmerk auf die Wirtschafts- und Währungsentwicklung der Mitgliedsländer richtet und ihnen konkrete stabilitätsfördernde wirtschaftspolitische Maßnahmen empfiehlt. Darüber

Der IWF ist das globale Forum zur weltweiten finanz- und währungspolitischen Zusammenarbeit.

hinaus analysiert der IWF halbjährlich die globalen Wirtschaftsaussichten sowie die länderübergreifenden Risiken im internationalen Finanzsystem. Der Vorbeugung von Krisen kommt dabei eine besondere Bedeutung zu.

Zur Unterstützung bei der Überwindung von Zahlungsbilanzschwierigkeiten können Mitgliedsländer Finanzhilfen vom IWF in Anspruch nehmen, indem sie von ihm benötigte „Hartwährungen" zeitlich befristet gegen eigene Währung erhalten. Dafür verfügt der IWF durch Einzahlungen der Mitgliedsländer über erhebliche eigene Finanzmittel. Diese Einzahlungen werden entsprechend der relativen wirtschaftlichen Stärke eines jeden Mitgliedslandes festgelegt, regelmäßig auf ihre Angemessenheit überprüft und bei Bedarf angepasst. Nach den Anteilen an den gesamten Einzahlungen, den „Quoten", richten sich auch die Stimmrechte im IWF.

Die Vergabe von Finanzhilfen an ein Mitgliedsland macht der IWF in der Regel vom Abschluss eines Anpassungsprogramms und der Erfüllung vorab vereinbarter Bedingungen abhängig (Konditionalität), die auf die Überwindung der Zahlungsbilanzprobleme abzielen.

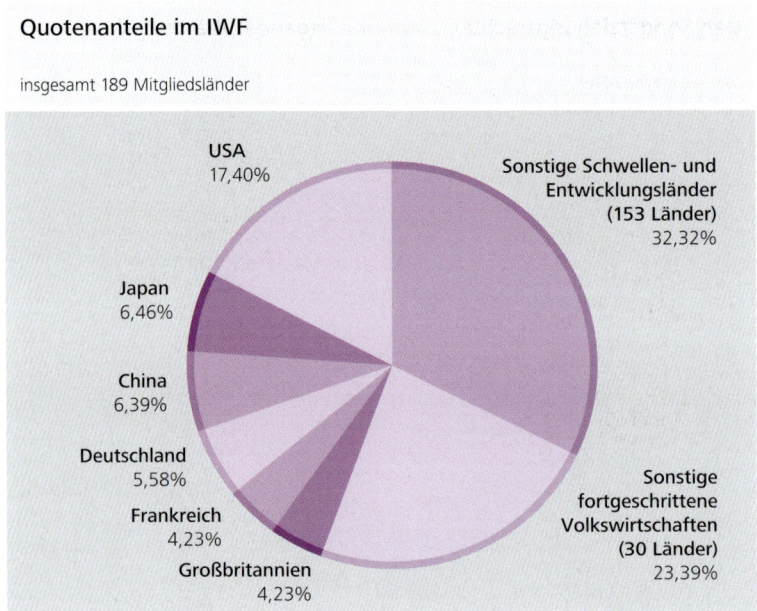

Quotenanteile im IWF

insgesamt 189 Mitgliedsländer

USA
17,40%

Sonstige Schwellen- und
Entwicklungsländer
(153 Länder)
32,32%

Japan
6,46%

China
6,39%

Deutschland
5,58%

Frankreich
4,23%

Großbritannien
4,23%

Sonstige
fortgeschrittene
Volkswirtschaften
(30 Länder)
23,39%

Dies können beispielsweise die Sanierung des Staatshaushalts oder marktwirtschaftliche Reformen sein. Allerdings kann der IWF seit 2009 Ländern mit soliden Fundamentaldaten und guter Wirtschaftspolitik vorsorglich Finanzmittel auch ohne Vorliegen eines akuten Zahlungsbilanzbedarfs und ohne Auflagen bereitstellen. Seit Ausbruch der Finanz- und Wirtschaftskrise 2007 gewährte der IWF u. a. Island, der Ukraine, Ungarn, Pakistan und Rumänien Kredite, um diesen Ländern bei Zahlungsbilanzproblemen zu helfen. Außerdem stellte er Mexiko, Polen und Kolumbien vorsorgliche Kreditlinien bereit. Von 2010 an beteiligte er sich mit großen Krediten an den „Rettungspaketen" zugunsten Griechenlands, Irlands und Portugals.

Seit 1969 kann der IWF den Mitgliedsländern Sonderziehungsrechte (SZR) zuteilen, wenn ein langfristiger globaler Mangel an zusätzlichen Währungsreserven festgestellt wird.

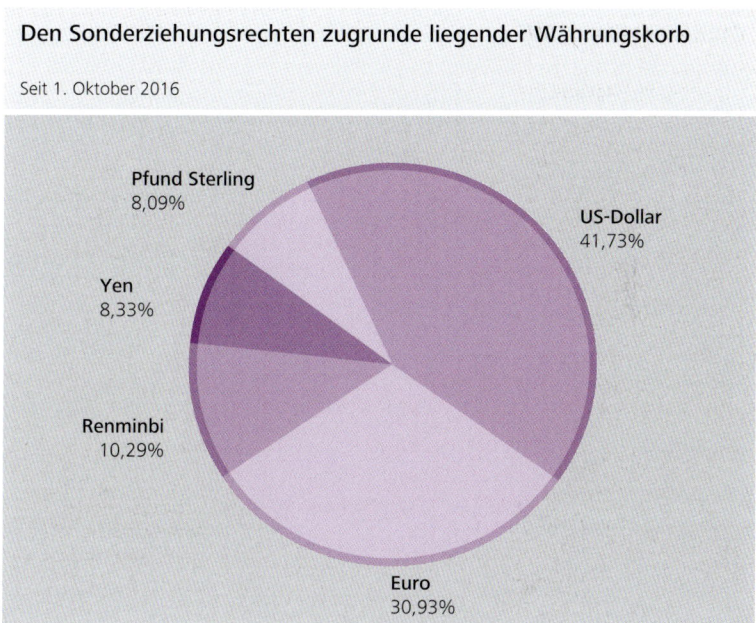

Den Sonderziehungsrechten zugrunde liegender Währungskorb

Seit 1. Oktober 2016

Pfund Sterling
8,09%

US-Dollar
41,73%

Yen
8,33%

Renminbi
10,29%

Euro
30,93%

SZR sind keine Währung, sondern ein Währungsreserveinstrument, das auf einem Währungskorb basiert. Stellt der IWF im Rahmen seiner fünfjährlichen Überprüfungen einen Bedarf an globalen Währungsreserven fest, kann er den Mitgliedsländern in Relation zu ihren Quoten SZR zuteilen.

IWF-Mitglieder haben bei Bedarf das Recht, eigene SZR bei anderen Mitgliedsländern gegen US-Dollar, Euro, Renminbi, Pfund oder Yen zu tauschen. Die SZR können nur vom IWF, den Währungsbehörden der IWF-Mitglieder und anderen zugelassenen offiziellen Stellen gehalten und für finanzielle Transaktionen miteinander verwendet werden. Der IWF verwendet die SZR auch als interne Recheneinheit, in der alle Guthaben und Kredite geführt werden. Der Wert des SZR wird täglich vom IWF ermittelt und errechnet sich auf Basis eines Währungskorbs mit den genannten fünf wichtigsten Weltwährungen, deren Gewichtung alle fünf Jahre überprüft und ggf. neu angepasst wird. Als Konsequenz der globalen Finanzkrise wurde Anfang September 2009 der globale SZR-Bestand von 21 Milliarden SZR auf 204 Milliarden SZR (rund 260 Mrd. €) erhöht.

Seit 1952 ist die Bundesrepublik Deutschland Mitglied im IWF. Die Bundesbank übernimmt die finanziellen Verpflichtungen Deutschlands im IWF. So stellt die Bundesbank dem IWF die deutschen Quotenmittel zur Verfügung. Derzeit sind dies 34 Milliarden Euro, was rund 5,5 % der gesamten Quotenmittel des IWF ausmacht. Damit hat die Bundesrepublik Deutschland den viertgrößten Anteil im IWF.

Wichtigstes Entscheidungsgremium des IWF ist der Gouverneursrat. Deutscher IWF-Gouverneur ist der Bundesbankpräsident, sein Vertreter ist der Bundesfinanzminister. Der Gouverneursrat wird vom Internationalen Währungs- und Finanzausschuss beraten, der 24 Mitglieder umfasst (Finanzminister oder Notenbankgouverneure). Das Tagesgeschäft führt das 24-köpfige Exekutivdirektorium durch.

Weltbankgruppe

Auf der Konferenz von Bretton Woods 1944 wurde neben dem IWF auch die Errichtung der Internationalen Bank für Wiederaufbau und Entwicklung (IBRD) – kurz „Weltbank" genannt – beschlossen. Sie nahm 1946 in Washington D.C. ihre Arbeit auf. Während sie ihre Mittel zunächst zum Wiederaufbau Europas einsetzte, konzentriert sie sich seit Ende der 1940er Jahre vor allem auf die Unterstützung von Entwicklungsländern. Aus dieser Aufgabe heraus sind vier weitere Organisationen (IDA, IFC, MIGA, ICSID) entstanden, die zusammen

Die Weltbankgruppe besteht aus fünf Institutionen.

mit der IBRD als Weltbankgruppe bezeichnet werden. Sie haben zum Ziel, die wirtschaftliche Entwicklung von weniger entwickelten Volkswirtschaften durch finanzielle Hilfen, Beratung und technische Hilfe zu fördern. Der Begriff „Weltbank" umfasst im allgemeinen Sprachgebrauch nur die IBRD. Die Institution selbst fasst unter den Begriff neben der IBRD auch die internationale Entwicklungsorganisation (IDA).

Die IBRD vergibt langfristige Darlehen zur wirtschaftlichen Entwicklung an Entwicklungs- und Schwellenländer und refinanziert diese an den internationalen Kapitalmärkten. Die IDA vergibt Kredite speziell an die ärmsten Entwicklungsländer zu weitaus günstigeren Bedingungen: Die Laufzeiten sind länger, der zu zahlende Kreditzins geringer als bei normalen Weltbankkrediten. Auch eine Schenkung ist zur Vermeidung einer Überschuldung möglich.

Die Kredite der IDA werden überwiegend aus den Beiträgen der fortgeschrittenen Volkswirtschaften finanziert. Die IFC unterstützt privatwirtschaftliche Projekte in Entwicklungsländern, indem sie beispielsweise die Errichtung, Modernisierung und Erweiterung produktiver privater Unternehmen finanziert. Aufgabe der MIGA ist es, ausländische Direktinvestitionen in Entwicklungsländern zu fördern, indem sie Garantien gegen politische oder rechtliche Risiken solcher Investitionen anbietet. Das ICSID unterstützt die Durchführung von Schlichtungsverfahren bei grenzüberschreitenden Investitionen.

Mitgliedsorganisationen der Weltbankgruppe

		Gründung
IBRD	Internationale Bank für Wiederaufbau und Entwicklung (International Bank for Reconstruction and Development)	1944
IDA	Internationale Entwicklungsorganisation (International Development Association)	1960
IFC	Internationale Finanz-Corporation (International Finance Corporation)	1956
MIGA	Multilaterale Investitions-Garantie-Agentur (Multilateral Investment Guarantee Agency)	1988
ICSID	Int. Zentrum zur Beilegung von Investitionsstreitigkeiten (International Centre for Settlement of Investment Disputes)	1966

G7 / G8, G20

Die internationale wirtschafts- und währungspolitische Zusammenarbeit findet nicht nur im Rahmen internationaler Institutionen, sondern auch in verschiedenen informellen Staatengruppierungen statt. Die Zusammensetzung und die Aktivitäten der Ländergruppen sind überwiegend historisch gewachsen. Deren Benennung erfolgt nach der Anzahl der Teilnehmerländer (z. B. G20 = Gruppe der Zwanzig).

Hinter diesen informellen Gremien steht die Absicht, sich in einem Kreis von Ländern – teils auch mit vergleichbaren wirtschaftlichen Interessen – über weltwirtschaftliche Probleme abzustimmen, bevor diese Fragen in formellen zwischenstaatlichen Institutionen aufgegriffen werden. Häufig werden in den informellen Treffen Impulse gegeben, deren Umsetzung in der Verantwortung der internationalen Organisationen liegt.

Staaten der G7/G8, G20

G 20

G 8
Russland

G 7
Deutschland
Frankreich
Großbritannien
Italien
Japan
Kanada
USA

Argentinien
Australien
Brasilien
China
Indien
Indonesien
Mexiko
Saudi-Arabien
Südafrika
Südkorea
Türkei
Europäische Union

Die G7 besteht seit 1976 und umfasst die sieben größten Industriestaaten (USA, Japan, Deutschland, Frankreich, Italien, Großbritannien, Kanada). Die Finanzminister und Zentralbankpräsidenten der G7-Staaten erörtern regelmäßig aktuelle wirtschafts- und währungspolitische Themen. Einmal im Jahr findet ein Treffen der Staats- und Regierungschefs dieser Länder statt („Weltwirtschaftsgipfel"). Von 1997 bis 2013 nahm daran auch Russland als Mitglied teil (G8). Als Reaktion auf die Annektierung der Krim treffen sich die Staats- und Regierungschefs seit 2014 wieder im G7-Format.

Die G20 umfasst die wirtschaftlich wichtigsten Industrie- und Schwellenländer.

Zur G20 gehören neben den G7-Ländern und Australien auch elf wirtschaftlich bedeutende Schwellenländer sowie die Europäische Union,
vertreten durch die EU-Ratspräsidentschaft, die EU-Kommission und die
Europäische Zentralbank. Die G20 wurde 1999 als Reaktion auf die Finanzkrise in Asien gegründet und hatte ursprünglich die vorrangige Aufgabe,
den Dialog zwischen Industrie- und Schwellenländern zu verbessern. Sie
repräsentiert Länder mit rund zwei Dritteln der Weltbevölkerung und 90 %
des Bruttoinlandsprodukts der Welt. Seit der jüngsten Finanzkrise haben
die Treffen der G20 stark an Bedeutung gewonnen. Denn es wurde klar,
dass man Krisen nur dann wirksam vorbeugen kann, wenn möglichst viele
wichtige Länder gemeinsam Regeln für die Finanzmärkte vereinbaren – und
dann auch durchsetzen. Zudem wurde der wirtschaftspolitische Dialog
intensiviert. Vor diesem Hintergrund wurde die G20 im September 2009 von
den Staats- und Regierungschefs als zentrales Forum der internationalen
wirtschaftlichen Zusammenarbeit etabliert.

Finanzstabilitätsrat (FSB)

Der Finanzstabilitätsrat (Financial Stability Board – FSB) wurde im Zuge
der globalen Finanzkrise von den Staats- und Regierungschefs der G20 auf
ihrem Gipfel im April 2009 in London als zentrales Koordinierungsgremi-
um in Fragen, die den Finanzsektor betreffen, gegründet. Der FSB ist das
Nachfolgegremium des Financial Stability Forum (FSF), das 1999 nach der
Finanz- und Wirtschaftskrise in Ost-
asien von den G7-Finanzministern
und Zentralbankpräsidenten einbe-
rufen wurde. Für die Aufarbeitung
der Finanzkrise hat die G20 dem
Finanzstabilitätsrat eine Führungs-

*Das FSB arbeitet für die
Stabilität des internationalen
Finanzsystems.*

rolle zugewiesen und ihn mit der Berichterstattung an die höchste politische
Ebene beauftragt. Der FSB besteht aus einem Plenum, einem Lenkungsaus-
schuss, vier ständigen Ausschüssen sowie verschiedenen Arbeitsgruppen.
Der Mitgliederkreis umfasst die für Finanzstabilität zuständigen nationalen
Behörden der Mitgliedsländer sowie relevante internationale Institutionen.
Ein Land kann je nach Größe und Bedeutung seines Finanzmarkts durch
mehrere Mitgliedsbehörden vertreten werden (maximal drei). In Deutsch-
land sind dies neben der Bundesbank das Bundesministerium der Finanzen

(BMF) und die Bundesanstalt für Finanzdienstleistungsaufsicht (BaFin). Nicht-Mitgliedsländer werden über sechs Regionalgruppen bestehend aus Behörden aus Mitgliedsländern und Nicht-Mitgliedsländern einer geographischen Region (z. B. Regionalgruppe Europa) in die Arbeit des FSB eingebunden.

Mitglieder des FSB:

– Vertreter von Zentralbanken, Finanzministerien und Aufsichtsbehörden aus den G20-Ländern sowie aus Hongkong, den Niederlanden, der Schweiz, Singapur und Spanien

– Europäische Zentralbank (EZB)

– Europäische Kommission

– Internationaler Währungsfond (IWF)

– Internationale Bank für Wiederaufbau und Entwicklung (IBRD, Weltbankgruppe)

– Bank für Internationalen Zahlungsausgleich (BIZ) sowie die dort verankerten Ausschüsse (u. a. Baseler Ausschuss für Bankenaufsicht)

– Organisation für wirtschaftliche Zusammenarbeit und Entwicklung (OECD)

– Internationale Organisation der Wertpapieraufsichtsbehörden (IOSCO)

– Internationale Vereinigung der Versicherungsaufsichtsbehörden (IAIS)

– Internationales Gremium für Rechnungslegungsstandards (IASB)

Dem FSB gehören Vertreter von Zentralbanken, Finanzministerien, Aufsichtsbehörden und internationalen Organisationen an.

Das FSB soll Schwachstellen des internationalen Finanzsystems identifizieren, Vorschläge zu ihrer Beseitigung unterbreiten und deren Umsetzung überwachen.

Wichtige Themengebiete sind zum Beispiel der Umgang mit systemrelevanten Finanzinstituten sowie die Überwachung und Regulierung des Schattenbankensystems. Zudem zählt die Förderung einer international konsistenten Anwendung von Standards und Kodizes, die die Stabilität des Finanzsystems sicherstellen sollen, zu den Kernaufgaben des FSB. Darüber hinaus soll der FSB die den Finanzsektor betreffende Regulierungs- und Aufsichtspolitik auf der internationalen Ebene koordinieren sowie die Zusammenarbeit und den Informationsaustausch zwischen den entsprechenden Institutionen in diesen Bereichen fördern.

Die FSB-Mitglieder haben sich verpflichtet, internationale Standards anzuwenden und vereinbarte Reformen konsistent und fristgerecht umzusetzen. Sie haben sich außerdem verpflichtet, ihre Finanzsektoren regelmäßig im Rahmen internationaler partnerschaftlicher Überprüfungsverfahren (Peer Reviews) begutachten zu lassen und sich den Finanzsektorüberprüfungen des IWF und der Weltbank zu unterziehen (Financial Sector Assessment Program, FSAP). Da aber die Empfehlungen des FSB rechtlich nicht bindend sind, bleibt die politische Unterstützung durch die G20 von entscheidender Bedeutung für den Erfolg des Gremiums und die regulatorische Aufarbeitung der Finanzkrise insgesamt.

Die Mitglieder des FSB wenden internationale Standards an und setzen vereinbarte Reformen um.

Bank für Internationalen Zahlungsausgleich (BIZ)

Die Bank für Internationalen Zahlungsausgleich mit Sitz in Basel wurde 1930 gegründet und ist damit die älteste internationale Finanzorganisation. Die Mitgliedschaft ist Zentralbanken vorbehalten (derzeit 60). Anlässlich der Verhandlungen nach dem Ersten Weltkrieg über die deutschen Reparationen wurde beschlossen, eine internationale Bank zu gründen, die als Agent die Verwaltung solcher Zahlungen übernehmen sollte. Als ständige Aufgabe wurde der BIZ schon damals zugewiesen, die Zusammenarbeit zwischen den Zentralbanken zu fördern und den internationalen Zahlungausgleich zu erleichtern.

Die BIZ ist die älteste internationale Finanzorganisation.

Die BIZ stellt eine Vielzahl von Dienstleistungen für Zentralbanken bereit, insbesondere im Hinblick auf die Verwaltung von Währungsreserven.

Eine Schlüsselrolle spielt die BIZ bei der Kooperation von Zentralbanken und anderen Instanzen aus dem Finanzbereich. Bei den von der BIZ organisierten Treffen kommen praktisch alle Zentralbankthemen zur Sprache. Sie arbeitet außerdem eng mit verschiedenen Einrichtungen zusammen, die bei ihr ein Sekretariat haben und je nach Mandat intensiv an der Formulierung der regulatorischen und aufsichtlichen Antworten auf die Finanzkrise beteiligt sind. Dazu zählen insbesondere das Financial Stability Board (FSB) und die schon vor vielen Jahren von den Zentralbankpräsidenten der wichtigsten Industrieländer eingesetzten vier ständigen Ausschüsse.

Ausschüsse bei der BIZ erarbeiten Vorgaben für ein stabiles Finanzsystem.

Der „Ausschuss für das weltweite Finanzsystem" hat die Aufgabe, mögliche Ursachen für Stress auf den globalen Finanzmärkten zu identifizieren und einzuschätzen und sich für die Funktionsfähigkeit und Stabilität dieser Märkte einzusetzen. Der „Baseler Ausschuss für Bankenaufsicht" setzt sich dafür ein, die Qualität der Bankenaufsicht und aufsichtliche Kenntnisse weltweit zu verbessern. Er hat zudem die „Basel II"- und „Basel III"-Regeln für Eigenkapital- und Liquiditätsanforderungen an Banken erarbeitet und arbeitet kontinuierlich an weiteren Maßnahmen, welche die Widerstandsfähigkeit des Bankensystems stärken sollen. Der „Ausschuss für Zahlungsverkehr- und Marktinfrastrukturen" beschäftigt sich mit nationalem und internationalem Zahlungsverkehr und mit Wertpapierabwicklungs- und Clearingsystemen. Der „Märkteausschuss" befasst sich unter anderem mit Staatsanleihemärkten und dem Umgang mit unkonventionellen Zentralbankmaßnahmen.

Organisation für wirtschaftliche Zusammenarbeit und Entwicklung (OECD)

Die Organisation für wirtschaftliche Zusammenarbeit und Entwicklung (Organisation for Economic Cooperation and Development) umfasst zurzeit 35 Mitgliedsländer aus Nord- und Südamerika, Europa und Asien. Sie hat ihren Sitz in Paris. Ziel der OECD ist letztlich die Erhöhung des Lebensstandards.

Dazu bietet die OECD Regierungen eine internationale Plattform für den Erfahrungsaustausch und die Suche nach Lösungen für gemeinsame Probleme, z. B. in Form internationaler Standards. Inhaltlich ist dies nicht streng auf ökonomische Themen begrenzt, sondern umfasst auch Fragen aus den Bereichen Bildung, Umwelt oder Gesundheit. Eine wichtige Stellung nimmt der Wirt-

Die OECD bietet Regierungen eine Plattform für den Erfahrungsaustausch – auch für ökonomische Sachverhalte.

schaftspolitische Ausschuss (Economic Policy Committee) ein, der zweimal im Jahr die Wirtschaftslage im OECD-Raum diskutiert und die Auswirkungen der Wirtschaftspolitik der Mitgliedsländer überprüft. Einzelaspekte werden in besonderen Arbeitsgruppen des Ausschusses vertieft erörtert.

So befasst sich die Arbeitsgruppe 1 mit makroökonomischen und strukturpolitischen Fragen. Die Arbeitsgruppe 3 versteht sich als Währungsausschuss der OECD, deren

Finanz- und Währungsstabilität erfordert Anstrengungen unterschiedlichster Stellen.

Mitgliedschaft sich auf die G10-Länder beschränkt. In dieser Arbeitsgruppe ist auch die Bundesbank vertreten. Die Europäische Union (Kommission), IWF und BIZ nehmen als Beobachter an den Sitzungen teil. Der Währungsausschuss erörtert dreimal jährlich aktuelle Fragen der Geld-, Währungs- und Finanzpolitik der teilnehmenden Länder.

Das Wichtigste im Überblick:

– Der Begriff Währung bezeichnet im weiten Sinne die Verfassung und Ordnung des Geldwesens eines gesamten Staates. Zumeist wird darunter im engen Sinne aber nur die Geldeinheit eines Staates oder Gebietes bezeichnet.

– Währungen werden im täglichen Gebrauch durch eigene Abkürzungen oder ein eigenes Währungssymbol dargestellt (z. B. €, $ oder £). Der internationale Devisenhandel verwendet eine normierte, aus drei Buchstaben bestehende Abkürzung (z. B. EUR, USD, GBP).

– Die Europäische Zentralbank ermittelt und veröffentlicht täglich Devisenreferenzkurse für über 30 Währungen. Diese Kurse sind jedoch nicht für den Devisenhandel bestimmt, sondern werden insbesondere als Umrechnungskurse in Bilanzen und Statistiken genutzt.

– Der Umtausch von Währungen erfolgt zum jeweils gültigen Wechsel- bzw. Devisenkurs. Dieser ergibt sich bei freien Wechselkursen aus dem Handel von Währungen auf dem Devisenmarkt.

– Die Voraussetzung für einen freien Devisenhandel ist die unbeschränkte Umtauschbarkeit (Konvertibilität) einer Währung. Viele wichtige Währungen, darunter der Euro, der US-Dollar und der japanische Yen, sind unbeschränkt konvertibel. Ihre Wechselkurse sind flexibel.

– Feste Wechselkurse können Interventionen der Zentralbanken erfordern, um den Kurs stabil zu halten. Solche ständigen Interventionen können Anpassungsprozesse verhindern.

– Währungsreserven eines Landes bestehen aus Wertpapieren und Bankguthaben in ausländischer Währung (Devisen), Gold sowie Guthaben beim Internationalen Währungsfonds (Sonderziehungsrechte).

– Seit 1999 werden im Wechselkursmechanismus II (WKM II) die Währungen einiger EU-Staaten außerhalb des Euroraums in einer Schwankungsbreite zum Euro-Wechselkurs gehalten. Um dem Euroraum beizutreten, muss ein Land mindestens zwei Jahre dem WKM II „spannungsfrei" angehört haben.

– Die Zahlungsbilanz eines Landes erfasst sämtliche Transaktionen zwischen dem In- und Ausland innerhalb einer Periode. Sie setzt sich aus der Leistungsbilanz, der Vermögensänderungsbilanz, der Kapitalbilanz und dem Saldo der statistisch nicht aufgliederbaren Transaktionen zusammen.

– Der Internationale Währungsfonds (IWF) fördert die internationale Zusammenarbeit in der Währungspolitik. Er kann Mitgliedsländern Kredite geben, die in der Regel an Bedingungen geknüpft sind.

– Internationale Zusammenarbeit findet auch in informellen Zusammenschlüssen statt. Gruppen von großen Industrieländern (G7) bzw. großen Industrie- und Schwellenländern (G20) stimmen sich dort ab.

– Der Finanzstabilitätsrat (FSB) bringt die für Finanzstabilität zuständigen Behörden, Institutionen und Gremien zusammen, um deren Zusammenarbeit in Hinblick auf die globale Finanzstabilität zu verbessern.

– Gremien innerhalb der Bank für Internationalen Zahlungsausgleich (BIZ) und der Organisation für wirtschaftliche Zusammenarbeit und Entwicklung (OECD) arbeiten für die Stabilität des internationalen Finanzsystems.

ABCDEFGHIJKLM

N O P Q R S T U V W X Y Z

Stichwortverzeichnis

Die Angabe bezieht sich auf den entsprechenden Abschnitt im Buch.

Lehrerfortbildungen bundesweit

Lehrerfortbildungen bundesweit

Die Deutsche Bundesbank bietet für Lehrkräfte – meist in Zusammenarbeit mit den Lehrerfortbildungsinstitutionen der jeweiligen Bundesländer – Fortbildungen rund um die Themen Geld und Geldpolitik an.

Ansprechpersonen/Kontakt:

Zentrale der Deutschen Bundesbank
Ökonomische Bildung
Dr. Andreas Kaun, André Kühne
Wilhelm-Epstein-Straße 14
60431 Frankfurt am Main
Telefon: 069 9566-3073
bildung@bundesbank.de

Hauptverwaltung in Berlin und Brandenburg
Dr. Albrecht Sommer, Dr. Rainer Naser, Christiane Engellandt-Kranen
Leibnizstraße 10
10625 Berlin
Telefon: 030 3475-1500, -1505, -1530
pressestelle.hv-bbb@bundesbank.de

Hauptverwaltung in Baden-Württemberg
Maria Brunner, Ellen Grahneis, Monika Maier
Marstallstraße 3
70173 Stuttgart
Telefon: 0711 944-1332, -1020, -1014
bildung.hv-bw@bundesbank.de

Hauptverwaltung in Bremen, Niedersachsen und Sachsen-Anhalt
Dirk Gerlach, Julia von Borstel, Dr. Michael Kopp
Georgsplatz 5
30159 Hannover
Telefon: 0511 3033-2415, -2280, -2186
pressestelle.hv-bns@bundesbank.de

Hauptverwaltung in Bayern
Thomas Schneider, Helmut Wahl
Ludwigstraße 13
80539 München
Telefon: 089 2889-3452, -3203
pressestelle.hv-by@bundesbank.de

Hauptverwaltung in Hamburg, Mecklenburg-Vorpommern und Schleswig-Holstein
Finn Oliver Maurer, Linda Neumann
Willy-Brandt-Straße 73
20459 Hamburg
Telefon: 040 3707-2210, -2250
pressestelle.hv-hms@bundesbank.de

Hauptverwaltung in Hessen
Philipp Matern, Alexandra Köhler,
Martin Jedrzejowski
Taunusanlage 5
60329 Frankfurt am Main
Telefon: 069 2388-1052, -1053, -1055
pressestelle.hv-h@bundesbank.de

**Hauptverwaltung in Sachsen
und Thüringen**
Kristin Gruner-Ziegler, Stefan Kübert,
Markus Altmann
Straße des 18. Oktober 48
04103 Leipzig
Telefon: 0341 860-2600, -2605, -2610
pressestelle.hv-sth@bundesbank.de

**Hauptverwaltung in
Nordrhein-Westfalen**
Dr. Harald Loy, Uta Stoever,
Heidi Schwanekamp, Ralf Zimmermann
Berliner Allee 14
40212 Düsseldorf
Telefon: 0211 874-2213
stab.hv-nrw@bundesbank.de

**Hauptverwaltung in Rheinland-Pfalz
und dem Saarland**
Gabriele Kuhn, Lisa Ferrara,
Michael Schiff
Hegelstraße 65
55122 Mainz
Telefon: 06131 377-3015, -3014, -3010
pressestelle.hv-rs@bundesbank.de

Weiterführende und vertiefende Informationen finden sich in den verschiedenen Rubriken der Internetseite der Deutschen Bundesbank: **www.bundesbank.de**

- **Aufgaben**
  Ausführliche Informationen zu den Aufgaben der Bundesbank und des Eurosystems

- **Themen**
  Aktuelle Entwicklungen sowie Hintergründe zu Themen rund um Geld und Geldpolitik

- **Statistik**
  Umfangreiches Angebot an volkswirtschaftlichen statistischen Daten

- **Veröffentlichungen**
  Publikationen der Bundesbank und des Eurosystems zum Herunterladen und Bestellen

Weiterhin findet sich dort ein umfangreiches **Glossar**, das zahlreiche Begriffe rund um die Themen Geld und Geldpolitik kurz und anschaulich erläutert. Es wird stetig aktualisiert und ergänzt.

Impressum

Herausgeber:
Deutsche Bundesbank
Wilhelm-Epstein-Straße 14
60431 Frankfurt am Main
www.bundesbank.de

Nachdruck nur mit Quellenangabe

Stand: Frühjahr 2017